Bernhard Waszkewitz

Neue Graphologie

Wie man Handschriften und gebundene Graphiken analysiert und was sie verraten

Bernhard Waszkewitz

NEUE GRAPHOLOGIE

Wie man Handschriften und gebundene Graphiken analysiert und was sie verraten

ibidem-Verlag
Stuttgart

Bibliografische Information Der Deutschen Bibliothek

Die Deutsche Bibliothek verzeichnet diese Publikation in der Deutschen Nationalbibliografie; detaillierte bibliografische Daten sind im Internet über <http://dnb.ddb.de> abrufbar.

∞

Gedruckt auf alterungsbeständigem, säurefreien Papier
Printed on acid-free paper

ISBN: 3-89821-380-3

Printed in Germany

Vorwort

Seit Ludwig Klages als Begründer der Graphologie und Ausdruckswissenschaft, bzw. Neubegründer zu Beginn des vorigen Jahrhunderts hatte sich die Graphologie als Teil der Ausdruckspsychologie bis 1945 nicht wesentlich weiter entwickelt. Zwar waren die Ansätze von Klages weiter ausgebaut worden, aber erste Ansätze zu einem Neubeginn zeigten sich erst nach Kriegsende, einmal durch Otto Junge und zum anderen durch Rudolf Pophal und die von ihm vorgenommene Verknüpfung mit hirnphysiologischen Erkenntnissen. Auf Seiten der Ausdruckspsychologie als Grundlage u. a. der Graphologie tat sich dagegen bis dato wenig. Infolgedessen mußte ich mich in meiner Dissertation[1], weitgehend auf Klages beziehen, was dann in mehrfacher Hinsicht zu kritischen Analysen Anlaß gab. Diese strahlten insbesondere auf die voll auf Klages aufbauenden Arbeiten von Bernhard Wittlich und teilweise auch von Otto Junge aus, der keineswegs mit Klages konform ging, konnten die Darlegungen von Müller-Enskat und auch die von Pophal nur am Rande berühren. Daran änderte auch meine Weiterführung der Ausdruckspsychologie unter Nutzung der Erkenntnisse der Differentialrechnung im Jahre 1959 wenig. Insbesondere erwies sich der Stand unseres Wissens auf dem Gebiete der Persönlichkeit um 1950 und darüber hinaus in Deutschland noch lange als großes Problem, wie sich jedoch erst später herausstellte. Die Ergebnisse von Cattell waren uns noch nicht zugänglich, ebensowenig die der anderen Faktorenanalytiker, deren abschließende Arbeiten erst Mitte der 60er Jahre hier publiziert wurden. Und das wirkte sich naturgemäß auch auf Gestaltungsanalysen allgemein aus, etwa den WZT von Wartegg, den Baumtest von Koch usw..

Zu Beginn der 1960er Jahre entwickelten sich in der Psychologie zudem neue Trends. Insbesondere das Wirken der Milieutheoretiker führte uns vom rein individualistischen Standpunkte fort. Hinzu kamen die Ergebnisse der

[1] Vgl. Waszkewitz: Wissenschaftliche Graphologie im Lichte der Ausdruckspsychologie und der Verhaltensanalyse, I, Teil, Stuttgart 1998

Sozialpsychologie, die immer deutlicher werden ließen, daß **es** den Ausdruck als eine rein individuelle Größe - unabhängig von den Einflüssen der Umwelt - gar nicht oder nur in sehr beschränktem Maße gibt. So verschwand die Ausdruckspsychologie dann mehr und mehr aus den Lehrplänen und Überlegungen. Nicht der Ausdruck, das Verhalten als Resultante aus Persönlichkeit und Umweltwirkungen zeigte sich als das eigentliche Phänomen. Das aber hieß, daß aus der Ausdruckspsychologie eine verhaltensdiagnostische Psychologie werden mußte, wobei der Einfluß der Behavioristen nicht zu verkennen war und vielfach grundlegende Fragen ausschloß. Aus der Ausdrucksdiagnostik wurde damit eine Verhaltensdiagnostik oder Verhaltensanalyse.

Zugleich hatte sich inzwischen ein beträchtlicher Wandel der Persönlichkeitstheorie vollzogen, insbesondere durch das Wirken der Faktorenanalytiker, ein Wandel, der aber auch durch Einsatz der von G.W. Allport geforderten eklektizistischen Methode gestützt wurde. Die Persönlichkeitspsychologie überwand die Eigenschafts- und Schichtenlehren. Sie wandte sich mehr und mehr dem Problem der Persönlichkeitsradikale, wie Mierke es nannte, und der Elemente des Informationsverarbeitungssystems Mensch zu. Damit war dann der Weg zu den Grundlagen einer theoretischen Psychologie frei, von der her wichtige Auswirkungen auf die Graphologie und die Gestaltungsanalyse allgemein ausstrahlen mußten. Gleicherweise gingen Einflüsse von den gewandelten Auffassungen der psychologischen Diagnostik und Testtheorie aus. Unter diesen Umständen und im Hinblick auf Weiterentwicklungen unter dem Einfluß von Systemtheorie und Kybernetik ist es sinnvoll, das System der Analyse graphischer Gestaltungsergebnisse innerhalb vielfach pluralistischer, teilweise multikultureller Gesellschaften neu zu konzipieren

Der Verfasser 2004

Inhaltsverzeichnis

Grundlagen

Auf dem Wege zur Verhaltensanalyse

Eine völlige Neubearbeitung und Herleitung der Ausdrucksgesetze ging 1959 vom Verfasser aus und fand ihren Niederschlag in *Abriß der Ausdruckstheorie*, die damals in der Psychologischen Rundschau erschien. Unter Verwendung mathematischer Leerstrukturen der Differential- und Integralrechnung gelang es, zu noch präziseren Erkenntnissen vorzudringen.

Etwa zum gleichen Zeitpunkt vollzog sich auch in der deutschen Psychologie ein Wandel, der für die weitere Arbeit der Ausdruckspsychologen entscheidend war, den manche bis heute nicht realisiert haben. Die allgemeine Wendung zur Sozialpsychologie läßt die rein individuelle Betrachtungsweise ihre souveräne Stellung verlieren. Die Umwelt, also auch die jeweilige Umweltsituation, gewinnen an Bedeutung. Damit kommt es zur Erkenntnis, daß die bisherigen Überlegungen relativ sind, zumal die Ausdruckspsychologie in ihren Ausdrucksgesetzen diese Einflüsse kaum oder gar nicht beachtet hatte, wenn viele Praktiker sich ihrer Bedeutung auch stets bewußt waren. Hier fand also der entsprechende Prozeß statt wie in der Wahrnehmungspsychologie durch die Berücksichtigung der Individualinstanz.

Auch vom Standpunkte einer kybernetischen Psychologie ließ sich die isolierte ausdruckspsychologische Behandlung dieser Fragestellungen nicht aufrechterhalten. Es wurde erforderlich, den Input zu integrieren. Zudem war zu beachten, daß die psychischen Faktoren keine linearen und keine skalaren Größen sind. Eine Darstellung der wirkenden Algorithmen im Reellen konnte diesen Erkenntnissen nicht gerecht werden. Nur durch eine Fortsetzung ins Komplexe bestand die Möglichkeit, zu Übergangsfunktionen vorzudringen, die den Beobachtungen gerecht werden. Führt man eine solche Fortsetzung ins Komplexe durch, so erhält man als Funktion im Komplexen:

$$\mathbf{Ve = H_v * (1 - e^{-\mu(Wg+In)})}$$ [2]

[2] Wg= Wahrnehmung, In= Individualinstanz; Modell der Persönlichkeit, vgl. Datei 02

Ohne uns hier um die Entstehung der Wahrnehmung (Wg) zu kümmern läßt sich auch daran feststellen, daß Veränderungen im Ergebnis, also im Verhalten um so geringer werden, je größer (Wg+In) wird. Um im einzelnen verständlich zu machen, was diese Funktion bedeutet, müssen wir sie ein wenig unter Zuhilfenahme der Erkenntnisse der Funktionentheorie interpretieren.

Zu diesem Zwecke vergegenwärtigen wir uns zunächst, daß es sich bei einer solchen negativen e-Funktion im Komplexen um eine **konforme Abbildung** handelt. Das weist uns darauf hin, daß hier eine andere Art der Abbildung stattfindet als sie von der bisherigen Ausdruckspsychologie beschrieben wurde. Es ergibt sich auch hier eine Gestaltidentität, aber nicht durchgängig, sondern nur bei kleinen Änderungen. Bei größeren Änderungen in Wg oder In kann man nicht mehr von einer Gestaltgleichheit sprechen. Da derartige größere Änderungen in der Realität aber häufig sind, müssen wesentliche Verhaltensänderungen bei den Menschen einkalkuliert werden. Das gilt natürlich besonders in Krankheitsfällen und bei außergewöhnlichen äußeren Umständen. Man kann daher in der Analyse auch nicht nach den Prinzipien der klassischen Kausalität im Sinne streng determinierter Systeme vorgehen. Das bedeutet, daß Prognosen und auch Diagnosen mit erheblichen Unsicherheiten behaftet sein werden, die nicht berücksichtigt zu haben, eine der wesentlichen Fehlerquellen der klassischen Ausdruckspsychologie darstellt.

Infolge der Verlegung ins Komplexe beschreibt die Grundgleichung zugleich eine Drehung der Abbildung gegenüber dem Abgebildeten. Dieser Tatbestand ist allgemein geläufig, etwa wenn ein Affekt auf ein anderes Ziel als seinen Auslöser gerichtet wird. Eine weitere Eigenschaft der Grundgleichung ist ihre Periodizität. Das bedeutet, daß jedes Verhaltenssymptom mehrere Hintergründe (Aspekte) aufweisen kann. Eine Auflösung dieser qualitativen Vieldeutigkeit dürfte nur auf dem Wege über die Komplexdiagnostik möglich sein, wobei auch die Technik der Parallelverfahren und Mehrfachuntersuchungen eine wichtige Rolle spielt. Demgegenüber verliert die früher vielfach diskutierte quantitative Vieldeutigkeit an Bedeutung, wenn auch eine gewisse quantitative Unbestimmtheit infolge der mangelhaften Kenntnis der Werte H_v und μ zurückbleibt. Dafür erscheint die Klagessche Doppeldeutigkeit weniger in ihrer Definition als in ihrer Auswirkung ganz neue Akzente zu setzen.

Während die bisherigen Überlegungen mehr eine allgemeine Interpretation der Grundgleichung umfassen, müssen wir nun feststellen, ob sich aufgrund funktionentheoretischer Erkenntnisse weitere Schlüsse ziehen lassen. Dabei ist zunächst auf den Cauchyschen Integralsatz hinzuweisen:

„Ist f(z) in einem einfach-zusammenhängenden Gebiet regulär, so ist

$$\oint_{(C)} f(z)\,dz$$

Null, wenn C einen beliebigen geschlossenen in G liegenden Weg bezeichnet.„[3]

Um daraus das verhaltensanalytisch relevante Ergebnis zu gewinnen, muß zunächst festgestellt werden, was das Integral als solches für uns aussagt. Eine geometrische Interpretation wie im Reellen ist hier nicht möglich, lediglich eine Bedeutungsübertragung. Danach stellt das Integral die Gesamtheit des psychischen Ablaufes bzw. des Verhaltens in der Situation dar. Das bedeutet dann psychologisch, daß das Integral des Verhaltenssymptomwertes gleich Null ist, wenn von Wg_0 ausgehend zu einem beliebigen Zustand Wg der Weg sich bei Wg_0 wieder geschlossen hat. Anders formuliert heißt dieses, daß das Ruheverhalten identisch bleibt, solange Wg sich nicht dauerhaft ändert. Das erklärt, weshalb viele Reize und Erregungen im Verhaltensbild keine dauerhaften Spuren hinterlassen. Diese dauerhaften Spuren können erst dann entstehen, wenn bei gleichbleibenden St (Stimuli) Veränderungen in In (Iindividualinstanz[4]) entstehen bzw. umgekehrt. Treten solche dauerhaften Veränderungen in Wg (Wahrnehmung) und In zugleich auf,

---

[3] K. Knopp: Funktionentheorie I und II, Sammlung Göschen Bd. 668 und 703

[4] Individualinstanz ist das Modell der Persönlichkeit, die für uns nicht wahrnehmbar bleibt.

läßt sich über das Ergebnis erst etwas sagen, wenn man die Resultanten beider vorher und nachher miteinander vergleicht.

Ein weiterer Satz der Funktionentheorie lautet:

„Ist f(z) eine im Gebiet G eindeutige und stetige Funktion, ist $z = z_1$ *ein beliebiger, aber weiterhin fester Punkt in G und ist das Integral*

$$\int f(z)dz$$

unabhängig vom Wege (z_0 *nach* z_1*), wofern dieser nur ganz in G verläuft, so liefert sein Wert eine in G reguläre Funktion F (z) der oberen Grenze* z_1*, falls dieser Punkt und der Integrationsweg ganz in G liegen.„* [5]

Dieser Satz greift noch einmal auf, daß das Integral vom Wege unabhängig ist, nicht aber unabhängig von Wg. Psychologisch bedeutet dieses, daß es auf den Endzustand Wg_1+In ankommt, aber nicht darauf, wie und auch welchem regulären Wege es dazu gekommen ist. Das ist für die psychologische Verhaltensanalyse besonders bedeutsam, denn sie braucht im regulären Falle folglich nicht zu prüfen, auf welchen Wegen es im Einzelfalle zu der jeweils beobachteten Konstellation gekommen ist. Das bestätigen die Ergebnisse der praktischen Diagnostik, die sonst de facto unmöglich wäre, es sei denn sie würde sich auf psychotherapeutische Analysen beschränken. Zum anderen zeigt obiger Satz, daß die Gesamtheit des Verhaltens, die im Integral zum Ausdruck kommt, eine reguläre Funktion, also eine konforme Abbildungen einschließende Funktion der Grenzbedingungen des Verhaltens darstellt.

Unsere Abbildungsfunktion ist eine periodische Funktion, die keine Häufungsstellen im Endlichen hat.[6] Im Endlichen - dem wissenschaftlich untersuchten und prüfbaren Bereich - können demnach nur endlich viele Möglichkeiten für Σ(Wg+In) bestehen. Infolgedessen kann es nur eine endliche Zahl von In-Werten, also individualinstanzlichen oder Persönlichkeits-Dimensionen geben.

[5] Knopp: a. a. O.

[6] Knopp: a. a. O.

Ausgehend von der Tatsache, daß Grundlage dieses Informationsverarbeitungsprozesses die nervösen Vorgänge - somit ein physisches Geschehen - sind, muß nun zunächst die Frage beantwortet werden, welche Umformungen beim Übergang vom Physischen zum Psychischen und umgekehrt stattfinden. Die entsprechenden Übergangsfunktionen sind sehr kompliziert und lassen sich nur mathematisch behandeln und beschreiben, wie schon Roth in Anlehnung an Händler [7] dargelegt hat. Nachfolgend will ich versuchen, die wesentlichen Aussagen der Übergangsfunktion Ve in die Sprache zu übersetzen, soweit unsere Sprache dieses erlaubt. Wesentlich bleiben dabei stets die Abbildungsgleichungen.

- Die Verhaltensintensität wird - abgesehen von Dämpfungsfaktoren - primär von der Ausschlagsfähigkeit des Verhaltensapparates(H_V) und der Intensität der Individualstruktur bestimmt. Das heißt, daß auch die Intensität der Handschrift und der Graphiken von der Intensität der Persönlichkeit und der ihr zuzurechnenden Ausschlagsfähigkeit des Verhaltensapparates bestimmt wird. Wachsendes Persönlichkeitspotential steigert die Verhaltensamplitude insgesamt.
- Eine Steigerung des Aufnahmesensibilitätspotentials (H_E) führt zu einer Intensivierung des Verhaltens. Das bedeutet, daß Gestaltungsergebnisse - wenn auch nach allen Beobachtungen in geringerem Umfange - von der Umwelt und ihren Reizen, soweit sie als Stimuli aufgenommen werden, beeinflußt wird. Wachsende Stimuliintensität steigert die Verhaltensamplitude.
- Die Verhaltensamplitude fällt beim Übergang zu In ---> 0 stärker ab als beim Übergang St --> 0, d.h., daß die Intensität der Gestalten stärker von dem Persönlichkeitspotential als von den Umwelteinflüssen bestimmt wird.
- Die Abbildung des Psychischen auf das Verhalten ist eine konforme Abbildung. Das heißt, daß nur bei kleinen Änderungen der Resultante aus Wahrnehmung und Individualinstanz die zugehörige Verhaltensände-

[7] Roth: a. a. O.

rung gestaltgleich bzw. ähnlich oder analog ist. Lebhaftigkeit des Verhaltens weist z.B. auf innere Lebhaftigkeit hin. Steigt die Lebhaftigkeit des Verhaltens gering an, so weist dieses auf eine Steigerung der Lebhaftigkeit der Persönlichkeit hin, steigt sie dagegen stark an, kann man nicht ohne weiteres auf eine starke Steigerung der inneren Lebhaftigkeit schließen. Man muß mit ganz anderen Ursachen, etwa hysterischen Reaktionsmustern usw. rechnen. Daher bedarf es einer differenzierten Symptomsystematik, innerhalb der nur geringe Unterschiede in dem einzelnen Symptom möglich sind.

- Bei der Abbildung der Resultanten aus Wahrnehmung und Individualinstanz, aber auch schon jener aus Erregungsgestalt und Individualinstanz, können Richtungsverschiebungen auftreten, die am Verhalten nicht ablesbar sind. Das schränkt die Möglichkeit ein, dem Verhaltenverlauf und den Verhaltensformen semantische (Bedürfnis-) und inhaltliche (sigmatische) Aspekte zu entnehmen. Insbesondere Handschrift und Graphik als Bewegungsspur lassen nicht erkennen, welche Ziele der Urheber verfolgt, da bestimmte Formen und Gestalten mit den unterschiedlichsten Inhalten verknüpft sein können.
- Gleiches gilt auch für an der Verhaltenssteuerung mitwirkende Vorstellungen. Das bedeutet, daß die übliche Interpretation symbolischer Formen nur dann möglich ist, wenn es sich um allgemeingültige, weder kultur- noch gruppenabhängige Bedeutungsbeziehungen handelt.
- Jede Verhaltenserscheinung ist über die Ausführungen in Satz 5 hinaus vieldeutig hinsichtlich dessen, was sie über die Besonderheit der Individualinstanz aussagt. Das hat dreierlei Gründe. Erstens handelt es sich bei der Abbildungsfunktion um eine periodische Funktion, ob also die Lebhaftigkeit des Bildes eine Folge geistiger, willensmäßiger oder gefühlsmäßiger usw. Lebhaftigkeit ist, läßt sich an ihr als Einzelsymptom nicht bestimmen. Erst anhand der Gesamtsymptomstruktur läßt sich diese Vieldeutigkeit auflösen. Zweitens kann die wissenschaftliche Analyse nur allgemeine, nicht aber individuelle Symptome verwenden. Da es aber z.B.

keine zwei gleichen Girlanden gibt, können die individuellen Faktoren nur differentiell im Sinne von William Stern bestimmt werden. Drittens kann ein Symptom die Folge starker Impulse bei normalen oder stärkeren Steuerungskräften oder auch die Folge geringer Impulse bei noch geringeren Steuerungskräften sein. Diese quantitative Vieldeutigkeit läßt sich nur mit Hilfe des Randwertverfahrens einschränken, bei dem gewissermaßen ein äußerer Grenzwert der Persönlichkeitsstruktur bestimmt wird, auf den hin dann die erhaltenen Werte projiziert werden.

- Erst die Analyse des Verhaltens unter verschiedenen Reizkonfigurationen ermöglicht eine genauere Bestimmung der Faktoren der Individualinstanz, weil die Umwelteinflüsse das Verhalten mit beeinflussen. Daher bedarf es einer Mehrzahl von Schriftproben und graphischen Formen zu verschiedenen Anlässen bzw. Themen und möglichst auch aus verschiedenen Zeiten, um Aussagen zur Persönlichkeit bzw. Teilen von ihr zu machen.
- Dauerhafte Änderungen des Verhaltens eines Menschen treten nur dann auf, wenn eine dauerhafte Änderung der Individualinstanz und/ oder der Stimulikonfiguration vorliegt, die nicht mit der objektiven Reizkonfiguration verwechselt werden darf, daher kommt es für die wissenschaftliche Analyse mehr darauf an, den Zweck des Gestaltens zu erfahren, als die Umstände zu ermitteln, wie es zu diesem Zweck kam.
- Rückschlüsse aus dem Verhaltensgesamt auf die Beschaffenheit der Individualinstanz oder Teile derselben, also der individuellen Persönlichkeit, sind nur möglich, soweit ein entsprechendes Modell der Individualinstanz und ihrer Dimensionen sowie der Stimulikonfigurationen vorliegt. Auch das gilt nur unter den Einschränkungen von Satz 5. Das heißt, daß eine Schrift- bzw. Graphikanalyse als Teil des menschlichen Verhaltens ein diagnostisches Hilfsmittel unter anderen ist und evtl. nur bestimmte Aspekte der Persönlichkeit des Urhebers erfaßt.
- Jeder physische, psychisch bedingte Vorgang kann dabei die gestaltgleiche Abbildung sein zu:

- *einer ihm im Sinne des psychophysischen Parallelismus einfach und direkt zugeordneten Erscheinung Verhaltenslebhaftigkeit - innerer Lebhaftigkeit (einfache Analogie)*
- *einem vom Individuum verfolgten biologischen Zweck und sei dieser auch rudimentär; Zähnefletschen - Abwehr, Wut(Zweckanalogie)*
- *einer von der gestalteten Materie geforderten Gesetzmäßigkeit Normschrift-Beschriftung technischer Zeichnungen (unpersönliche Gestaltung)*
- *einer bewußten persönlichen Absicht oder Haltung des Ausdrucksträgers, soweit diese der tatsächlichen psychischen Struktur desselben gemäß ist - Anfangsbetonung - Geltungsstreben (persönliche Gestaltung aus Wahlverwandtschaft)*
- *einer bewußten persönlichen Absicht oder Haltung des Ausdrucksträgers, soweit diese der tatsächlichen psychischen Struktur desselben kompensatorisch überlagert ist Verschnörkelung - Übertönung von Kleinheitsgefühlen (persönliche Gestaltung zu Kompensationszwecken)*
- *einer unbewußten persönlichen Absicht oder Haltung des Ausdrucksträgers, soweit diese der tatsächlichen Struktur desselben gemäß ist, nur unbewußt (Darstellung aus Wahlverwandtschaft)*
- *einer unbewußten persönlichen Absicht oder Haltung des Ausdrucksträgers, soweit diese der tatsächlichen psychischen Struktur desselben kompensatorisch überlagert ist, nur unbewußt (Darstellung zu Kompensationszwecken)*
- *einer vitalräumlichen Einbettung von biologisch-zweckgerichteten psychischen Vorgängen; vom Körper wegweisende Bewegungen - Hinwendung, Expansion (Vitalraum)*
- *einer von Erziehung und Umwelt beeinflußten Abbildung vorgestellter Umweltsituationen des Ausdrucksträgers;(abendländisch: links - Vergangenheit, rechts - Zukunft, oben - Geistiges, unten - Triebhaftes usw.) (Vorstellungsraum) .*
- In Anbetracht dessen, daß wir es mit einer konformen Abbildung, d.h. Gestaltidentität innerhalb enger Grenzen zu tun haben, sind Gestalten Grundlage der Verhaltensanalyse.

Diese Schlußfolgerungen aus in Form von funktionstheoretischen Abbildungsgleichungen vorliegenden wissenschaftlichen Erkenntnissen zeigen deutlich, daß es durchaus nicht einfach ist, aus dem Verhalten von Menschen auf deren Persönlichkeit zu schließen.

Bei alledem muß man sich darüber klar sein, daß die Übergangsfunktionen eine konforme Abbildung beschreiben, die nur bei kleinen Änderungen der Ausgangswerte gestaltgleiche Abbildungen hervorrufen. Was das heißt, zeigen die folgenden Tabellen und Grafiken. Zu diesem Zwecke wollen wir eine Abbildung einer Figur Z in eine W nach der folgenden Gleichung: W= 2*(1-e-(0.02+0.02i)*(Z)) vornehmen, wobei Z= z'+iz" zu setzen ist. Um dieses möglichst einfach zu gestalten, wählen wir drei verschiedene z, dazu zunächst die Rechnungen:

z'_1	iz''_1	W'_1	iW''_1
0.001	0.0005	1.9999	0.00002
0.020	0.0005	1.9991	0.00078
0.020	0.0100	1.9988	0.00040
0.001	0.0100	1.9995	-0.00036
z'_2	$iz_{''2}$	W'_2	$iW_{''2}$
1.0	0.5	1.9408	0.02
20.0	0.5	1.2276	0.50
20.0	10.0	1.0757	0.22
1.0	10.0	1.5791	-0.29
z'_3	$iz_{''3}$	W'_3	$iW_{''3}$
2.0	1.0	1.8832	0.04
40.0	1.0	0.6262	0.62
40.0	20.0	0.5548	0.23
2.0	20.0	1.2055	-0.45

Es sind also 3 Rechtecke, wobei die der z-Ebene ineinandergreifen. Im Hinblick auf die 1000 bis 2000fache Vergrößerung von z_2 und z_3 gegenüber z_1 wurde in der Graphik nicht ganz maßstabsgerecht verfahren, denn dazu hätte der Platz nicht ausgereicht. Es kam auch vor allem darauf an, die Änderungen der Gestalten zu demonstrieren. Je weiter die Eckpunkte der Ausgangsrechtecke auseinander liegen, desto mehr weicht das Bild in der w-Ebene von der Rechteckform, der Grundgestalt ab. Übersetzt man dieses im Sinne gestaltpsychologischer Betrachtungsweisen, so verändert sich die Gestalt gegenüber ihrer Ausgangsform (z) um so stärker, je größer die Abweichungen werden. Anders ausgedrückt heißt dieses, daß eine konforme Abbildung vorliegt.

Das ist äußerst wichtig, denn das heißt, daß es auf eine sehr differenzierte Analyse des Verhaltens ankommt, wenn man aus ihm die richtigen Schlüsse auf die Persönlichkeit eines Menschen ziehen will. Tatsächlich findet man derartige Abbildungen in psychologischen Vorgängen und Prozessen sehr häufig, was nur dann darzustellen ist, wenn man sich des komplexen Zahlensystems und der Funktionentheorie bedient. Aus diesem Grunde werden wir uns im Zuge der Konstruktion der theoretischen Psychologie dieser mathematischen Leerstrukturen bedienen. Das scheint, wenn man Roger Penrose folgt[8], im übrigen für viele Naturvorgänge zu gelten. Ihre Beschreibung kommt im allgemeinen ohne einen Rückgriff auf das System der komplexen Zahlen nicht aus.

Natürlich ist die im obigen Beispiel gewählte Funktion nicht ganz einfach. Es gibt auch im komplexen Zahlensystem Funktionen einfacherer Art, deren Abbildungen einfacher sind. Ich habe obiges Beispiel gewählt, weil uns gerade dort, wo es um die Übergänge zwischen physischem und psychischen Geschehen derartige Formen begegnen, und zwar bei den Übergängen in beiden Richtungen. Ähnlichen Formen begegnet man auch dort, wo es sich darum handelt, Schwingungen mathematisch zu beschreiben. Auch dabei muß man sich des komplexen Zahlensystems und seiner Funktionen bedienen. Das trifft dann auch für alle Formen elektromagnetischer Pro-

---

[8] R. Penrose: Computerdenken, Spektrum Heidelberg ohne Jahresangabe „Sie sind absolut fundamental für die Struktur der Quantenmechanik, und somit grundlegend für die Funktionsweise der Welt, in der wir leben.„

zesse zu, die ja eine wesentliche Rolle im Bereich der nervösen Prozesse spielen.

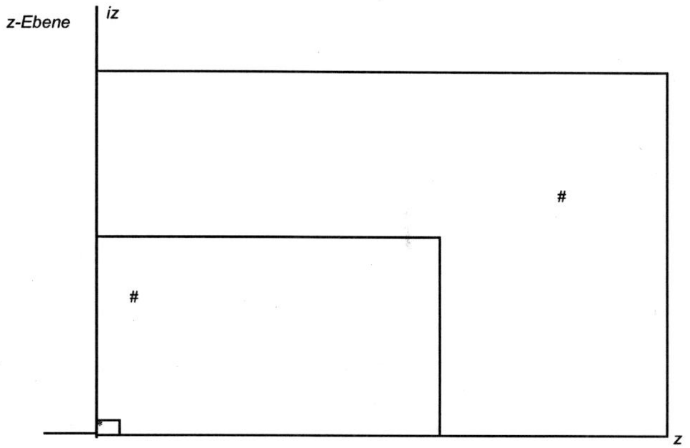

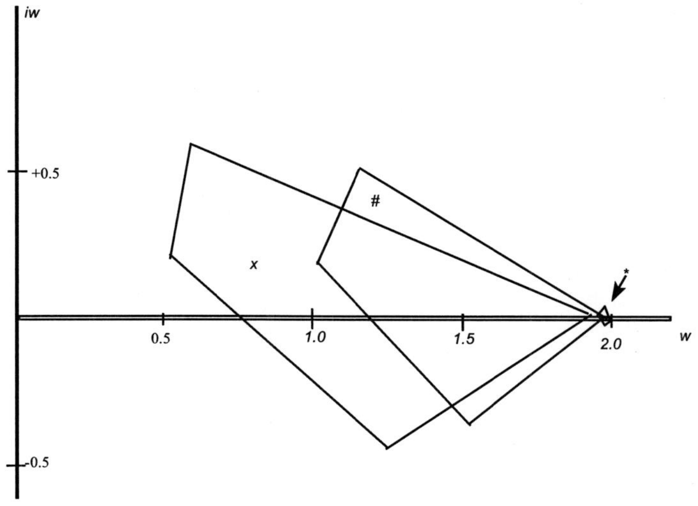

Voraussetzungen der wissenschaftlichen Analyse

Das Persönlichkeitsmodell

Ein Persönlichkeitsmodell, das den Forderungen der Einführung genügt, habe ich an anderer Stelle vorgestellt[9]. Für die psychologische Gestaltungsanalyse enthält dieses Modell allerdings Größen, die sich aus der Handschrift, Plastiken und Graphiken nicht bestimmen lassen. Das heißt zugleich, daß sie alle nur Teile der Persönlichkeit erfassen, was wiederum auf Grenzen dieser Methoden hinweist. Nicht erfaßt werden können Zielrichtungen im Sinne von Motiven und Bedürfnissen, nicht erfaßt werden können die Speicherinhalte, Vorstellungen und Symbolbedeutungen. Dementsprechend entsteht die Frage, ob über die pragmatischen, semantischen und sigmatischen Komponenten, ihre Zustände und die von ihnen gebildeten Grundfunktionen überhaupt Aussagen gemacht werden können. Das ist tatsächlich nur in begrenztem Umfange und kaum präzise möglich. Wir müssen uns infolgedessen auf die grundlegenden Elemente und ihre Zustände, ergänzt durch einige syntaktische Komponenten beschränken. Aber rekapitulieren wir zunächst einmal das Modell der Elemente der Individualinstanz.

Wesentlich erscheint bei alledem die Frage, welchen Weg der Informationsverarbeitungsprozeß nimmt und welche Stationen, insbesondere psychischen Stationen auf diesem Wege liegen und an dem Prozeß mitwirken. Dabei muß man psychophysische Umwandlungsprozesse berücksichtigen. Dazu muß man, wenn man das psychische Verarbeitungszentrum als System betrachtet, sich darüber klar werden, was die Systemaspekte der Sigmatik, Semantik, Syntaktik und Pragmatik psychisch bedeuten.

---

[9]Waszkewitz: Mensch und Gesellschaft, Stuttgart 2000

Dazu überlege man sich, daß die Sigmatik das Gegenständliche oder Inhaltliche eines Systems umfaßt, also das Material, mit dem gearbeitet wird. Diesem entspricht im psychischen Informationsprozeß alles das, was an Wissen und Erfahrungen, Regeln und Methoden zur Verfügung steht und im Laufe der Zeit gespeichert wurde. Die Semantik beschreibt die Richtungen und Bedeutungen, das, was den Inhalten und Informationen den jeweiligen Akzent verleiht, also die Motive oder Bedürfnisse. Der syntaktische Aspekt bezieht sich auf die Verknüpfungen, auf die Verknüpfungsformen und Verknüpfungsmöglichkeiten, damit auf die Fähigkeiten der Verbindungsstiftung. Dazu gehören die Funktionen, Begabungen oder Fähigkeiten. Zur Pragmatik gehören die Abläufe, Verläufe und Wirkungen. Diese werden im Psychischen von Antriebsformen, also dem Temperament oder der Dynamik repräsentiert. Berücksichtigt man dieses sowie die von Uexküll vorgenommene Unterscheidung von Welt und Umwelt, so erhält man rein graphisch das nachfolgende Bild.

Die Gesamterscheinung, die wir auch als Individualbild (IN) bezeichnen, ist gewissermaßen ein Mittelwert aus drei unterschiedlichen Wirkungsformen, nämlich jener im Umgang mit sich selbst (autonom), jener im Umgang mit anderen (sozial) und jener im Umgang mit den Dingen, Umständen und Aufgaben in der Welt (dinglich). Diese Wirkungsformen basieren auf aus Elementen gebildeten Grundfunktionen. Dabei kennen wir heute 12 Elemente, die wir durch Buchstaben bezeichnen. Die hinzugefügten sprachlichen Bezeichnungen stellen nur eine Umschreibung, eine näherungsweise Kennzeichnung des Inhalts dar, denn zu mehr reicht unsere Sprache auf diesem Gebiete nicht.

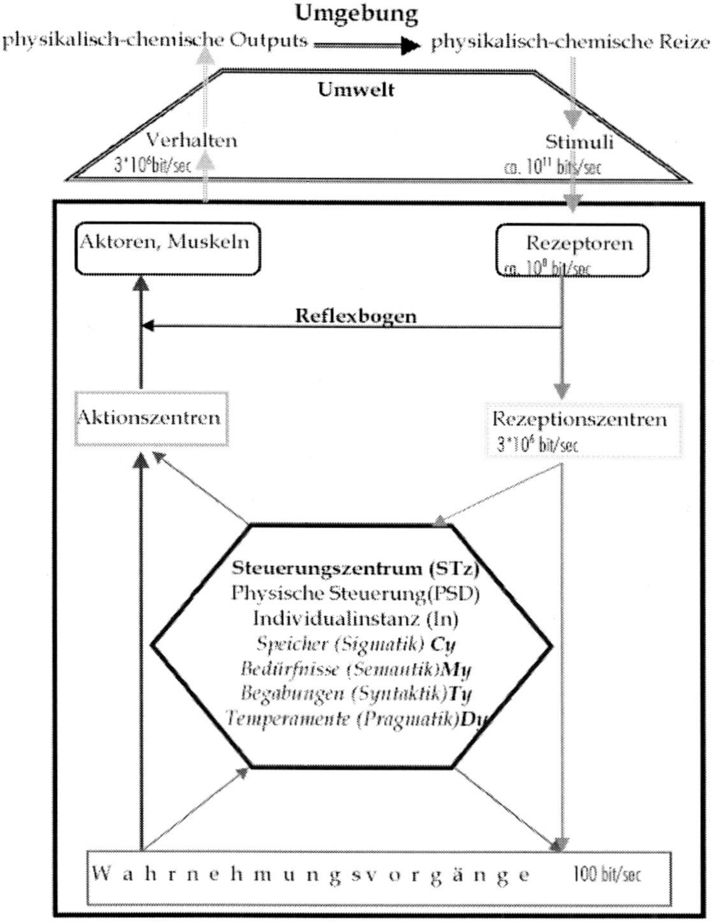

Jeder dieser Systemfaktoren weist, wie dieses in komplexen Informationsverarbeitungssystemen stets der Fall ist, 4 Aspekte auf, einen sigmatischen, einen pragmatischen, einen semantischen und einen syntaktischen. Wir wollen diese Aspektformen Komponenten nennen. Die Komponenten der semantischen, pragmatischen und syntaktischen Aspekte bilden dabei in sich wiederum Grundfunktionen, die über das Verhältnis assimilierender (aktiver, aufgreifender) und integrierender (passiver, verarbeitender) Grunddimensionen etwas aussagen, bzw. im Falle der syntaktischen Grundfunktionen Begabungshöhen beschreiben. Die folgende Übersicht zeigt im einzelnen, wie Elemente, Komponenten und deren Zustände zusammenhängen:

Elemente	*Aspekt*	Komponenten
Pp Primitivperson α- natürliche Emotionalität β- impulsive Triebhaftigkeit γ-motorische Störungen δ-Affektarmut	*Sigmatik* *(Cy)*	*nul- lebenspraktisches Wissen* *α-lebensnahe Inhalte* *β-lebensnaher Hintergrund* *γ- vitale Wahnvorstellungen* *δ- verdrängte Vitalinhalte*
	Semantik *(My)*	*l- vitale Bedürfnisse* *α- angemessene* *β- infantile-übersteigerte* *γ- suchthafte* *δ- Welt ohne Aufforderung*
	Syntaktik *(Ty)*	*vl: lineare Vorstellfähigkeit*
	Pragmatik **(Dy)**	**z: Zyklothymie** ***α- unmittelbar*** ***β- überschwenglich*** ***γ- hyperkinetisch*** ***δ- impulslos***
Rp -Rationalperson α- Vernünftigkeit β- Vernünftelei γ- Desorientierung δ- Verwahrlosung	*Sigmatik*	*gei- geistiges Wissen* *α- gedankliche Inhalte* *β- gedankliche Hintergründe* *γ- utopische Wahninhalte* *δ- geistige Verdrängungen*
	Semantik	*g- geistige Bedürfnisse* *α- erkenntnistheoretische* *β- spekulative* *γ- paranoide* *δ- geistfremde, -feindliche*

	Syntaktik	**-dk- Denkkanaltrennung**
	Pragmatik	**s: Schizothymie** ***α- diszipliniert, überlegt*** ***β- schematisch, eingeengt*** ***γ- verwirrt, weltfremd*** ***δ- steuerlos, abhängig***
Up Umweltperson α- Weltzuwendung β- Darstellung γ- Hysterie δ- Umweltängste	*Sigmatik*	*-pub: weltliches Wissen* *α- gesellschaftliche Inhalte* *β- weltliche Hintergründe* *γ- weltliche Wahnideen* *δ- weltliche Verdrängungen*
	Semantik	*w- weltliche Bedürfnisse* *α- Öffentlichkeit* *β- Prestige* *γ- Beachtungssucht* *δ- Öffentlichkeitsangst*
	Syntaktik	*ff- Fingergeschick*
	Pragmatik	**e- Extraversion** ***α- kontaktaktiv*** ***β- ansprüchig*** ***γ- narzißtisch*** ***δ- kontaktgehemmt***
Üp- Überichperson α- Innenorientierung β- Egozentrizität γ- ideologische Zwänge δ- Opportunismus	*Sigmatik*	*wel – Ideologiewissen* *α- weltanschauliche Inhalte* *β- weltanschauliche Hintergründe* *γ- ideologische Wahnideen* *δ- ideologische Verdrängungen*
	Semantik	*t- taxonomische Bedürfnisse* *α- weltanschauliche Bindung* *β- weltanschauliche Fixierung* *γ- Ideologiewahn* *δ- neutralistische Gehemmtheit*
	Syntaktik	**we- Willensenergie**

	Pragmatik	**j- Intraversion** ***α- reserviert*** ***β- isoliert*** ***γ- Flucht-, Totstellreflexe*** ***δ- zudringlich***
Kp- Kulturperson α- Idealismus β- Schwärmerei γ- Phobische Zwänge δ- Indolenz	*Sigmatik*	*kus- Sozialwissen* *α- kulturelle Inhalte* *β- kulturelle Hintergründe* *γ- verschrobene kulturelle Inhalte* *δ- kulturelle Verdrängungen*
	Semantik	*u- universale Bedürfnisse* *α- Kulturbedürfnisse* *β- zweckferne Bedürfnisse* *γ- A-Funktionalismus* *δ- Kulturängste*
	Syntaktik	*vp- planare Formvorstellung*
	Pragmatik	**v- Versatilität** ***α- agil, sprühend*** ***β- unruhig, unstet*** ***γ- ekstatisch*** ***δ- gehemmt, träge***
Bp- Beziehungsperson α- Humanität β- Sentimentalität γ- paranoide Projektion δ- Humanitätsängste	*Sigmatik*	*ige- Humanwissen* *α- menschliche Inhalte* *β- menschliche Hintergründe* *γ- Sendungswahnformen* *δ- humane Verdrängungen, Tabus*
	Semantik	*x- Individuationsbedürfnisse* *α-Selbstverwirklichungsbedürfnis* *β- Absonderungsbedürfnisse* *γ- Ichwahn* *δ- Ichzweifel*
	Syntaktik	**dp- Denkplastizität**

	Pragmatik	**h- Conjunktivität** ***α- gefühlstief*** ***β- romantisch*** ***γ- ichhafte Gefühle*** ***δ- bindungsgehemmt***
Gp- Gestaltungsperson α-Gestaltungsaktivität β- Machertum γ- Bewältigungswahn δ- Gestaltungsgehemmtheiten	*Sigmatik*	*maf- Machtwissen* *α- Führungs-,Gestaltungsinhalte* *β- Gestaltungshintergründe* *γ- Bewältigungswahnideen* *δ- Machtverdrängungen*
	Semantik	*b- Bewältigungsbedürfnis* *α-Führungs-,Gestaltungsstreben* *β- Unterdrückungsstreben* *γ- Zerstörungssucht* *δ- Gestaltungsängste*
	Syntaktik	*fh- Handgeschick*
	Pragmatik	**a- Aktivität** ***α- angreifend, durchsetzend*** ***β- aggressiv-heftig*** ***γ- rücksichtslos-streitsüchtig*** ***δ- aggressionsgehemmt***
Sp- Sozialperson α- Hingabe β- Nachgiebigkeit γ- Funktionalschwäche δ- Sozialängste	*Sigmatik*	*men- Anpassungswissen* *α- soziale Inhalte* *β- soziale Hintergründe* *γ- Sozialutopien* *δ- Soziale Verdrängungen*
	Semantik	*c- caritative Bedürfnisse* *α- Beteiligungsdrang* *β- Fürsorgedrang* *γ- Betreuungssucht* *δ- Sozialängste*
	Syntaktik	**wm- Willensmobilität**

	Pragmatik	**p- Pathik** ***α- empfänglich*** ***β- beeinflußbar*** ***γ- haltlos*** ***δ- hingabegehemmt***
Ep- Einstellungsperson α- Sicherheit β- Unbedenklichkeit γ- Größenwahn δ-Minderwertigkeitsgefühle	*Sigmatik*	*wek- Werkwissen* *α- Qualitätsinhalte* *β- Qualitätshintergründe* *γ- Qualitätswahnvorstellungen* *δ- Qualitätenverdrängungen*
	Semantik	*q- Qualitätsbedürfnisse* *α- Qualitäts-, ästhetisches Streben* *β- Effektstreben* *γ- verschrobenes Effektstreben* *δ- Nivellierungsstreben*
	Syntaktik	*vk- kubische Vorstellung*
	Pragmatik	**m- Sanguinik** ***α- optimistisch*** ***β- leichtfertig*** ***γ- manisch*** ***δ- verängstigt***
Op- Ordnungsperson α- Abwägen β- Pedanterie γ-Wahrnehmungsstörungen δ- Chaotismus	*Sigmatik*	*fos- Formalwissen* *α- Ordnungsinhalte* *β- Ordnungshintergründe* *γ- verschrobene Ordnungsformen* *δ- verdrängte Ordnungsformen*
	Semantik	*o- Ordnungsbedürfnisse* *α- Systematisierungsdrang* *β- Schematisierungsdrang* *γ- Ordnungszwänge* *δ- Ordnungsängste*
	Syntaktik	**de- Denkelastizität**

	Pragmatik	**d-Melancholie,** ***α- ernst, tiefsinnig*** ***β- verdrossen, mißmutig*** ***γ- depressiv-leer*** ***δ- getrieben-flüchtig***
Fp- Fortschrittsperson α- Expansivität β- Veränderungsdrang γ- Veränderungssucht δ- Fremdheitsängste	*Sigmatik*	*fot- Zukunftswissen* *α- Zukunftsinhalte* *β- Zukunftshintergründe* *γ- utopistische Wahninhalte* *δ- Zukunftsverdrängungen*
	Semantik	*f- Bedürfnisse der Ferne* *α- Bedürfnis nach Unbekanntem* *β- Abwechslungssuche* *γ- Abenteuersucht* *δ- Veränderungsängste*
	Syntaktik	*fk- Bewegungskoordination*
	Pragmatik	**k- Kaptation** ***α- schwungvoll*** ***β- hektisch-cholerisch*** ***γ- eruptiv*** ***δ- kaptativ gehemmt***
Tp- Traditionsperson α- Bewahrung β- Verfestigung γ- Retardation δ- Wurzellosigkeit	*Sigmatik*	*bog- Sicherheitswissen* *α- ökonomisch-traditionelle Inhalte* *β- Sicherheitshintergründe* *γ- lokale Wahnvorstellungen* *δ- Sicherheitsinhaltsverdrängungen*
	Semantik	*n-Bedürfnisse der Nähe* *α- Vertrautheitssuche* *β- Absolutheitssuche* *γ- Stabilitätssucht* *δ- Ängste vor dem Üblichen*
	Syntaktik	**wk- Willenskonstanz**

	Pragmatik	**r- Retention** ***α- unbeirrbar*** ***β- stur-phlegmatisch*** ***γ- negativistisch*** ***δ- retentiv gehemmt***

Davon bleibt uns bei der Beschränkung auf die Elemente und syntaktischen Komponenten:

Elementensystem

Elemente	
Pp Primitivperson α- natürliche Emotionalität β- impulsive Triebhaftigkeit γ-motorische Störungen δ-Affektarmut	**Rp Rationalperson** α- Vernünftigkeit β- Vernünftelei γ- Desorientierung **δ-** Verwahrlosung
vl: lineare Vorstellfähigkeit	**dk: De**nkkanaltrennung
Up Umweltperson α- Weltzuwendung β- Darstellung γ- Hysterie δ- Umweltängste	**Üp Überichperson** α- Innenorientierung β- Egozentrizität γ- ideologische Zwänge **δ–** Opportunismus
ff: Feingeschick	**we:** Willensenergie
Kp Kulturperson α- Idealismus β- Schwärmerei γ- Phobische Zwänge δ- Indolenz	**Bp Beziehungsperson** α- Humanität β- Sentimentalität γ- pranoide Projektion δ- Humanitätsängste
vp: planare Vorstellfähigkeit	**dp:** Denkplastizität
Gp Gestaltungsperson α-Gestaltungsaktivität β- Machertum γ- Bewältigungswahn δ-Gestaltungsgehemmtheiten	**Sp Sozialperson** α- Hingabe β- Nachgiebigkeit γ- Funktionalschwäche **δ-** Sozialängste
fh: Handgeschick	**wm:** Willensmobilität

Ep Einstellungsperson α- Sicherheit β- Unbedenklichkeit γ- Größenwahn δ- Minderwertigkeitsgefühle	**Op Ordnungsperson** α- Abwägen β- Pedanterie γ- Wahrnehmungsstörungen δ- Chaotismus
vk: kubische Vorstellfähigkeit	**de:** Denkelastizität
Fp Fortschrittsperson α- Expansivität β- Veränderungsdrang γ- Veränderungssucht δ- Fremdheitsängste	**Tp Traditionsperson** α- Bewahrung β- Verfestigung γ- Retardation δ- Wurzellosigkeit
fk: Bewegungskoordination	**wk:** Willenskonstanz

Auch im Falle der Elementendarstellung bilden sich aus den verschiedenen Zustandsformen der Elemente Resultanten folgender Form[10]:

$$y'+iy''= \{\alpha\square(0{,}05+\cos(10\delta)) + i\beta*(0{,}5+\sin(10\gamma))\}y$$

Das bedeutet, daß man stets nicht nur die angemessene Eigenschaft y' berücksichtigen muß, sondern ebenso die individuelle unangemesssene Kehrseite y''.

Eine feinere Umschreibung der wesentlichen Codebedeutungen liefert die folgende Übersicht, wenn sie auch keine Definitionen im üblichen Sinne aufweist, was wegen der Beschränktheit unserer Sprache auch kaum möglich sein wird, speziell nicht in der Sprache einer pluralistischen Gesellschaft.

Bezeichnung	**Pp- Primitivperson** [11]
γPp	**atavistische Grenzform** <u>*Motor Disturbances*</u> motorische Störungen, bizarre Haltungen, wiederholte eigenartige und manierierte Gesichts- und Körperbewegungen, Hyperkinese; Primitivismen, Echopraxien, pervertierte Genußsucht, Zurück-zur-Natur- Wahn

[10] Näheres dazu findet der Leser in B. Waszkewitz: Psychologie der Persönlichkeit, S. 28f und 105f, Stuttgart 2003

[11] zu den atavistischen Grenzformen sei auf Lorr verwiesen, Stichwort Psychose in Arnold/Eysenck/Meili: Lexikon der Psychologie, Freiburg 1987

δPp	**gehemmte Grenzform** *emotionale Gehemmtheit*:: Welt hat keinen Aufforderungscharakter, natürliche und unmittelbare Reaktionen sind nicht möglich, Starre, Leere, Impulslosigkeit, Affektarmut, ängstliche Genußunfähigkeit, die Welt verliert für das Subjekt den Aufforderungscharakter zum Handeln und vor allem zum aktiven Erleben, zu affektiver Assimilation; es bilden sich Starre, Leere, Impulslosigkeit und Affektarmut, wobei körperliche, organische, sensuale und vitale Genußwünsche nicht entfaltet werden; das führt zu Desinteresse am lebendigen und sinnlichen Geschehen und zur Ausbildung von Genußunfähigkeit im Vitalen aus Angst.
βPp	**infantile Form,** *Triebhaftigkeit,* Kreatürlichkeit des Erlebens, kindliche Unmittelbarkeit, Genießernaturell, Eindrucksabhängigkeit des Erlebens, Impulsivität, Augenblicksabhängigkeit, übertriebene Genußwünsche,
αPp	**reife Form** *Emotionalität,* Natürlichkeit und Unmittelbarkeit des Erlebens, aus dem Es heraus erleben, Anschauungsnähe, Alltagsnähe, Genußfähigkeit, Zyklothymie, Seele, physiologische und vitale Bedürfnisse, praktische Ausrichtung, Augenmaß,
vl	lineare Vorstellfähigkeit, Augenmaß, Distanzengefühl- und abschätzung
Bezeichnung	**Rp- Rationalperson**
γRp	**atavistische Grenzform,** *Disorientation,* Desorientierung, funktionale Desorientierung hinsichtlich Zeit und Ort, es kann zur Unfähigkeit kommen, Menschen wiederzuerkennen, die der Patient kennen müßte, traumhaftes und nebelhaftes Erleben, Verwirrtheitszustände, paranoide Neugier, Gefühl durch das Schweigen anderer ausgeschlossen zu werden, esoterische Wahnvorstellungen,

δRp	**gehemmte Grenzform,** *rationale Gehemmtheit:* es fehlt an Steuerung der Abläufe und damit der Bezug zu Ordnungen und Regeln, es fehlt aber auch das Leiden daran, Züge neurotischer Verwahrlosung treten hervor, Irrationalität, Unvernunft, indirekte Augenblicksabhängigkeit, Uninteressiertheit, Angst vor eigener Neugier, die vernunftbestimmte Ichsteuerung wird nicht herausgebildet; es bilden sich Steuer- und Disziplinlosigkeit, Unvernunft und die sog. Neurotische Verwahrlosung.
βRp	**infantile Form,** *Vernünftelei,* Neigung zu Schematismus und eingeengtem Formalismus, Züge von Schablonenhaftigkeit, Enge, Intellektualismus, irrationale Weltfremdheit,
αRp	**reife Form,** *Vernünftigkeit,* Überlegung, Selbstdisziplin, Steuerung und kritische Haltung, Geist, noetischer Oberbau, Ichperson, intellektuelle, rationale Bedürfnisse, theoretische Ausrichtung, Unterscheidungsschärfe,
dk	Denkkanaltrennung, geistige Unterscheidungsgabe und Abstraktionsfähigkeit, analytisches Denkvermögen, Urteilsfähigkeit
Bezeichnung	**Up- Umweltperson**
γUp	**atavistische Grenzform** *Excitement* Erregungszustand mit beschleunigter Sprache, laut, schwer zu unterbrechen, erhöhte Stimmungslage und Selbstwertschätzung, ungezügelter und schauspielerischer Ausdruck, hysterische Reaktionen, Selbstbespiegelungen, narzißtische Reaktionen, exhibitionistische Zwänge,

δUp	**gehemmte Grenzform** *Zuwendungsgehemmtheit:* Umweltangst, Scheu, Kontakthemmungen in dinglicher und menschlicher Hinsicht, Öffentlichkeitsscheu, Aussteigermentalität, Anspruchsängste, es bildet sich keine aktive Zuwendung zur Welt und Umwelt heraus; Isolierungstrends, Kontaktscheu und Kontakthemmungen werden deutlich. Bedürfnisse der Weltzuwendung und der erlebenden Teilnahme der Welt konnten nicht entfaltet werden; ängstliches Desinteresse gegenüber Öffentlichkeit, Gesellschaft und Welt, Anspruchsängste, Öffentlichkeitsscheu und Aussteigertendenzen sind die Folge.
βUp	**infantile Form,** *Darstellungsdrang* Prestige- und Statusdrang, will auf sich aufmerksam machen und dadurch Beziehungen zur Umwelt gewinnen, Geltungsdrang,
αUp	**reife Form** *Weltzuwendung* extravertiertes Verhalten, sucht Gesellschaft und Öffentlichkeit, wendet sich der Welt zu, Aufgeschlossenheit, Geselligkeitsbedürfnisse, Selbstschätzungsbedürfnisse, Feingeschick
ff	manuelles Feingeschick, Fingerbeweglichkeit und -geschick
Bezeichnung	**Üp- Überichperson**
γÜp	**atavistische Grenzform** *‚Anxious Depression* ängstliche Verstimmung, von unbestimmter Angst, aber auch bestimmten Sorgen wird berichtet, die Stimmung ist dysphorisch bei gleichzeitigen Selbsterniedrigungstendenzen, zusätzlich sind Schuldgefühle und Gewissensbisse über wirkliche oder eingebildete Verfehlungen zu beobachten, Verfolgungsängste, inadäquate Fluchtreaktionen, totstellreflexartige Mechanismen, Unheimlichkeitsaffekte, ideologische Zwänge und Verabsolutierungen, Gerechtigkeitszwänge, religiöses Eiferertum,

δÜp	**gehemmte Grenzform,** *integrative Gehemmtheit* : Verlust der inneren Orientierung, fehlende Werthaltungen und Distanz, Abhängigkeit von Außenlenkung, fehlende Fluchtdistanz, Angst vor dem Alleinsein, rücksichtslose Aufdringlichkeit, Neutralismus, Relativismus, Opportunismus, areligiös, amoralisch, es entwickelt sich keine Fluchtdistanz, die Orientierung aus sich heraus bleibt verschlossen; es bilden sich rücksichtslose Aufdringlichkeit und Angst vor dem Alleinsein, die Welt wird affektiv nicht integriert.
βÜp	**infantile Form,** *Egozentrizität* bezieht alles auf sich, übertriebene Schamgefühle und Gewissensreaktionen, Unfreiheit, Isolierung, Abkapselung, übermäßige Verschlossenheit, orthodoxe und fanatische ideologische Haltungen,
αÜp	**reife Form** *Innenlenkung* orientiert sich an inneren Wertvorstellungen, wahrt Abstand und Distanz, Intraversion, Streben nach Werten, ideologische Bedürfnisse (u.a. religiöse Bedürfnisse, ethische Vernünftigkeit), Bewußtheitsklarheit,
we	Willensenergie, Entschlossenheit, Entschiedenheit, Bewußtheitsklarheit, Apperzeptionsdeutlichkeit
Bezeichnung	**Kp- Kulturperson**
γKp	**atavistische Grenzform,** *Obsessional Phobic* phobischer Zwang mit unkontrollierbaren Handlungen und Ritualen, wiederkehrende ungewollte Ideen, bestimmte Ängste und Ideen über Persönlichkeitsveränderungen und Irreales, halluzinäre, rauschhafte Zustände, kultureller Sendungswahn, Kulturaposteltum, Maschinenstürmerei,

δKp	**gehemmte Grenzform,** *Gefühlsreaktionsgehemmtheit:* Verlust der Mitte, Funktionalismus, Angst vor Kultur und lebhaften Gefühlen, Gefühlsindolenz und –trägheit, nicht zu begeistern, Unfähigkeit vorhandene Bindungen zu lösen, gefühlshaftes Kleben, interesselos gegenüber Sprache, Kultur etc., Zweckfunktionalismus, geht mit einem Verlust der gefühlsmäßigen Äußerungsfähigkeit als Basis der inneren Assimilation sozialer Verbindungen einher, so daß sich keine Begeisterungsfähigkeit bilden kann; diese Menschen können sich innerlich nicht auf neue Menschen einstellen und auf sie zugehen, sind unfähig vorhandene Bindungen zu lösen und gegen neue einzutauschen. Es sind Gefühlsindolenz und –trägheit zu verzeichnen.
βKp	**infantile Form,** *Schwärmerei* übersteigerte, unstete Gefühlsäußerungen mit ekstatischen und illusionären Zügen, Ästhetizismus, zweckentfremdete Schöngeistigkeit, Antifunktionalismus,
αKp	**reife Form,** *Idealismus* kulturelle Orientierung, Lebhaftigkeit der sozialen, kulturellen und sprachlichen Äußerungen, Äußerungsleichtigkeit, Gefühlslebhaftigkeit, Wachsamkeit, kulturelle Bedürfnisse, schöngeistige Bedürfnisse, Formensinn
vp	planare Vorstellfähigkeit, Formvorstellungsfähigkeit, Formensinn
Bezeichnung	**Bp- Beziehungsperson**
γBp	**atavistische Grenzform**, *Paranoid Projection* Verfolgungswahn mit ungerechtfertigten fixen Ideen, die Personen aus der Umgebung des Individuums aggressive, verfolgerische und kontrollierende Absichten zuschreiben, verschrobene, auf die eigene Person gerichtete Bindungen, Hundeheimweh, persönlicher Sendungswahn, dabei sich von anderen verfolgt fühlen,

δBp	**gehemmte Grenzform,** *Humanitätsängste:* Angst vor dem Menschlichen, vor Partnerschaften, aber auch der Selbstverwirklichung, Rückzug ins Kollektiv, Züge der Kälte und Unpersönlichkeit, fehlende innere soziale Beziehungen, und Bindungen, Gemütsarmut, betonte Sachlichkeit als Sublimation, führt zur Nichtausbildung der integrierenden sozialen Tiefenfunktion und damit zu einem Fehlen sozialer Bezogenheit und Bindungen, was als Kälte und Gemütsarmut erscheinen kann.
βBp	**infantile Form,** *Sentimentalität* Gefühlchen, Gefühlsduselei, romantische Schwärmerei, Gemütsegoismus, Singularisierung, Ichbetonung,
αBp	**reife Form,** *Humanität* Gefühlstiefe und Bindungsfähigkeit verbunden mit Eigenständigkeit des gefühlsmäßigen Erlebens, Individualität, Gemüt, Bedürfnis nach Selbstbestimmung und Selbstverwirklichung in dem Zusammenleben mit anderen, geistige Einfälle und Adaption,
dp	Denkplastizität, Denkadaption, Informationsaufnahme von innen und außen, Einfälle, Kreativität, Phantasie
Bezeichnung	**Gp- Gestaltungsperson**
γGp	**atavistische Grenzform,** *Hostile Belligerence* aggressive Streitsucht, bei der Beschwerden über Aggressivität und Ressentiment gegen andere üblich sind, die Schuld an Schwierigkeiten und Versagen anderen gegeben wird, Selbstzerfleischungs- und -zerstörungsreaktionen, verschrobene Macht- und Herrschaftssüchte,

δGp	**gehemmte Grenzform,** *Machtängste:* Gestaltungsgehemmtheiten, Aggressionsgehemmtheiten, Bewältigungsgehemmtheiten, Angst, anderen ins Gehege zu kommen, Angst vor dem Sichdurchsetzen, fehlender sozialer Ehrgeiz aus Angst, Nichtentfaltung aktiven Handelns in sozialen Bezügen, wodurch Selbstdurchsetzung und Angriffslust verlorengehen, es entsteht ständige Angst, anderen ins Gehege zu kommen oder sie zu verletzen.
βGp	**infantile Form,** *Beherrschung* Machtwünsche, Züge von Herrschsucht und Aggressivität, Schärfe der Reaktionen, Hitzigkeit, Machenwollen um jeden Preis,
αGp	**reife Form,** *Gestalten* Aktivität des Gestaltens und Machens, aber auch der Durchsetzung, Führungs- und Lenkungsdrang, Leistungsbedürfnis, manuelles Tun,
fh	Handgeschick, Handwerkliches Geschick
Bezeichnung	**Sp- Sozialperson**
γSp	**atavistische Grenzform,** *Functional Impairment* Funktionale Schwäche mit Beschwerden über die Unfähigkeit, sich zu konzentrieren, zu arbeiten oder Entscheidungen zu treffen; Interesse an anderen Menschen, am anderen Geschlecht oder gesellschaftlicher Aktivität ist herabgesetzt oder fehlt, Verführbarkeits- und Hingabezwänge; Zwang, Unbrauchbares zu erhalten;

δSp	**gehemmte Grenzform,** *Sozialängste:* Angst vor der Anpassung an soziale Gegebenheiten, Neigung zu unangemessenem Freiheitsdrang, unsensibel, rigide, vertrauenslos in sozialer Hinsicht, Angst vor sozialen Aufgaben, vor Helfen, Hegen und Pflegen, Hingabegehemmtheit, Nichtentfaltung von Beeindruckbarkeit und Sensibilität - besonders im Umgang mit der sozialen Umwelt -, das führt zu Rigidität, Vertrauenslosigkeit, Anpassungsunfähigkeit, Mangel an Lösung und Entspannung.
βSp	**infantile Form,** *Abhängigkeit* Nachgiebigkeit, Beeinflußbarkeit, erdrückende Fürsorge, die keinen echten Halt und keine wirkliche Hilfe gibt, die zur Beherrschung anderer führt, Herrschen durch Schwäche,
αSp	**reife Form,** *Hingabe* soziale Bedürfnisse, Engagement in der Gemeinschaft, Dienstbereitschaft, Anpassung, Beeindruckbarkeit, Hegen und Pflegen, soziale Anpassung, fluktuierende Aufmerksamkeit, Bewußtheitsweite,
wm	Willensmobilität, Horizontweite, Bewußtheitsweise, fluktuierende Aufmerksamkeit, Willensreagibilität
Bezeichnung	**Ep- Einstellungsperson**
γEp	**atavistische Grenzform,** *Grandiosity* Größenwahn, eine Einstellung der Überlegenheit verbunden mit unberechtigten Gefühlen, über ungewohnte Kräfte zu verfügen; göttliches Sendungsbewußtsein kann ebenfalls beobachtet werden; ideenflüchtige Reaktionen, bei denen alles unabhängig von den Realitäten durch eine rosarote Brille betrachtet wird, Qualitätswahn, Künstlerwahn,

δEp	**gehemmte Grenzform,** *<u>Minderwertigkeitsgefühle:</u>* manische Gehemmtheit, Lebensangst, Depressionen, depressive Verstimmungen, reine Nützlichkeitshaltungen, Quantitätssucht als Kompensation, Frische und Selbstvertrauen werden nicht ausgebildet, womit ein Verlust von Wagemut, Optimismus und Risikobereitschaft ebenso verbunden ist wie Lebensangst, Minderwertigkeitsgefühle und Depressionen.
βEp	**infantile Form,** *<u>Unbedenklichkeit</u>* überhöhte Risikobereitschaft, Mangel an Selbstkritik, Hektik, Leichtfertigkeit,, Flüchtigkeit, Tollkühnheit, effekt- und äußerlichkeitsorientiert
αEp	**reife Form,** *<u>Sicherheit</u>* Frische, Heiterkeit, sanguinisch, Selbstvertrauen, Wagemut, ästhetische Bedürfnisse, musische und künstlerische Bedürfnisse, Qualitätssinn, plastische Vorstellung,
vk	kubische Vorstellfähigkeit, räumliches Vorstellvermögen,
Bezeichnung	**Op- Ordnungsperson**
γOp	**atavistische Grenzform,** *<u>Perceptual Distortions</u>* Wahrnehmungsstörungen, Erlebnisse unechter Wahrnehmungen in Form von Stimmen, die bedrohlich anklagen oder etwas fordern, Beeinträchtigungswahn, Verfolgungsängste, Hoffnungslosigkeit und verschrobene Schuldgefühle, hypochondrische Reaktionen, Kontroll- und Ordnungszwänge,
δOp	**gehemmte Grenzform,** *<u>Ordnungsängste:</u>* Chaotismus, Angst vor Ordnung, Systematik und Regeln, Mangel an Ernst und Besinnlichkeit, Flachheit, Verantwortungslosigkeit, Nachlässigkeit, Schlamperei, Ernst, natürliche Vorsicht und Besonnenheit werden nicht entfaltet; eine erhebliche Unfähigkeit zum Abwägen, Flachheit, Verantwortungslosigkeit, Leichtsinn und lässige Tollkühnheit werden wirksam.

βOp	**infantile Form,** *Pedanterie* Übervorsicht, Mißtrauen, Verdrossenheit, Mißmut, strenge, fixierte und wenig sinnvolle Ordnungsbildung, Listenführungsdrang, bürokratische Tendenzen und Verhaltensformen,
αOp	**reife Form,** *Abwägen* Besinnlichkeit, Besonnenheit, Systematik, Tiefsinn, Ernst, melancholisch, Ordnungsstreben, Streben nach Gliederung und Systematik, Organisationsdrang, intellektuelle Verknüpfungsvielfalt,
de	Denkelastizität, Kobinationsgabe, praktisches Denken, Gedankenverknüpfungsfähigkeit, Denkgewandtheit
Bezeichnung	**Fp- Fortschrittsperson**
γFp	**atavistische Grenzform,** *Conceptual Disorganisation* Auffassungsstörungen, bei denen die Sprache weitschweifig, unzusammenhängend und ohne Bezug zu gestellten Fragen ist; die gleichen Wörter oder Sätze werden in stereotyper Weise wiederholt, neue Wörter (Neologismen) können erfunden und in die Sprache aufgenommen werden, hyperkinetische Störaktionen, Veränderungssucht, Nichtseßhaftigkeit,
δFp	**gehemmte Grenzform,** *Fremdheitsängste:* Angst etwas zu unternehmen, Zukunftsängste, ängstliche Lahmheit und Mattheit, Furcht vor eigenem Handeln, Angst vor Neuem, Fremdem, Fernem und Unbekanntem. Unternehmerischer Ausgriff, schwungvolle Expansion werden nicht ausgebildet;
βFp	**infantile Form,** *Überschwang* Heftigkeit, Hitzigkeit, Abenteurertum, Betriebsamkeit, Geschäftigkeit, Abwechslungssucht, Neuheitensucht,
αFp	**reife Form,** *Expansivität* Schwung, Unternehmungsgeist, cholerisch, eifrig, dynamisch, Bedürfnisse nach Neuem und Veränderungen, Zukunftsstreben, progressiv, zielsichere motorische Koordination,

fk	Bewegungskoordination, Geschmeidigkeit, Wendigkeit und Harmonie der körperlichen Bewegungsabläufe
Bezeichnung	**Tp- Traditionsperson**
γTp	**atavistische Grenzform,** *Retardation* Verlangsamung von Sprache und Vorstellung, Verminderung der motorischen Aktivität bis zur Blockierung, Apathie und Desinteresse an der Zukunft kommen hinzu, Stuporerscheinungen, negativistische Haltungen, Katzenheimweh, Zukunftsphobien,
δTp	**gehemmte Grenzform,** *Traditions- und Vertrautheitsängste:* Wurzellosigkeit, Mangel an Standpunkt, haltloses Schwanken, Mangel an Bodenständigkeit, kann nicht nein sagen, Flucht vor Sicherem, Gewohntem und Vertrautem Es entwickelt sich keine Behauptung, Festigkeit und Eigenwillen sowie Beharrungsvermögen werden nicht entfaltet; ängstliche Standpunktschwäche sowie wurzel- und haltloses Schwanken sind die Folge,
βTp	**infantile Form,** *Fixiertheit* Verfertigung, Trotz, Abwehr, Unelastizität, Phlegma, Sturheit, Gewohnheitenverhaftung, Traditionsfixierung, Sicherheit um jeden Preis,
αTp	**reife Form,** *Bewahrung* Festigkeit, Selbstbehauptung, Traditionsgebundenheit, Traditions- und Besitzbedürfnisse, ökonomische Bedürfnisse, Phlegma, Gelassenheit, Beharrung, Beständigkeit, Bewußtheitsschärfe, fixierende Aufmerksamkeit.
wk	Willenskonstanz, Konzentration, fixierende Aufmerksamkeit, Bewußtheitsschärfe und -genauigkeit

Hinzu kommen die allgemein wirksamen Verknüpfungsformen der Elemente, die stets zu beachten sind. Für die Verknüpfungsergebnisse folgt dann mit einer schlagwortartigen sprachlichen Umschreibung der Wirkungsbereichscodes:

Elemente	***Wirkungsbereiche***
Pp:Primitivperson - Rp: Ichperson	=Sbg: Selbstbestimmung

(Pp:Primitivperson + Rp: Ichperson)/2	=Sbs: Selbstbetrachtung
Up: Umweltperson - Üp: Überichperson	= Säg: Selbstäußerung
(Up: Umweltperson + Üp: Überichperson)/2	= Säs: Weltverhältnis
(Sbg+Säg)/2	= Eg: Egoerlebens- und -lebensstil
(Sbs+Säs)/2	= Egs: Egoeinstellung
Kp: Kulturperson - Bp: Beziehungsperson	= Geg: Gemeinschaftsstil
(Kp: Kulturperson + Bp: Beziehungsperson)/2	= Ges: Gemeinschaftseinstellung
Gp: Gestaltungsperson - Sp: Sozialperson	= Gbg: Gemeinschaftsbewältigungsstil
(Gp: Gestaltungsperson + Sp: Sozialperson)/2	= Gbs: Gemeinschaftsbewältigungseinstellung
(Geg+Gbg)/2	= Mn: sozialer Begegnungsstil
(Ges + Gbs)/2	= Mns: soziale Begegnungshaltung
Ep: Einstellungsperson - Op: Ordnungsperson	= Weg: Welterfassungsstil
(Ep: Einstellungsperson + Op: Ordnungsperson)/2	= Wes: Welteinstellung
Fp: Fortschrittsperson - Tp: Traditionsperson	= Wbg: Weltbewältigungsstil
(Fp: Fortschrittsperson + Tp: Traditionsperson)/2	= Wbs: Handlungseinstellung
(Weg+Wbg)/2	= Wt: Weltbegegnungsstil
(Wes+Wbs)/2	=Wts: Weltbegegnungshaltung
(Eg+Mn+Wt)/3	= IN: Gesamterscheinungsbild
(Summe der Elementenwerte)/12	= In= In′+iIn″: Grundstruktur
In′/In″=Ing	Ing: Stabilität des Systems
Verknüpfungsfaktoren	
Vy. Vorstellungspotential	
vl: lineare Vorstellfähigkeit	
vp: planare Vorstellfähigkeit	$Vy=100*e^{(vl*vp*vk/729)-1}$ pkt
vk: kubische Vorstellfähigkeit	
Iy. Denkpotential	
dk: Denkkanaltrennung	
dp: Denkplastizität	$Iy=100*e^{(dk*dp*de/729)-1}$ pkt
de: Denkelastizität	
Fy. Fertigungspotential	
ff: Feingeschick	
fh: Handgeschick	$Fy=100*e^{(ff*fh*fk/729)-1}$ pkt

fk. Bewegungskoordination	
Wy. Bewußtheitspotential	
we: Willensenergie	
wm: Willensmobilität	$Wy = 100 * e^{(we*wm*wk/729)-1}$ pkt
wk: Willenskonstanz	
Ty. Gesamtbegabungspotential	$Ty = (Vy*Iy*Fy*Wy)^{0,25}$

Das zugehörige Auswertungsprogramm zur Verwertung der Analyseergebnisse (DAE) liefert die Analyseergebnisse in Zelle A77 bis N103 in folgender Form:

	real	imag	| |		real	imag		real	imag	| |			
P	#	#	#	Sbg	#	#	Eg	#	#	vl	#	Vy	#
R	#	#	#	Sbs	#	#	Egs	#	#	dk	#	Iy	#
U	#	#	#	Säg	#	#				ff	#	Fy	#
Ü	#	#	#	Säs	#	#				we	#	Wy	#
K	#	#	#	Geg	#	#	Mn	#	#	vp	#	Ty	#
B	#	#	#	Ges	#	#	Mns	#	#	dp	#		
G	#	#	#	Gbg	#	#				fh	#		
S	#	#	#	Gbs	#	#				wm	#		
E	#	#	#	Weg	#	#	Wt	#	#	vk	#		
O	#	#	#	Wes	#	#	Wts	#	#	de	#		
F	#	#	#	Wbg	#	#				fk	#		
T	#	#	#	Wbs	#	#				wk	#		
In	#	#	#	Ing	#		INV	#	#		Lü	#	
	γ	δ											
P	#	#											
R	#	#											
U	#	#											
Ü	#	#											
K	#	#											
B	#	#											
G	#	#											

S	#	#											
E	#	#											
O	#	#											
F	#	#											
T	#	#											

Zur sprachlichen Interpretation empfehle ich das folgende Textprogramm zusammen mit entsprechenden Terminitabellen für die Ergebniswerte, denn auf diese Weise bleibt auch das sprachliche Ergebnis unabhängig vom Stil und den persönlichen Perspektiven des Diagnostikers.

Persönlichkeitskurzbefund (DPbk)

Name:

Alter:

Vorbildung:

Beruf:

Untersuchungsmaterial:

Prüfverfahren:

Die Komplexität und Vielschichtigkeit der menschlichen Persönlichkeit an sich läßt es nicht zu, sie mit wenigen Angaben zu erfassen und zu charakterisieren. Ein solcher Kurzbefund kann daher lediglich als vorläufige Orientierung dienen.

Der erste Eindruck, den man von dieser Persönlichkeit gewinnt, pendelt im allgemeinen zwischen *IN* und *iIN*. Dieser bildet sich auf einer *Ing In* Grundlage verbunden mit *iIn* Zügen bei |*In*| Intensität und *Ty* Begabungen. Den Verlauf des inneren Geschehens bestimmen dabei generell die *Dyg Dy* Tendenzen begleitet von *iDy* Zügen. Die allgemeine Ausrichtung und Einstellung werden von einer *Myg* sowie *My* und zugleich *iMy* Struktur beherrscht.

Auf dieser Basis entwickelt sich eine *Eg* sowie *iEg* Form des Selbst, die von einer *Egs*, dabei *iEgs* Struktur getragen wird. Das führt zu einem *Sbg* aber auch *iSbg* Erlebnisstil auf der Basis einer *Sbs* Erlebnisweise mit *iSbs*

Zügen. Dazu trägt ein *Pp* sowie *iPp* Es bei, das die Impulse liefert, sowie ein *Rp* und *iRp* Ich, das die Übersicht und Lenkung managen soll. Nach außen bildet dabei ein *Säg*, aber auch *iSäg* Stil der Begegnung mit der Welt an sich und der Gesellschaft, der von einem *Säs* sowie *iSäs* Verhalten unterstützt wird. Der Umwelt wendet dieser Mensch sich nämlich im allgemeinen *Up*, wenn auch *iUp* zu, während von seinem Überich *Üp* und *iÜp* Impulse ausgehen, die seine Haltung zu und in dieser Welt mitformen.

In sozialer Hinsicht wirkt die Persönlichkeit *Mn* und *iMn* bei vorwiegend *Mns* und *iMns* Verhaltensweisen. Dahinter steht im allgemeinen eine *Geg*, aber auch *iGeg* Einstellung zur Gemeinschaft mit anderen bei *Ges* und *iGes* Reaktionsweisen. Verbunden damit ist eine *Kp* zugleich auch *iKp* soziale Ansprechbarkeit, und das bei einer *Bp* Einstellung mit *iBp* Zügen zu humanen Fragen und Beziehungen. Sobald es um die Auseinandersetzung mit und das Leben in der sozialen Umwelt geht, stößt man bei diesem Menschen auf *Gbg*, aber auch *iGbg* Züge sowie ein *Gbs* und *iGbs* Verhalten. Dieses ist gepaart mit einer *Gp* Bewältigungsweise verbunden mit *iGp* Zügen sowie einer *Sp* und *iSp* Anpassung.

Im Umgang mit den Dingen, Problemen und Aufgaben des Lebens und auch des Berufs stößt man im vorliegenden Falle generell bei diesem Menschen auf einen *Wt* und doch *iWt* wirkenden Handlungsstil auf der Basis einer *Wts* und *iWts* Handlungsstruktur. Dabei werden die mannigfachen Eindrücke von ihm *Weg*, aber auch *iWeg* erfaßt, was auf dem Hintergrund einer *Wes* Grundauffassung des Geschehens mit *iWes* Zügen zu werten ist. Die allgemeine Einstellung zu derartigen Situationen erscheint dabei *Ep* und *iEp*, wobei die erfaßten Inhalte weitgehend *Op* und *iOp* verarbeitet werden dürften. Der Umgang mit den Situationen, Dingen, Aufgaben und Problemen wird im allgemeinen von einem *Wbg* aber auch *iWbg* Aktionsstil im Rahmen einer *Wbs* sowie *iWbs* Weltbewältigungsweise geleitet. Dahinter stehen einerseits Züge von *Fp* und *iFp,* andererseits solche von *Tp* und *iTp*.

Dabei bringt er eine *Iy* Denkbegabung mit. Die *Wy* ausgeprägte Willens- und Bewußtheitsfähigkeit steht wie die anderen Begabungen im

Dienste der aufgezeigten Persönlichkeitszüge und wird von ihnen eingesetzt. Insgesamt gesehen entwickelt er an integrierenden, d.h. verarbeitenden Begabungen *we,wm,wk* Bewußtheit und *dk,dp,de* Denken. Bei *we* Entscheidungsweise und Bewußtheitsklarheit kann er das Wesentliche geistiger Probleme *dk* erkennen, d.h. zugleich analytisch denken. Auf dieser Grundlage entwickelt er eine *we#dk* Urteilsweise. Auf die Vielfalt der Eindrücke spricht er *wm* an, wie es seinem Bewußtseinshorizont entspricht. Innere, aber auch äußere Informationen nimmt er geistig *dp* auf, um sie im Zuge der Informationsverarbeitung zu nutzen. Das ist die Grundlage für eine *wm#dp* Lernweise und Informationsverarbeitung. Da er zudem über die Fähigkeit verfügt, sich seiner Bewußtheitsschärfe entsprechend *wk* zu konzentrieren und seine Gedanken und Denkinhalte *de* miteinander zu verknüpfen, steht ihm eine *wk#de* Kombinationsweise zur Bewältigung praktischer Probleme zur Verfügung.

Dementsprechend liegen ihm Aufgaben und Betätigungen folgender Art am ehesten:

Zu bedenken sind im Rahmen der Lebensgestaltung als hintergründige Störungsquellen grundsätzlicher Art :

Ein spezifisches Problem der Persönlichkeitsbeschreibung soll uns darüber hinaus noch näher beschäftigen, das der Begabungs. Eines der ersten „Maßsysteme„ der Begabungsforschung war der IQ oder Intelligenzquotient, den W. Stern einführte. Er ergibt sich aus:

100 mal Intelligenzalter/ Lebensalter.

Da die „Intelligenz" bzw. die Denkfunktionen ihre Entwicklung mit etwa 14-18 Jahren abschließen - nicht zu verwechseln mit der Fertigkeit, das vorhandene Potential anzuwenden -, ist die Verwendung des IQ nur bis zu diesem Alter sinnvoll, denn später muß danach der IQ ständig sinken. Aus diesem Grunde verwenden die meisten Intelligenztests nicht den IQ, sondern einen SW oder Standardwert. Dieser baut auf dem Mittelwert einer Normalverteilung auf, der gleich 100 gesetzt wird. Das heißt zugleich, daß sowohl der arithmetische Mittelwert als auch der Median 100 betragen. Dann hat man es bei < SW 70 mit Schwachsinnigen und bei > 135 mit „Genialen“ zu tun. Studien an Vertretern der Genialen zeigen, daß auch Standardwerte von 180 und mehr erreicht werden. Wo aber ist die Grenze, die allem Biologischen innewohnt?

Darüber hinaus tritt das Problem auf, daß derartige SW-Skalen für alle Aufgabenarten, aber auch für unterschiedliche Altersstufen erstellt werden müssen. Das heißt aber zugleich, daß wir es hier mit sehr relativen Werten zu tun haben. Theoretisch ist ein solcher Ansatz sicher nicht haltbar, wenn er sich auch praktisch bewähren mag. Aus diesem Grunde habe ich vorgeschlagen, die Grunddimensionen der Funktionen wie alle Zustandswerte mit einer einheitlichen Skala von 1 bis 9 zu „messen“. Geschieht das, so kann man die von jeweils drei Grunddimensionen gebildeten Grundfunktionswerte oder Potentiale errechnen. Folgt man der bei Intelligenztests üblichen Methode, so müßte man diese Werte addieren. Berücksichtigt man, daß es sich um unterschiedliche Grunddimensionen (qualitative Unterschiede) handelt, kann eine Addition zu einem einheitlichen Wert - wie bei m und sec - nicht erlaubt werden. Das weist daraufhin, daß mindestens eine multiplikative Verknüpfung anzusetzen ist, wie an anderer Stelle geschehen[12] . Dafür spricht zudem, daß ein Ausfall einer Grunddimension die Effektivität der zugehörigen Grundfunktion mehr beeinträchtigt, als die Addition erbringen würde und die Beobachtungen der Psychiatrie und Neurologie erkennen lassen. Außerdem muß man bedenken, daß die aus mehreren Komponenten gebildeten Begabungspotentiale im Gegensatz zur landläufigen Meinung nicht normalverteilt sind, sondern daß die Komponenten normalverteilt sein müssen. Den Übergangsfunktionen wie einer Reihe weiterer biologischer Erkenntnisse entspricht dazu folgende Form:

$$\mathbf{FW_m = 100 * e^{(a*b*c/729)-1}}$$

für den Funktionalwert. Führt man dann für Halbstufenwerte der Komponenten eine Verteilungsstudie durch, so erhält man folgendes Bild:

[12] Waszkewitz Fundamente der theoretischen Psychologie a. a. O. S. 51f

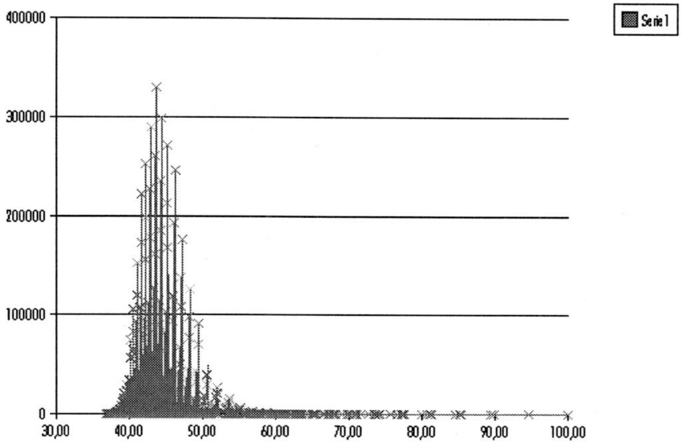

Vorstehende Graphik zeigt die Verteilung bzw. Häufigkeit des Vorkommens der FW-Werte bei Normalverteilung der Grunddimensionswerte an. Daraus ergibt sich, daß Hochbegabungen, ob der Vorstellung, des Denkens, der manuellen Befähigungen oder des Willens und der Bewußtheit relativ selten sind. Daraus ergeben sich naturgemäß einschneidende Folgerungen für die Gestaltung von Bildungs- und Ausbildungswesen, aber auch der Berufswelt, wenn nicht ein großer Teil der Bevölkerung verdummen und beschäftigungslos werden soll.

Betrachten wir nun nicht nur die einzelnen Grundfunktionen, sondern die Gesamtheit des syntaktischen Aspektes, so taucht die Frage auf, wie das Gesamtpotential T zu ermitteln ist. Der Potentialwert für T ergibt sich, da wiederum unabhängige Größen wirksam sind und die Grundfunktionspotentiale verschiedene Sachverhalte erfassen, sicher nicht additiv. Machen wir auch hier einen multiplikativen Ansatz, so können wir davon ausgehen, daß die höheren Werte noch unwahrscheinlicher werden als bei den einzelnen Grundfunktionspotentialen. Dennoch wird man hierbei nicht mehr auf eine e-Funktion zur Berechnung übergehen. Vielmehr dürfte die Verwendung des geometrischen Mittels den Tatsachen gerecht werden, denn sind alle 4 Werte gleich, so bleibt die Gesamtbefähigung auf dem jeweiligen Level. Fällt dagegen ein Funktionswert ab, so sinkt der Level insgesamt, und zwar auch dann, wenn die Summe aller Potentiale dabei gleich bleibt. D.h., es ist auszugehen von

$$\mathbf{TW= (FW_1*FW_2*FW_3*FW_4)^{0.25}}$$

Zugleich bedeutet dieses, daß bei der Ermittlung der Begabungseffektivitäten mit Hilfe von Tests und Arbeitsproben die Testwerte, also die Werte der unterschiedlichen Aufgabenreihen in den Begabungstests untereinander multiplikativ zu verknüpfen sind. Allerdings ist zu bedenken, daß die Analyse der Gestaltungsprodukte Handschrift und Graphiken keine realen Aussagen zu vl, vp, vk sowie ff, fh und fk erlaubt.

Daraus ergeben sich folgende Umsetzungen in die verwendete Ausgangsskala von 1-9 für die multiplikative Verknüpfung im Falle der Normalverteilung der Komponentenwerte:

Bedeutungen	9er-Skala	Häufigkeit %	FW-Werte
Mangel an Fähigkeit	1	0.0019	36.74 bis 36.96
Wenig Fähigkeit(Schwachsinn)	2	0.47	36.97 bis 37.58
unterdurchschnittl. Fähigkeit	3	6.90	37.59 bis 39.02
knapp durchschnittl. Fähigkeit	4	28.62	39.03 bis 41.69
durchschnittl. Fähigkeit	5	40.14	41.70 bis 46.22
gut durchschnittl. Fähigkeit	6	21.68	46.23 bis 53.62
überdurchschnittl. Fähigkeit	7	2.11	53.63 bis 65.62
hohe Befähigung	8	0.05	65.63 bis 85.42
sehr hohe(ideale)Befähigung	9	0.00011	85.43 bis 100

Gerade im syntaktischen Bereich sind die Grunddimensionen bzw. Komponenten reagibler, was ihre Verknüpfung untereinander angeht. Dabei muß man einmal die Verknüpfungen der integrierenden untereinander, zum anderen die der assimilierenden mit den polaren integrierenden beachten. Diese Paarbildungen führen jeweils zu einer dritten Größe im reellen Zahlenbereich und beschreiben damit eine Ebene der Form Y=y#y*, wie den Systemtabellen zu entnehmen ist.

Betrachten wir das IVS-Mensch-Modell einmal vom Prozeßablauf her näher, so stellen wir zunächst fest, daß die aus den Stimuli aufgebauten Erregungsgestalten unserem Erleben - zumindest unserem bewußten Erleben - nicht zugänglich sind. Sie werden von den Rezeptionszentren anscheinend in alle Richtungen ausgestrahlt. Dabei erregen sie auch die Faktoren der Individualinstanz. Bei ihrer Weiterführung in die Rindenregionen, in denen der Wahrnehmungsprozeß sich vollzieht, treffen sie hier mit den Reaktionen der Individualinstanzfaktoren zusammen. Aus der Verknüpfung beider entsteht dann die individuelle Wahrnehmung der jeweiligen Stimulikonfiguration. Diese Wahrnehmung hat daher subjektiven Charakter. Ob sie von Bewußtsein begleitet ist, ist eine andere Frage. Nach dem heutigen Erkenntnisstand muß das nicht der Fall sein. Damit es zu einer bewußten Wahrnehmung kommt, müssen anscheinend weitere Bedingungen erfüllt bzw. weitere Faktoren beteiligt sein. Wie man sich diese Verknüpfung der Erregungsgestalten mit den Individualinstanzkonfigurationen vorzustellen hat, ergibt sich rein quantitativ aus Übergangsfunktionen. Qualitativ läßt sich darüber noch nichts Endgültiges sagen, doch liegt aufgrund der Ergebnisse der EEG-Forschung usw. nahe, davon auszugehen, daß es sich jeweils um Pulsschwingungen handelt, so daß hier Schwingungsüberlagerungsprozesse am Werke sein dürften. Ob dabei additive oder gar multiplikative „Mischungen„ stattfinden, läßt sich noch nicht entscheiden, vielleicht treten auch beide Formen auf. Auf jeden Fall bietet sich bei Anwendung der Schwingungstheorie eine Beschreibung an, die sich nahtlos und ohne Zusatzannahmen in die hier dargelegte Modellkonzeption einfügt und weitere wichtige Schlußfolgerungen erlaubt, ohne daß ich dieses hier weiter ausführen will. In vereinfachter Form kann man dieses jedoch quantitativ über Gleichungen im komplexen Zahlensystem darstellen.

Die komplexen Zahlen sind aber in einem den meisten Lesern sicher vertrauten kartesischen oder rechtwinkligen Koordinatensystem anschaulich darstellbar. Die den Menschen unseres Kulturkreises vertrauten reellen Zahlen werden auf einer Geraden dargestellt, die von +unendlich bis -unendlich reicht. Innerhalb dieses reellen Zahlensystem läßt sich die Gleichung $x^2 = 1$ bekanntlich lösen. Die Lösung ist $x_1= +1$; $x_2= - 1$. Die Gleichung $x^2 = -1$ hat in diesem System aber keine Lösung, denn es gibt keine Zahl, die beim Quadrieren einen negativen Wert liefert. Setzen wir aber, wie Gauß als erster getan hat, $i^2 = -1$, dann erhält man $x^2 = i^2$, also als Lösungen $x_1 = +i$; $x_2= -i$. Auf diese Weise erhält man ein ganz neues Zahlensystem von -i unendlich bis +i unendlich. Man nennt sie die imaginären Zahlen. Verbindet man nun die reellen Zahlen mit den imaginären, erhält man die komplexen Zahlen, z.B. $z= 4+3i$. Durch Verwendung eines kartesischen Koordinatensystems kann man dann jeder komplexen Zahl einen Punkt in der Ebene eineindeutig zuordnen, etwa wie $y = 3x +4$ im reellen Zahlensystem. Die Zahl z wird dann durch den Zahlenstrahl vom Nullpunkt zu dem betreffenden Punkt in der Ebene dargestellt mit den Koordinaten x für die reellen Anteile und y für die imaginären Anteile. So setzt sich dann jede komplexe Zahl aus einem Realteil (a) und einem Imaginärteil (b) zusammen $z= a+bi$.

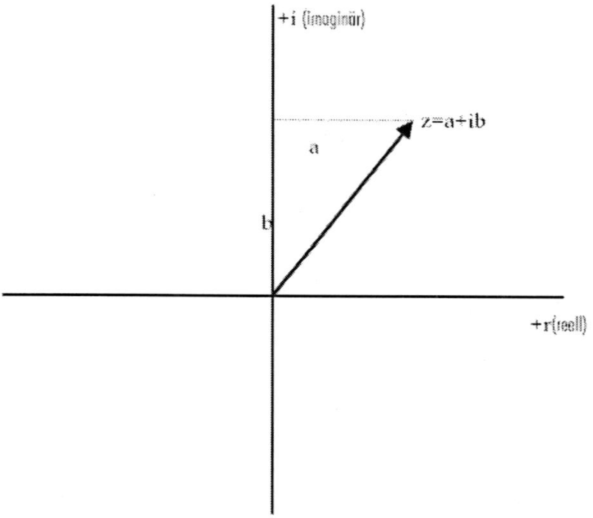

Die bekannten Rechenregeln lassen sich auch in diesem Zahlensystem anwenden, wenn man die Klammerregeln beachtet.

so gilt

$z_1 = a + bi$ $z_2 = c + di$ $z = z_1 + z_2 = (a + c) + (b + d)i$

$z_1 = a + bi$ $z_2 = c + di$ $z = z_1 * z_2 = (a + bi)*(c + di)$

$= (ac - bd) + (bc + ad)i$

Natürlich kann man die Zahl z auch anders darstellen, indem man von der Länge des Zahlenstrahls r ausgeht und den Winkel zwischen dem Zahlenstrahl und der Achse der Realteile zugrundelegt. Es gilt dabei für den Betrag der Zahl z ($|z|$) gekennzeichnet durch die einrahmenden senkrechten Striche,

$|z|^2 = a^2 + b^2$.

Zieht man aus $|z|^2$ die Wurzel, erhält man r. Um in einem gewählten Maßstab von 1 bis 9 (s. später) zu bleiben, rechnet man $|z| = (a^2+b^2)^{0.43}$. Wie im Reellen lassen sich auch im Komplexen Funktionen einführen, die man dann w= f(z) schreibt. Allerdings kann man die Funktionswerte nicht einfach wie im Reellen direkt auftragen, denn die zweite Dimension unserer Zahlenfläche wird ja schon von den Imaginäranteilen der z-Werte ausgefüllt, wie in der Einführung dargestellt.

Auf der Basis der Wahrnehmung bilden sich im Zusammenwirken mit der Individualinstanz die Reaktionsgestalten. Hierbei bestehen aber zwei sehr unterschiedliche Verlaufsformen. Im einen Fall erfolgt die Reaktion gewissermaßen ohne Beteiligung des Bewußtseins, also „automatisch“, etwa beim Gehen, beim Schreiben schreibgeübter Personen usw.. Sobald die betreffende Person sich bewußt auf die Reaktion zu konzentrieren beginnt, wird der Reaktionsverlauf mehr oder minder gestört. Wir sprechen hierbei von automatisierten Willkürbewegungen. Zwar hat man früher angenommen, daß die Individualinstanz bei solchen Reaktionen nicht beteiligt sei, was aber sicher nicht den Tatsachen entspricht, denn die hierbei eingesetzten Reaktionsmechanismen sind ja Bestandteil der Individualinstanz. Es fehlt lediglich der bewußte Zugriff und die bewußte Kontrolle und Lenkung. Ist eine solche wirksam, kommt es zu mehr oder minder absichtlichen Verhaltensweisen.

Wenden wir uns nun noch einmal den Grunddimensionen der Aspekte bzw. Komponenten der Elemente zu, indem wir uns ansehen, welche Formen sie im Verlaufe der Entwicklung annehmen, so stoßen wir z.B. auf:

z	**-hyperkinetische Reaktionen, ungerichtete Massenbewegungen**
	- Impulsschwäche, Impulshemmung, 1. Angstphase
	- augenblicksabhängige, überschwengliche Reaktionsweise
	- unmittelbare Emotionalität
s	**-Traumhaftigkeit, Realitätsfremdheit, Steuerlosigkeit**
	- Steuerungshemmungen, Disziplin- u. Ordnungsschwäche
	- schematische Regelhaftigkeit, gehorsamer Ordnungsvollzug
	- reflektierende, kritische Steuerung und Überlegtheit

m	**-manische, hektische Reaktionen**
	- Unsicherheit, Lebensängste, 2. Angstphase
	- unvorsichtige, leichtfertige Risikobereitschaft
	- heitere, optimistische Zuwendung zum Leben

Betrachten wir die individuelle Entwicklung generell, so fällt auf, daß das Verhalten des Kindes anfangs dem Verhalten von Lebewesen auf früheren Evolutionsstufen entspricht, also atavistisch wirkt, ehe es zu einer Phase verstärkter Angstbildung und Gehemmtheit kommt. Nach Auflösung der Gehemmtheiten treten dann die typisch kindlichen-menschlichen Verhaltensformen hervor. Erst im Laufe des weiteren Entwicklungs- und Entfaltungsprozesses kommt es dann zu angemessenen erwachsenen Reaktionsweisen. Das gilt praktisch für alle semantischen und pragmatischen Aspektdimensionen, wobei anscheinend auf jeder Stufe in jeder Aspektdimension mehr oder minder große Reste der Vorform erhalten bleiben, was naturgemäß dann auch für die Elemente zutrifft.

Ganz anders sieht dieses bei den syntaktischen Aspektdimensionen aus, denn hier entwickelt sich ab einem bestimmten Zeitpunkt die jeweilige Funktion erst schnell und dann verlangsamend vom Nullpunkt bis zum Höchstwert. Ob der erreichte Höchstwert dabei angelegt ist, also dem erreichbaren Höchstwert entspricht oder von den Umweltumständen bestimmt wird, kann hier nicht interessieren, festzustellen ist lediglich, daß der Höchstwert in einzelnen oder gar allen Funktionen bei manchen Menschen sehr niedrig liegt, so daß wir dann von Atrophien sprechen.

Wie aber sieht nun die Entwicklung der Speichergrunddimensionen aus? Wir haben schon festgestellt, daß wir zwischen der Breite und Tiefe der Inhalte unterscheiden müssen. Freud und andere haben uns gezeigt, daß es Inhalte gibt, die zwar wirken, aber von uns nicht ohne besondere Verfahren erinnert werden können, wobei man im allgemeinen von Verdrängungen spricht. Sie lassen sich im psychoanalytischen Prozeß ins Bewußtsein rufen, sind uns also im allgemeinen bei der Betrachtung menschlicher Persönlichkeiten nicht zugänglich. Das heißt aber nun wieder nicht, daß alle Verdrängungen auch krankhafter Natur sind oder psychogene Störungen auslösen. Das gilt auch für Wahnideen, die erst dann zugänglich werden, wenn sie überwertig und beherrschend hervorbrechen.

Fassen wir dieses zusammen, so kommen wir im pragmatischen, sigmatischen und semantischen Aspekt und bei den Elementen auf 4 Grundformen, die wir mit α-, β-, γ-, δ-Variante (reif, kindlich, atavistisch, gehemmt) bezeichnen wollen[13]. Dabei sind lediglich die α-Versionen angepaßte Formen, wobei diese in ihrer Intensität aber nur soweit wirksam werden, wie sie nicht durch entsprechende Gehemmtheiten (δ-Versionen) aufgezehrt werden. Das läßt sich formal wie folgt beschreiben:

$$\mathbf{y' = \alpha^* \{(0.05+\cos(10\delta)\},}$$

wobei α und δ in Altgrad gewertet werden. Die kindlichen Formen werden durch atavistische Reste noch verstärkt, wie die obigen beispielhaften Aufstellungen erkennen lassen. Das ergibt dann:

$$\mathbf{iy'' = i\beta^* \{0.5+\sin(10\gamma)\},}$$

was heißt, daß die Elemente sich - wie folgt - aus den Grundformen ermitteln lassen:

$$\mathbf{Y=\{\alpha^*[0.05+\cos(10\delta)]+i\beta[0.5+\sin(10\gamma)]\}y = (y'+iy'')y}$$ [14]

Diese Überlegungen liefern auch die Grundlage zur Beschreibung von Rand-, Schicht- und Kernneurosen, aber ebenso von Atrophien und psychotischen Erscheinungen in all ihren Spielarten, so daß weitere Erklärungen oder gar Annahmen nicht mehr nötig erscheinen. Sie zeigen zudem die Komplexität, Vielfalt und Intransparenz dieser Störungen, mit denen alle Therapeuten zu kämpfen haben und die alle Verabsolutierungen irgendwelcher Maßnahmen so lächerlich erscheinen lassen.

---

[13] vgl. obige Übersicht

[14] neuere Simulationsrechnungen führen zu diesen gegenüber früher veröffentlichten Veränderungen bei der Resultantenbildung, wobei die absoluten Zahlenwerte von der gewählten Skala abhängen.

Wenn wir nun unsere bisherigen Erkenntnisse zu einer vollständigen Beschreibung einer Persönlichkeit nutzen wollen, so ist auch dieses einigermaßen übersichtlich nur formal bzw. schematisch und nicht sprachlich möglich. Wege der komplizierten Umrechnungs- und Verknüpfungsvorgänge überläßt man das besser einem Tabellenkalkulationsprogramm, das dann die Ergebnisse wie folgt liefert:

Wer sich für die Verknüpfungsformen näher interessiert, nehme sich das Auswertungsprogramm DAE vor und taste die einzelnen Kästchen ab, die jeweils die Verknüpfung anzeigen.

Um zu den Systemdimensionen oder Elementen zu gelangen, müssen wir eine Entdifferenzierung oder Vergröberung vornehmen, da wir die Einzelwerte Cy_i und iCy_i nicht ermitteln können und auch keine Symptome zu den My_i und iMy_i haben, wenigstens nicht in der wissenschaftlichen Analyse. Zu diesem Zwecke schätzen wir $|Cy|$ anhand der Angaben über Vorbildung, Ausbildung und Lebensweg bzw. -stellung usw. ab, um so gewissermaßen im Randwertverfahren den quantitativen Rahmen zu fixieren. Damit kommen wir dann zu fiktiven, dennoch der Realität entsprechenden Systemdimensionen[15] nach den Regeln der Auswertungsprogramme.

Um dabei die Forderung nach Objectivity so weit wie möglich bei einem solchen Verfahren erfüllen zu können, bedarf es einerseits - soweit möglich - einer genauen Definition der verwendeten Symptome und einer möglichst vom Gutachter unabhängigen Übersetzung der Ergebnisse in die Sprache. Sobald es dann zur Formulierung eines Gutachtens, evtl. mit Beratungscharakter, kommt, ist die Forderung nach Objectivity allerdings nicht mehr zu erfüllen. Stets aber sollte man bedenken, daß eine Gestaltungsanalyse nur eine partielle Analyse ist, die in der Praxis möglichst nur als ein Verfahren zusammen mit anderen oder zur Ergänzung verwendet werden sollte.

---

[15] Weitere Werte sind erforderlich, weil weder die Vorstellbegabungen noch die manuellen Fertigungsbegabungen anhand graphischer Erzeugnisse zu ermitteln sind.

Bedingungen der systematischen Gestaltungs-analyse

Um die graphischen Erzeugnisse als psychodiagnostisches Material verwenden zu können, müssen im Sinne der aufgeführten Gesetzmäßigkeiten bestimmte Bedingungen erfüllt sein. Zunächst muß dazu ein sog. Normalergebnis vorliegen, d.h. ein Erzeugnis, bei dem Umwelteinflüsse praktisch gegen Null gehen. Da dieses fast bei keinem Gestaltungsakt der Fall ist, benötigt man zu einer Analyse eine Vielzahl von Erzeugnissen, um daraus das Normalergebnis - zumindest über eine Mittelwertbildung - rekonstruieren zu können. Dazu gehören dann z.B. Proben, die unter besonderen bekannten Umständen entstanden sind, die ihrerseits beträchtlichen Einfluß auf die Gestaltung ausüben. Dazu gehören im Falle der Handschrift u.a. Notizschriften, Entwürfe, aber auch Repräsentativschriften, wie sie etwa im Zuge von Bewerbungsschreiben entstehen, allgemein Zeichnungen zu unterschiedlichen Ausgangsreizen und Themen. Man muß dann die verschiedenen Formen analysieren und evtl. über eine Mittelwertbildung zum Normalergebnis extrapolieren. In vielen Fällen wird eine solche Voraussetzung zum Problem überhaupt, weil solches Material nicht zu beschaffen ist.

Dieses Problem läßt sich für die Schriftanalyse u.U. auch dadurch lösen, daß man einen sog. Schreibtest abnimmt, wie er von E.v. Niederhöffer schon 1956 im Institut für Menschenkunde Arthur Wittemann in München vorgeschlagen und vom Verfasser später ausgeführt wurde[16]. Zu diesem Zwecke läßt man einen bestimmten Text mit verschiedenen Aufgabenstellungen abschreiben. Als Aufgabenstellungen eignen sich u. a.:

- Normalschrift durch Vorgabe des Abschreibens ohne weitere Bedingungen
- Schnellschrift durch Vorgabe des möglichst schnellen Abschreibens (mit der Stoppuhr daneben), um die Reaktionen unter Zeitdruck zu ermitteln

[16] Waszkewitz Der Schreibtest in der Person-Diagnostik in Angewandte Graphologie und Charakterkunde Heft 5-6/ 1977

- Schönschrift durch Vorgabe des Abschreibens für einen Vorgesetzten und Vorgabe der besonderen Lesbarkeit, um die Reaktionen in einer Repräsentativsituation zu ermitteln
- Sparschrift durch Vorgabe des Abschreibens auf möglichst kleinem Raum, um die Reaktionen in einer bedrängten, einschränkenden Situation zu ermitteln.

Natürlich muß man dazu einen entsprechenden einheitlichen Text verwenden, und zwar möglichst stets den gleichen. Das gilt besonders dann, wenn allgemeine wissenschaftliche Untersuchungen vorgenommen werden sollen. Wozu ich neuerdings den folgenden einsetze:

Auch die bei der Aufgabenanalyse nach dem Merkmal ***Rang*** *festgestellten Entscheidungsaufgaben müssen auf Stellen übertragen werden. Zunächst ist festzustellen, daß diese Aufgaben nicht so vielgestaltig sind wie beispielsweise die verrichtungs- oder objektorientierten Aufgaben. Vielmehr sind die diesen Aufgaben anhaftenden Entscheidungen grundsätzlich gleich und lassen sich grob in „ Entscheidungsvorbereitung, Entscheidungsfindung und Entscheidungsanordnung bzw. -durchführung" gliedern. Aus diesem Grunde wird die Frage der Zusammenfassung (Zentralisation) bzw. Trennung (Dezentralisation) der wichtigste Ansatzpunkt für die Verteilung der Entscheidungsaufgaben. Als Ausgangsbasis für den Instanzenaufbau hat sie besondere Bedeutung.*

Ohne das Problem der Instanzenbildung vorwegzunehmen, kann jetzt schon für die Lösung der Frage, ob Entscheidungsaufgaben zentral oder dezentral zusammengefaßt werden sollen, der Wirkumfang herangezogen werden, den eine Entscheidung in einer Unternehmung hat. Nach diesem Wirkumfang lassen sich zentrale bzw. dezentrale Entscheidungsaufgaben in zweifacher Hinsicht bestimmen.

Für graphische Gestaltungserzeugnisse ist es zweckmäßig, entweder mehrere bestimmte Themen zu stellen oder Bedingungen als Ausgangspunkt zu schaffen, wie etwa beim Wartegg-Zeichen-Test oder der erweiterten Form des WaZT, auf den ich noch zurückkommen werde.

Die zur Analyse kommenden Handschriften sollten möglichst mit Tinte, also Federhalter oder Füllfederhalter erstellt sein, wobei es zweckmäßig ist, daß jeder Schreiber die ihm gewohnte Feder benutzt. Das ist nicht immer zu erreichen, denn viele Menschen schreiben heute nicht mehr mit Tinte, zumal diese die Angewohnheit hat, bei Berührung mit Wasser zu verfließen. Auch der Kugelschreiber ist ein Schreibgerät, das eine ziemlich genaue Analyse ermöglicht, insbesondere, wenn man auch die Rückseite des Papiers in die Analyse einbezieht. Tintenkuli-, Tintenschreiberschriften etc. lassen sich nur eingeschränkt analysieren. Nach solchen Schriften angefertigte Analysen sind stets mit einem Vorbehalt zu versehen. Filzschreiber- und Bleistiftschriften erbringen wenig brauchbare Ergebnisse. Das gilt auch für alle Formen der Kopie von Schriftstücken. Eine Ausnahme macht dabei höchstens die Photographie[17], vorausgesetzt, daß sie mit Makroaufnahmen von Buchstaben und Strichen verbunden ist. Grafiken sollten mit Tinte oder Kugelschreiber oder recht weichem Bleistift ausgeführt sein.

Eine weitere Voraussetzung für eine wissenschaftliche Gestaltungsanalyse ist eine differenzierte und vollständige, alle zu ermittelnden Dimensionen erfassende Systematik der Symptomgestalten, weniger der Kleindetails oder gar von Bruchstücken solcher Gestalten. Diese Systematik läßt sich einmal dadurch gewinnen, daß man alle in der Literatur vorhandenen Symptome sammelt, sie nach ihren Bedeutungen ordnet und dann den zu bestimmenden Dimensionen zuordnet. Bei der bestehenden Vieldeutigkeit der Symptome ist dieses ein sehr schwieriges und ungeheuer aufwendiges Unterfangen, zumal sich die Autoren nicht immer einig sind, ganz zu schweigen davon, daß sie oft für gleiche Bedeutungen verschiedene sprachliche Bezeichnungen, manchmal auch gleiche Bezeichnungen für unterschiedliche Bedeutungen verwenden. Hier machen sich die unterschiedlichen Codes der verschiedenen Vertreter dieser Verfahrensrichtung deutlich negativ bemerkbar.

[17] Bei digitaler Photographie erst ab etwa 10 Megapixel Auflösung

So erscheint dann ein anderer Weg günstiger, um die Voraussetzung zu erfüllen. Dazu geht man von den Bedeutungen der zu bestimmenden Grunddimensionen und ihrer Formen aus und ermittelt unter Berücksichtigung der Erkenntnisse der Ausdruckspsychologie und Verhaltensanalyse die zugehörigen Verhaltensweisen und daraus ihre Erscheinungsformen im Mikroverhalten, mit dem wir es bei der Graphik ja zu tun haben. Man geht hier also ähnlich wie bei der Gestaltung von Persönlichkeitsfragebögen vor, schon um Komplikationen hinsichtlich der Validity vorzubeugen. Natürlich muß man die Ergebnisse dann überprüfen, um ungeeignete Symptome auszuscheiden. Diese Überprüfung kann zu einem großen Teil anhand der bestehenden Literatur erfolgen, wenn man die Codes der jeweiligen Autoren kennt. Diesen Weg habe ich hier beschritten.

Da andererseits der Gebrauch der Termini im Alltag und auch in diesem speziellen Bereich nicht einheitlich ist, selbst Definitionen oft nicht eineindeutig sein können, habe ich einen etwas anderen Weg der Präzisierung gewählt, indem ich die Erscheinungsformen von verschiedenen Aspekten und Standpunkten her umschrieben habe, um auf diese Weise auch bei unterschiedlichen kulturellen und sprachlichen Ausgangspunkten möglichst richtig verstanden zu werden. Denn, um die Forderung nach Objectivity, d.h. Unabhängigkeit der Ergebnisse von dem jeweiligen Diagnostiker, erfüllen zu können, muß zunächst dafür Sorge getragen werden, daß die Symptomwerte von verschiedenen Diagnostikern gleich beurteilt werden. Das ist gerade in einer pluralistischen, teilweise mehrsprachigen Gesellschaft nicht gesichert, läßt sich aber durch Verwendung von Beispielen, Maßzahlen und mehrfachen Umschreibungen in größerem Umfang erreichen. Allerdings führt das dazu, daß die Symptomprotokolle ziemlich ausführlich und umfangreich werden. Sie stellen also nicht nur eine Liste zum Abhaken dar, sondern sind zugleich eine nähere Beschreibung dessen, was zu prüfen und zu bestimmen ist.

Durch Verwendung mehrerer Symptome für ein und dieselbe psychische Größe ergibt sich zudem - wie die Praxis gelehrt hat - eine zusätzliche

Wahrscheinlichkeit, daß die psychischen Ergebniswerte sich von Diagnostiker zu Diagnostiker wenig unterscheiden. Dem vorzuziehen, ist allerdings ein Vorgehen, bei dem mehrere Diagnostiker das gleiche Symptomanalyseprotokoll ausfüllen und dieses die Mittelwerte als Analysebasis ermittelt, wie das Auswertungsprogramm DAE, wobei dann die Größe des Streuwertes Hinweise auf Meinungs- und Beurteilungsunterschiede je Symptom liefert. Während das Protokoll zur Schriftanalyse (DHk_DAE) mit mehreren Symptomen zu jedem Element aufwartet, ergab sich diese Möglichkeit beim Graphikanalyseprotokoll DHk_DAE nicht, so daß man hierbei mit mehreren Diagnostikern arbeiten sollte. Lediglich bei Mehrfachgraphiken (WZT, WaZT) kann es ausreichen, jede Graphik einzeln voll durchzuanalysieren.

Soweit es darum geht, diese Grundergebnisse zu verarbeiten, sorgen die Regeln der theoretischen Psychologie dafür, daß die Person des Gutachters nicht involviert wird. Hier kann man dafür sorgen, daß durch Einsatz von Computern auch Rechenfehler etc. möglichst vermieden werden. Das bedeutet, daß bei vorliegendem Symptomprotokoll die formalen Ergebnisse festgelegt sind. Etwas schwieriger wird dieses, wenn diese formalen Ergebnisse in die Sprache übersetzt, also interpretiert werden müssen. Um auch dabei möglichst der Forderung nach Objectivity gerecht werden zu können, benötigt man ein Textprogramm (DPkbp), in das entsprechende Termini für die formalen Ergebnisse anhand von standardisierten Terminitabellen eingesetzt werden. Dabei hat der Diagnostiker dann ebenfalls keinerlei Einfluß mehr auf das Ergebnis. Soll dann allerdings ein Gutachten, ein sog. „partielles" Persönlichkeitsgutachten erstellt werden, bleibt die Objectivity auf der Strecke, denn dieses Gutachten ist, wie schon Klages erkannt hat, ein Kunstwerk,[18] weshalb ich in diesem Buch darauf verzichte, derartige Gutachten auszuarbeiten.

Um eine psychologische Gestaltungsanalyse systematisch durchführen zu können, braucht man diverse Hilfsmittel. Dazu gehört zunächst ein Symptomanalyseprotokoll. Dieses läßt sich wie hier mit einem Kalkulations-

[18] Klages Handschrift und Charakter 23. Aufl.

programm für den Computer abstimmen. Für die Schriftanalyse bietet sich dazu das DHk_DAE an, für die Analyse themenorientierter Zeichnungen ist das DGk_DAE einzusetzen. Beide werden mit dem DAE ausgewertet.

Will man bei einer Beurteilung im Rahmen der Objectivity-Forderung bleiben, so bedarf es eines Textprogramms, in das die entsprechenden fixierten Termini eingesetzt werden. Ein solches wurde in Datei DPkbp aufgeführt, so daß der Anwender dieses lediglich mit anderer Adresse auf sein Arbeitsmedium überspielen muß, um dann dort die entsprechenden Bezeichnungen aus den Terminiübersichten der Systemtabellen an die Stelle der Codewerte einzusetzen.

Psychodiagnostische Fallstudien

Im Gegensatz zu vielen Vertretern graphischer Testtechniken beschränke ich mich wie dargelegt auf den Bereich der Bewegungs-, Form- und Raumgestalten, denn ich bin der Meinung, daß die immer wieder in den Mittelpunkt gestellten symbolhaften Anknüpfungspunkte in einer pluralistischen Gesellschaft nur mit äußerster Vorsicht zu verwenden sind, denn auch Symbole unterliegen, wie der Vorstellungsraum Umwelteinflüssen und -prägungen in erhöhtem Maße. Und man sollte nicht übersehen, daß deren Verwendung bei Wartegg und anderen in den meisten Fällen aus einer Zeit stammt, wo multikulturelle-pluralistische Strukturen noch relativ selten waren. Gerade im Zeitalter der Globalisierung ist hier größere Zurückhaltung erforderlich[19]. Um andererseits den etwas engen Rahmen des WZT zu erweitern, habe ich einen WaZT[20] entwickelt. Er bietet mehr Gelegenheiten zur Symptomerfassung, er erfordert allerdings etwas mehr Zeit und ist auch eher für differenziertere und begabtere Menschen gedacht.

Zeichentest-Analysen

Dazu nun die Kopie eines WaZT (nachstehend verkleinert), der mit Hilfe des DGk analysiert wurde.

---

[19] Hinzu kommt, daß im Zuge der Wiedervereinigung Vorstellungs- und Symbolwelten der sog. Westdeutschen und Ostdeutschen deutlich differieren.

[20] als pdf_Datei beigefügt.

Das Analyseprotokoll wurden dann in das Auswertungsprotokoll DAE übertragen, was zu folgendem Ergebnis führte:

	real	imag	| |		real	imag		real	imag	| |			
P	5,8	5,0	5,8	Sbg	-0,8	0,4	Eg	-0,6	0,1	vl	8,0	Vy	73,4
R	6,6	4,6	6,0	Sbs	6,2	4,8	Egs	6,0	4,3	dk	6,7	ly	55,2
U	5,9	4,0	5,4	Säg	0,4	0,3				ff	7,0	Fy	46,8
Ü	5,5	3,7	5,1	Säs	5,7	3,8				we	4,3	Wy	46,6

K	7,2	6,1	6,9	Geg	1,5	1,8	Mn	1,3	1,4	vp	9,0	Ty	54,5
B	5,7	4,3	5,4	Ges	6,5	5,2	Mns	6,2	4,8	dp	6,3		
G	5,3	3,8	5,0	Gbg	-1,0	-1,0				fh	5,0		
S	6,4	4,8	6,0	Gbs	5,9	4,3				wm	7,0		
E	6,0	5,0	5,9	Weg	-0,2	0,7	Wt	-0,1	0,1	vk	7,0		
O	6,2	4,3	5,7	Wes	6,1	4,7	Wts	5,5	4,3	de	7,0		
F	4,9	4,1	4,9	Wbg	0,0	0,4				fk	5,0		
T	4,9	3,7	4,7	Wbs	4,9	3,9				wk	5,7		
In	5,9	4,4	5,6	Ing	1,3		INV	0,2	0,5		Lü	#	
	γ	δ											
P	1,0	3,0											
R	1,0	1,0											
U	1,0	1,7											
Ü	1,0	1,7											
K	2,3	3,0											
B	1,0	2,3											
G	1,0	1,7											
S	2,3	2,3											
E	2,3	3,0											
O	1,0	2,3											
F	2,3	2,3											
T	1,7	2,3											

Dieses interpretieren wir nun mit dem entsprechenden Textprogramm und den Terminitabellen in einen partiellen Befund.

Partieller psychologischer Basiskurzbefund (DPkbp)

Name	NNX
Alter:	76 Jahre
Vorbildung	Abitur
Beruf	Dozent (Rentner)
Untersuchungsmaterial	WaZT
diagnostisches Verfahren	DGk_DAE_Verhaltensanalyse

Die Komplexität und Vielschichtigkeit der menschlichen Persönlichkeit an sich läßt es nicht zu, sie mit wenigen Angaben zu erfassen und zu charakterisieren. Ein solcher Kurzbefund kann daher lediglich als vorläufige Orientierung dienen. Der erste Eindruck, den man von dieser Persönlichkeit gewinnt, pendelt im allgemeinen zwischen *ausgeglichen und uneindeutig.* Dieser bildet sich auf einer *mäßig gefestigten eher eigenständigen* Grundlage verbunden mit *eher gewollten* Zügen bei *gut durchschnittlicher* Intensität und *beträchtlichen* Begabungen.

Auf dieser Basis entwickelt sich eine *gedämpfte sowie mäßig uneindeutige* Form des Selbst, die von einer *eher eigenständigen,* dabei *eher gewollten* Struktur getragen wird. Das führt zu einem *mäßig gesteuerten* aber auch *uneindeutigen* Erlebnisstil auf der Basis einer *eigenständigen* Erlebnisweise mit *leicht forcierten* Zügen. Dazu trägt ein *sehr naturnahes* sowie *leicht impulsives* Es bei, das die Impulse liefert, sowie ein *prüfendes und gespanntes* Ich, das die Übersicht und Lenkung managen soll. Nach außen bildet dabei ein *ansprechbarer,* aber auch *relativierender* Stil der Begegnung mit der Welt an sich und der Gesellschaft, der von einem *eher eigenständigen* sowie *zeitweise weniger eigenständigen* Verhalten unterstützt wird. Der Umwelt wendet dieser Mensch sich nämlich im allgemeinen *lebhaft,* wenn auch *unbeteiligt* zu, während von seinem Überich *bedingt bestimmte* und *verschwommene* Impulse ausgehen, die seine Haltung zu und in dieser Welt mitformen.

In sozialer Hinsicht wirkt die Persönlichkeit *agil und eher unruhig* bei vorwiegend *eigenständigen und leicht forcierten* Verhaltensweisen. Dahinter steht im allgemeinen eine *einfühlsame,* aber auch *eher unbeteiligte* Einstellung zur Gemeinschaft mit anderen bei *eigenständigen und forcierten* Reaktionsweisen. Verbunden damit ist eine *eher geistig-ideell* zugleich auch *unwirkliche* soziale Ansprechbarkeit, und das bei einer *sehr aufgeschlossenen* Einstellung mit *sich hin und wieder sperrenden* Zügen zu humanen Fragen und Beziehungen. Sobald es um die Auseinandersetzung mit und das Leben in der sozialen Umwelt geht, stößt man bei diesem Menschen auf *eher ausgestaltende,* aber auch *eher folgsame* Züge sowie ein *eher eigenständiges und eher gewolltes* Verhalten. Dieses ist gepaart mit einer *kooperativen* Bewältigungsweise verbunden mit *unentschiedenen* Zügen sowie einer *sensiblen und sensitiven* Anpassung.

Im Umgang mit den Dingen, Problemen und Aufgaben des Lebens und auch des Berufs stößt man im vorliegenden Falle generell bei diesem Menschen auf einen *eher ausgeglichen* und doch *uneindeutig* wirkenden Handlungsstil auf der Basis einer *selbständigen und eher gewollten* Handlungsstruktur. Dabei werden die mannigfachen Eindrücke von ihm *teilweise geordnet,* aber auch *wenig exakt* erfaßt, was auf dem Hintergrund einer *eigenständigen* Grundauffassung des Geschehens mit *leicht forcierten* Zügen zu werten ist. Die allgemeine Einstellung zu derartigen Situationen erscheint dabei *sicher und unbestimmt,* wobei die erfaßten Inhalte weitgehend *eher umfassend und teilweise nachlässig* verarbeitet werden dürften. Der Umgang mit den Situationen, Dingen, Aufgaben und Problemen wird im allgemeinen von einem *eher gleichmäßigen* aber auch *eher gleichförmigen* Aktionsstil im Rahmen einer *bedingt selbständigen sowie zeitweise weniger eigenständigen* Weltbewältigungsweise geleitet. Dahinter stehen einerseits Züge von *einiger Rührigkeit und wenig Interesse,* andererseits solche von *einigem Gleichmaß und einiger Hinreißbarkeit.*

Dabei bringt er eine *beträchtliche* Denkbegabung mit. Die *überdurchschnittlich* ausgeprägte Willens- und Bewußtheitsfähigkeit steht wie die anderen Begabungen im Dienste der aufgezeigten Persönlichkeitszüge und wird von ihnen eingesetzt. Insgesamt gesehen entwickelt er an integrierenden, d.h. verarbeitenden Begabungen *eine vielgleisige* Bewußtheit und *ein vielseitiges vernetztes* Denken. Bei *ausgesprochen kompromißbereiter* Entscheidungsweise und Bewußtheitsklarheit kann er das Wesentliche geistiger Probleme *deutlich* erkennen, d.h. zugleich analytisch denken. Auf dieser Grundlage entwickelt er eine *kooperative* Urteilsweise. Auf die Vielfalt der Eindrücke spricht er *beschleunigt* an, wie es seinem Bewußtseinshorizont entspricht. Innere, aber auch äußere Informationen nimmt er geistig *ziemlich weitgehend* auf, um sie im Zuge der Informationsverarbeitung zu nutzen. Das ist die Grundlage für eine *flexible* Lernweise und Informationsverarbeitung.

Da er zudem über die Fähigkeit verfügt, sich seiner Bewußtheitsschärfe entsprechend *noch befriedigend* zu konzentrieren und seine Gedanken und Denkinhalte *recht vielseitig* miteinander zu verknüpfen, steht ihm eine *variable* Kombinationsweise zur Bewältigung praktischer Probleme zur Verfügung.

Dementsprechend liegen ihm Aufgaben und Betätigungen folgender Art am ehesten:

Tätigkeiten, die Ichsteuerung, bewußte, überlegte und kontrollierte Handlungen verlangen, die mehr kritischer und prüfender disziplinierter Haltung bedürfen, Planungs-, Prüfungs- und Kontrollfunktionen, selbstdisziplinierte Haltung, schematische und formalisierte Arbeiten. Ideen, Geistiges, Wissenschaft, Philosophie, Erkenntnislehre, Gedankliches, Abstraktes, Theoretisches, Ätherisches, Esoterik, Spekulatives, Neugier-Weckendes, Intellektualistisches

Tätigkeiten, die eine erhöhte soziale Ansprechbarkeit und Äußerungsweise verlangen, die lebhafte, nicht unbedingt tiefere innere Beziehungen zu einer Vielzahl von Menschen verlangen. Einfühlende, kriminalistische Tätigkeiten, unverbindliche Beratungsfunktionen, Assistententätigkeiten, Entwicklungsaufgaben, soziale Unverbindlichkeit bei sprühender und lebhafter Reaktionsweise und Äußerungsweise, ständiger Wechsel sozialer Beziehungen. Kultur, Theater, Literatur, Sprache, Geschichte, Überlieferung, Pädagogik, Erziehung, Bildung, Ausbildung, Geisteswissenschaften, Klassik,

Tätigkeiten mit überschwenglicher Äußerungsweise, unsteten Gefühlsreaktionen, schwärmerischer Vorgehensweise, schöngeistige, utopische Inhalte, Tätigkeiten, bei denen gefühlsmäßige Erregtheit nicht schadet

Tätigkeiten, die Pflege und Erhaltung sowie Verbesserung sozialer Gegebenheiten verlangen, die Pflege, Wartung und Schutz für Dinge und Menschen bringen sollen. Arbeiten, die Anpassung verlangen, Tätigkeiten, bei denen fortführende Ausführung erforderlich ist, mehr pflegende als gestaltende Arbeiten, Arbeiten nach Weisung, Wartungsarbeiten, Dienstleistungen. weiches Material, matschige und schleimige Materialien, Textilien, Soziales, Menschen, Gruppen, Kinder, Hilfsbedürftige, Pflege, Instandhaltung, Heilen, Fürsorge, Verhätscheln, Bemuttern, Wartung, Dienen, Mitmachen, Unterstützen

Tätigkeiten, die eine erhöhte aktive qualitätsgerechte Auffassung der Welt und des Geschehens verlangen. Unterhaltende, lustige und brillierende Tätigkeiten, Arbeiten, die Optimismus und Risikobereitschaft verlangen, all-round-Tätigkeiten, Edelmetalle, glänzende Stoffe, Effekte, besonders auch Lichteffekte. Qualität, Güte, Schönheit, Ästhetik, Musisches, Musik, Kunst, Künstlerisches, Kunsthandwerk, Mode, Werbung, Schmuck,

Tätigkeiten, bei denen es auf eine systematische und formale innere Verarbeitung der Qualitäten ankommt. Arbeit in kleinen Schritten, Fein- und Ordnungsarbeiten, Präzisionsarbeiten, Innendienst, Büroarbeit, Bearbeitung von Kleinigkeiten, besinnliche und ernste Arbeitshaltung mit Vorliebe zum Abwägen erforderlich. Verwaltung, Organisation, Logistik, Ordnung, Zahlen, Gliederung, Systematik, Formales, Informatik, EDV, Ordnungsvorschriften

Zu bedenken sind im Rahmen der Lebensgestaltung als hintergründige Störungsquellen dynamischer und struktureller Art: *keine* .

-.-

Schon dieser Befund liefert ziemlich klare Auskünfte, die aber auch durch einige textliche Umgestaltungen auf der Basis persönlichkeitspsychologischer Erkenntnisse unter Berücksichtigung des Testmaterials zu einer gutachtenähnlichen partiellen Beurteilung lesbarer und selbst für Laien verständlich werden, ohne die Objectivity zu gefährden, wie die nachstehende Beurteilung verdeutlicht.

Partielle psychologische Beurteilung

Name	NNX
Alter:	76 Jahre
Vorbildung	Abitur
Beruf	Dozent (Rentner)
Untersuchungsmaterial	WaZTgr
diagnostisches Verfahren	DGk_DAE_Verhaltensanalyse

Die Komplexität und Vielschichtigkeit der menschlichen Persönlichkeit an sich läßt es nicht zu, sie mit wenigen Angaben zu erfassen und zu charakterisieren. Ein solcher Kurzbefund kann daher lediglich als vorläufige Orientierung dienen. Der erste Eindruck, den man von dieser Persönlichkeit gewinnt, pendelt im allgemeinen zwischen ausgeglichen und uneindeutig. Dieser bildet sich auf einer mäßig gefestigten eher eigenständigen Grundlage verbunden mit eher gewollten Zügen bei gut durchschnittlicher Intensität und beträchtlichen Begabungen[21].

Auf dieser Basis entwickelt sich eine gedämpfte, aber auch mäßig uneindeutige Form des Selbst, die von einer eher eigenständigen, eher gewollten Struktur getragen wird. Das führt zu einem mäßig gesteuerten aber auch uneindeutigen Erlebnisstil auf der Basis einer eigenständigen Erlebnisweise mit leicht forcierten Zügen. Dazu trägt ein sehr naturnahes sowie leicht impulsives Es bei, das die Impulse liefert, sowie ein prüfendes und gespanntes Ich, das die Übersicht und Lenkung managen soll. Nach außen bildet dabei ein ansprechbarer, aber auch relativierender Stil der Begegnung mit der Welt an sich und der Gesellschaft, der von einem zeitweise eigenständigen Verhalten unterstützt wird. Der Umwelt wendet dieser Mensch sich nämlich im allgemeinen lebhaft, wenn auch unbeteiligt bleibend zu, während von seinem Überich bedingt bestimmte jedoch verschwommene Impulse ausgehen, die seine Haltung zu und in dieser Welt mitformen.

In sozialer Hinsicht wirkt die Persönlichkeit agil und eher unruhig bei vorwiegend eigenständigen und leicht forcierten Verhaltensweisen. Dahinter steht im allgemeinen eine einfühlsame, aber auch eher unbeteiligte Einstellung zur Gemeinschaft mit anderen bei eigenständigen und forcierten Reaktionsweisen. Verbunden damit ist eine eher geistig-ideell zugleich auch unwirkliche soziale Ansprechbarkeit, und das bei einer sehr aufgeschlossenen Einstellung mit sich hin und wieder sperrenden Zügen zu humanen Fragen und Beziehungen. Sobald es um die Auseinandersetzung mit

[21] Man bedenke, daß die Größen vl, vp, vk, ff, fh, fk, Vy und Fy bei graphischen Verfahren nur als Rechengrößen und nicht al Begabungswerte zu sehen sind.

und das Leben in der sozialen Umwelt geht, stößt man bei diesem Menschen auf eher ausgestaltende, aber auch eher folgsame Züge sowie ein eher eigenständiges, gewolltes Verhalten. Dieses ist gepaart mit einer kooperativen Bewältigungsweise verbunden mit unentschiedenen Zügen sowie einer sensiblen und sensitiven Anpassung.

Im Umgang mit den Dingen, Problemen und Aufgaben des Lebens und auch des Berufs stößt man im vorliegenden Falle generell bei diesem Menschen auf einen eher ausgeglichen und zugleich uneindeutig wirkenden Handlungsstil auf der Basis einer selbständigen und eher gewollten Handlungsstruktur. Dabei werden die mannigfachen Eindrücke von ihm teilweise geordnet, aber auch wenig exakt erfaßt, was auf dem Hintergrund einer eigenständigen Grundauffassung des Geschehens mit leicht forcierten Zügen zu werten ist. Die allgemeine Einstellung zu derartigen Situationen erscheint dabei sicher aber auch unbestimmt, wobei die erfaßten Inhalte weitgehend eher umfassend und teilweise nachlässig verarbeitet werden dürften. Der Umgang mit den Situationen, Dingen, Aufgaben und Problemen wird im allgemeinen von einem eher gleichmäßigen aber auch gleichförmigen Aktionsstil im Rahmen einer bedingt selbständigen Weltbewältigungsweise geleitet. Dahinter stehen einerseits Züge von einiger Rührigkeit bei wenig Interesse, andererseits solche von einigem Gleichmaß und einiger Hinreißbarkeit.

Dabei bringt er eine beträchtliche Denkbegabung mit. Die überdurchschnittlich ausgeprägte Willens- und Bewußtheitsfähigkeit steht wie die anderen Begabungen im Dienste der aufgezeigten Persönlichkeitszüge und wird von ihnen eingesetzt. Insgesamt gesehen entwickelt er an integrierenden, d.h. verarbeitenden Begabungen eine vielgleisige Bewußtheit und ein vielseitiges vernetztes Denken. Bei ausgesprochen kompromißbereiter Entscheidungsweise und Bewußtheitsklarheit kann er das Wesentliche geistiger Probleme deutlich erkennen, d.h. zugleich analytisch denken. Auf dieser Grundlage entwickelt er eine kooperative Urteilsweise. Auf die Vielfalt der Eindrücke spricht er beschleunigt an, wie es seinem Bewußtseinshorizont entspricht. Innere, aber auch äußere Informationen nimmt er geistig ziemlich weitgehend auf, um sie im Zuge der Informationsverarbeitung zu nutzen. Das ist die Grundlage für eine flexible Lernweise und Informationsverarbeitung. Da er zudem über die Fähigkeit verfügt, sich seiner Bewußtheitsschärfe entsprechend noch befriedigend zu konzentrieren und seine Gedanken und Denkinhalte recht vielseitig miteinander zu verknüpfen, steht ihm eine variable Kombinationsweise zur Bewältigung praktischer Probleme zur Verfügung.

Dementsprechend liegen ihm Aufgaben und Betätigungen folgender Art am ehesten:

Tätigkeiten, die Ichsteuerung, bewußte, überlegte und kontrollierte Handlungen verlangen, die mehr kritischer und prüfender disziplinierter Haltung bedürfen, Planungs-, Prüfungs- und Kontrollfunktionen, selbstdisziplinierte Haltung, schematische und formalisierte Arbeiten. Ideen, Geistiges, Wissenschaft, Philosophie, Erkenntnislehre, Gedankliches, Abstraktes, Theoretisches, Ätherisches, Esoterik, Spekulatives, Neugier-Weckendes, Intellektualistisches

Tätigkeiten, die eine erhöhte soziale Ansprechbarkeit und Äußerungsweise verlangen, die lebhafte, nicht unbedingt tiefere innere Beziehungen zu einer Vielzahl von Menschen verlangen. Einfühlende, kriminalistische Tätigkeiten, unverbindliche Beratungsfunktionen, Assistententätigkeiten, Entwicklungsaufgaben, soziale Unverbindlichkeit bei sprühender und lebhafter Reaktionsweise und Äußerungsweise, ständiger Wechsel sozialer Beziehungen. Kultur, Theater, Literatur, Sprache, Geschichte, Überlieferung, Pädagogik, Erziehung, Bildung, Ausbildung, Geisteswissenschaften, Klassik,

Tätigkeiten mit überschwenglicher Äußerungsweise, unsteten Gefühlsreaktionen, schwärmerischer Vorgehensweise, schöngeistige, utopische Inhalte, Tätigkeiten, bei denen gefühlsmäßige Erregtheit nicht schadet

Tätigkeiten, die Pflege und Erhaltung sowie Verbesserung sozialer Gegebenheiten verlangen, die Pflege, Wartung und Schutz für Dinge und Menschen bringen sollen. Arbeiten, die Anpassung verlangen, Tätigkeiten, bei denen fortführende Ausführung erforderlich ist, mehr pflegende als gestaltende Arbeiten, Arbeiten nach Weisung, Wartungsarbeiten, Dienstleistungen. weiches Material, matschige und schleimige Materialien, Textilien, Soziales, Menschen, Gruppen, Kinder, Hilfsbedürftige, Pflege, Instandhaltung, Heilen, Fürsorge, Verhätscheln, Bemuttern, Wartung, Dienen, Mitmachen, Unterstützen

Tätigkeiten, die eine erhöhte aktive qualitätsgerechte Auffassung der Welt und des Geschehens verlangen. Unterhaltende, lustige und brillierende Tätigkeiten, Arbeiten, die Optimismus und Risikobereitschaft verlangen, allround-Tätigkeiten, Edelmetalle, glänzende Stoffe, Effekte, besonders auch Lichteffekte. Qualität, Güte, Schönheit, Ästhetik, Musisches, Musik, Kunst, Künstlerisches, Kunsthandwerk, Mode, Werbung, Schmuck,

Tätigkeiten, bei denen es auf eine systematische und formale innere Verarbeitung der Qualitäten ankommt. Arbeit in kleinen Schritten, Fein- und Ordnungsarbeiten, Präzisionsarbeiten, Innendienst, Büroarbeit, Bearbeitung von Kleinigkeiten, besinnliche und ernste Arbeitshaltung mit Vorliebe zum Abwägen erforderlich. Verwaltung, Organisation, Logistik, Ordnung, Zahlen, Gliederung, Systematik, Formales, Informatik, EDV, Ordnungsvorschriften

.-.

Gerade an diesem Beispiel wird wieder deutlich, daß die Beurteilung bei entsprechender Ausgestaltung des Befundes ziemlich weit an ein Gutachten heranreichen kann, dabei aber im allgemeinen vollständiger und objektiver bleibt, als es dem Gutachten möglich ist. Das umso mehr als bei Gutachten, die von „allumfassenden" und beherrschenden Wesenszügen ausgehen, leicht einmal entscheidende Besonderheiten verloren gehen oder an Bedeutung verlieren können. Es erhebt sich damit die Frage, ob – außer in privaten Beratungsfällen – eine solche Beurteilung nicht der Gutachtenform vorzuziehen ist. Zudem spielt der letzte Abschnitt nicht nur für berufliche Problemlösungen eine Rolle, sondern z.B. auch im Anschluß an die Berufstätigkeit, zumal hier das erhöhte Risiko des Pensionierungsbankrotts in vielen Flällen akut ist.

Als nächstes betrachten wir uns wiederum einen WZT, wie Renner ihn wiedergibt[22]. Sie schreibt dazu: „ *Die Darstellung ästhetisch ausgewogener Formlösungen läßt, neben der Art, mit scharfem klaren Strich die Konturen herauszuheben und mit variabler Schattierung zu beleben, die differenzierte Persönlichkeitsstruktur der Urheberin erkennen. Die führenden seelischen Funktionen sind wohl Gefühl und Phantasie. Aber ein klarer Verstand überwacht und ordnet das seelische Erleben und verhütet eine emotionale Überflutung.*

Biographischer Tatbestand: Die Zeichnerin stammt aus kultiviertem, aber traditionsgebundenen Milieu, das ihr viel geistige und künstlerische Anregung bietet, aber ihr Unabhängigkeitsstreben stark einschränkt. Sie ist intelligent, musikalisch und zeichnerisch sehr begabt, von stark gefühlsbetontem und etwas überschwänglichem Wesen, das sie bald sentimental, bald aufbrausend, bald gespreizt und manieriert erscheinen läßt."

Dazu nun das Analyseergebnis nach dem DGk-Protokoll aus dem DAE-Auswertungsprogramm, wobei Vy und Fy keine Bedeutung haben:

Das partielle Persönlichkeitsergebnis dazu sieht wie folgt aus :

	real	imag	| |		real	imag		real	imag	| |			
P	5,0	4,3	5,0	Sbg	-0,5	-0,4	Eg	0,3	-0,1	vl	5,0	Vy	51,5
R	5,5	4,7	5,4	Sbs	5,2	4,5	Egs	4,9	4,2	dk	5,8	Iy	45,1
U	4,0	3,8	4,4	Säg	-1,2	-0,2				ff	4,5	Fy	42,5

[22]Renner: a. a. O. Tafel XVIII, Text S. 49f

Ü	5,2	4,0	5,0	Säs	4,6	3,9				we	5,0	Wy	44,1
K	5,2	3,9	5,0	Geg	1,2	-0,2	Mn	0,4	-0,4	vp	7,0	Ty	45,7
B	4,0	4,1	4,5	Ges	4,6	4,0	Mns	4,4	3,9	dp	4,5		
G	4,4	4,1	4,7	Gbg	0,3	0,6				fh	5,5		
S	4,1	3,4	4,2	Gbs	4,3	3,7				wm	4,3		
E	5,5	3,0	4,9	Weg	-0,3	-1,0	Wt	0,9	0,1	vk	7,0		
O	5,8	3,9	5,4	Wes	5,7	3,4	Wts	5,2	3,5	de	5,8		
F	3,7	2,9	3,8	Wbg	-2,0	-1,2				fk	4,3		
T	5,7	4,1	5,4	Wbs	4,7	3,5				wk	6,3		
In	4,8	3,9	4,8	Ing	1,3		INV	0,5	-0,1		Lü	#	
	γ	δ											
P	2,5	2,0											
R	1,5	1,0											
U	5,3	1,5											
Ü	1,0	1,5											
K	1,0	1,0											
B	3,0	2,8											
G	3,0	1,3											
S	2,5	2,0											
E	1,3	1,0											
O	1,0	1,0											
F	1,0	2,8											
T	1,0	1,8											

Selbstverständlich beginnt auch hier die Interpretation mit einem Befund nach Textprogramm und Terminitabellen:

partieller Persönlichkeitskurzbefund (DPbkp)

Name	XY (weiblich)
Alter	15 Jahre
Vorbildung	Realschülerin
Beruf	ohne
Untersuchungsmaterial	WZT
Prüfverfahren	DG/DY

Die Komplexität und Vielschichtigkeit der menschlichen Persönlichkeit an sich läßt es nicht zu, sie mit wenigen Angaben zu erfassen und zu charakterisieren. Ein solcher Kurzbefund kann daher lediglich als vorläufige Orientierung dienen.

Der erste Eindruck, den man von dieser Persönlichkeit gewinnt, pendelt im allgemeinen zwischen *ausgeglichen und leicht uneindeutig*. Dieser bildet sich auf einer *mäßig gefestigten selbständigen* Grundlage verbunden mit *legeren* Zügen bei *reaktiver* Intensität und *gut durchschnittlichen* Begabungen.

Auf dieser Basis entwickelt sich eine *ausgeglichene und leicht gespannte* Form des Selbst, die von einer *selbständigen*, dabei *gewollten* Struktur getragen wird. Das führt zu einem *ausgewogenen* aber auch *unbestimmten* Erlebnisstil auf der Basis einer *sehr selbständigen* Erlebnisweise mit *gewollten* Zügen. Dazu trägt ein *leicht naturnahes, eher alltägliches* Es bei, das die Impulse liefert, sowie ein *überlegendes* und *gespanntes* Ich, das die Übersicht und Lenkung managen soll. Nach außen bildet dabei ein *eher diskreter*, aber auch *neutralistischer* Stil der Begegnung mit der Welt an sich und der Gesellschaft, der von einem *selbständigen* sowie *legeren* Verhalten unterstützt wird. Der Umwelt wendet dieser Mensch sich nämlich im allgemeinen *eher indirekt*, wenn auch *unbeteiligt* zu, während von seinem Überich *bedingt bestimmte* und *verschwommene* Impulse ausgehen, die seine Haltung zu und in dieser Welt mitformen.

In sozialer Hinsicht wirkt die Persönlichkeit *eher ausgeglichen und uneindeutig* bei vorwiegend *annähernd selbständigen und legeren* Verhaltensweisen. Dahinter steht im allgemeinen eine *einfühlsame*, aber auch *unbestimmte* Einstellung zur Gemeinschaft mit anderen bei *selbständigen und legeren* Reaktionsweisen. Verbunden damit ist eine *sehr anregbare* zugleich auch *materialistische* soziale Ansprechbarkeit, und das bei einer *sachlichen* Einstellung mit *sich hin und wieder sperrenden* Zügen zu humanen Fragen und Beziehungen. Sobald es um die Auseinandersetzung mit und das Leben in der sozialen Umwelt geht, stößt man bei diesem Menschen auf *anleitende*, aber auch *eher bemächtigende* Züge sowie ein *annähernd selbständiges und legeres* Verhalten. Dieses ist gepaart mit einer *eher rücksichtsvollen* Bewältigungsweise verbunden mit *eher unentschiedenen* Zügen sowie einer *eher freien und sehr uninteressierten* Anpassung.

Im Umgang mit den Dingen, Problemen und Aufgaben des Lebens und auch des Berufs stößt man im vorliegenden Falle generell bei diesem Menschen auf einen *mäßig offen* und doch *uneindeutig* wirkenden Handlungsstil auf der Basis einer *sehr selbständigen* und *legeren* Handlungsstruktur. Dabei werden die mannigfachen Eindrücke von ihm *teilweise geordnet*, aber auch *nicht ungenau* erfaßt, was auf dem Hintergrund einer *eher eigenständigen* Grundauffassung des Geschehens mit *unentschiedenen* Zügen zu werten ist. Die allgemeine Einstellung zu derartigen Situationen erscheint dabei *eher sicher und eher vorsichtig*, wobei die erfaßten Inhalte weitgehend *besonnen und nachlässig* verarbeitet werden dürften. Der Umgang mit den Situationen, Dingen, Aufgaben und Problemen wird im allgemeinen von einem *eher eifrigen* aber auch *eher betriebsamen* Aktionsstil im Rahmen einer *selbständigen* sowie *unentschiedenen* Weltbewältigungsweise geleitet. Dahinter stehen einerseits Züge von *Ruhestreben und ausgesprochener Vorgestrigkeit*, andererseits solche von *einigem Gleichmaß und einiger Hinreißbarkeit*.

Dabei bringt er eine *gut durchschnittliche* Denkbegabung mit. Die *gut durchschnittlich* ausgeprägte Willens- und Bewußtheitsfähigkeit steht wie die anderen Begabungen im Dienste der aufgezeigten Persönlichkeitszüge und wird von ihnen eingesetzt. Insgesamt gesehen entwickelt er an integrierenden, d.h. verarbeitenden Begabungen *eine klare und konzentrierte* Bewußtheit und *ein gehobenes Alltags*-Denken. Bei *eher kompromißbereiter* Entscheidungsweise und Bewußtheitsklarheit kann er das Wesentliche geistiger Probleme *annähernd klar* erkennen, d.h. zugleich analytisch denken. Auf dieser Grundlage entwickelt er eine *übliche* Urteilsweise. Auf die Vielfalt der Eindrücke spricht er *sehr ruhig* an, wie es seinem Bewußtseinshorizont entspricht. Innere, aber auch äußere Informationen nimmt er geistig *manchmal* auf, um sie im Zuge der Informationsverarbeitung zu nutzen. Das ist die Grundlage für eine *teilweise* Lernweise und Informationsverarbeitung. Da er zudem über die Fähigkeit verfügt, sich seiner Bewußtheitsschärfe entsprechend *befriedigend* zu konzentrieren und seine Gedanken und Denkinhalte *locker* miteinander zu verknüpfen, steht ihm eine *aufmerksame* Kombinationsweise zur Bewältigung praktischer Probleme zur Verfügung.

Dementsprechend liegen ihm Aufgaben und Betätigungen folgender Art am ehesten:

Rv Tätigkeiten, die Ichsteuerung, bewußte, überlegte und kontrollierte Handlungen verlangen, die mehr kritischer und prüfender disziplinierter Haltung bedürfen, Planungs-, Prüfungs- und Kontrollfunktionen, selbstdisziplinierte Haltung, schematische und formalisierte Arbeiten. Ideen, Geistiges, Wissenschaft, Philosophie, Erkenntnislehre, Gedankliches, Abstraktes, Theoretisches, Ätherisches, Esoterik, Spekulatives, Neugier-Weckendes, Intellektualistisches

Üv Tätigkeiten, bei denen sich der Mensch auf sich selbst besinnen muß. bei denen er sich aus sich heraus zu orientieren hat und von inneren Maßstäben leiten lassen muß, Allein- und Einzelarbeit, Distanz zur Umwelt, Innendienst, Labortätigkeit, Arbeit im Verborgenen und Dunkeln sowie im Geheimen. Weltanschauliches, Werte und Wertungen, Religiöses, Ideologisches, Ethik, Moral, richterliche Tätigkeiten

Kv Tätigkeiten, die eine erhöhte soziale Ansprechbarkeit und Äußerungsweise verlangen, die lebhafte, nicht unbedingt tiefere innere Beziehungen zu einer Vielzahl von Menschen verlangen. Einfühlende, kriminalistische Tätigkeiten, unverbindliche Beratungsfunktionen, Assistententätigkeiten, Entwicklungsaufgaben, soziale Unverbindlichkeit bei sprühender und lebhafter Reaktionsweise und Äußerungsweise, ständiger Wechsel sozialer Beziehungen. Kultur, Theater, Literatur, Sprache, Geschichte, Überlieferung, Pädagogik, Erziehung, Bildung, Ausbildung, Geisteswissenschaften, Klassik,

Ev Tätigkeiten, die eine erhöhte aktive qualitätsgerechte Auffassung der Welt und des Geschehens verlangen. Unterhaltende, lustige und brillierende Tätigkeiten, Arbeiten, die Optimismus und Risikobereitschaft verlangen, all-round-Tätigkeiten, Edelmetalle, glänzende Stoffe, Effekte, besonders auch Lichteffekte. Qualität, Güte, Schönheit, Ästhetik, Musisches, Musik, Kunst, Künstlerisches, Kunsthandwerk, Mode, Werbung, Schmuck,

Ov Tätigkeiten, bei denen es auf eine systematische und formale innere Verarbeitung der Qualitäten ankommt. Arbeit in kleinen Schritten, Fein- und Ordnungsarbeiten, Präzisionsarbeiten, Innendienst, Büroarbeit, Bearbeitung von Kleinigkeiten, besinnliche und ernste Arbeitshaltung mit Vorliebe zum Abwägen erforderlich. Verwaltung, Organisation, Logistik, Ordnung, Zahlen, Gliederung, Systematik, Formales, Informatik, EDV, Ordnungsvorschriften

Tv Tätigkeiten, bei denen Sicherheit und Erhaltung des Gegenwärtigen bzw. Gestrigen im Vordergrunde stehen, die Beständigkeit und Konservatismus erfordern. Tätigkeiten, die eine stetige und gleichmäßige Arbeitsweise erfordern, bewahrende, sammelnde Tätigkeiten, erdiges Material, graphisches Gewerbe, keine Umstellungen, kein Wandel. Bau, Boden, Immobilien, Geld, Bankwesen, Rechnungswesen, Land- und Forstwirtschaft, Vertrautes, Bekanntes, Besitz, Tradition, Überlieferung, Sicherheit, Nahes

Zu bedenken sind im Rahmen der Lebensgestaltung als hintergründige Störungsquellen grundsätzlicher Art : *leichte Selbstbespiegelungen und narzißstische Tendenzen* (wahrscheinlich pubertätsbedingt)

-.-

Bei dieser Art der Interpretation wurde sich wiederum auf die Elemente der Persönlichkeit und die Willens- und Denkfunktionen beschränkt, was zur Vororientierung in manchen Fällen zweckmäßig und bei graphisch-thematischen Gestaltungsergebnissen geboten ist. Aber auch bei dieser Form der sprachlichen Interpretation der Untersuchungsergebnisse stehen Eigenschaften und ihre individuelle Kehrseite noch ohne nähere Beziehungen nebeneinander, ein Problem, das sich erst in einer weiteren Interpretationsstufe, nämlich der entsprechenden Beurteilung überwinden läßt, wie sich nachfolgend zeigt:

partielle Persönlichkeitskurzbeurteilung

Name	XY (weiblich)
Alter	15 Jahre
Vorbildung	Realschülerin

Beruf	ohne
Untersuchungsmaterial	WZT
Prüfverfahren	DG/DY

Die Komplexität und Vielschichtigkeit der menschlichen Persönlichkeit an sich läßt es nicht zu, sie mit wenigen Angaben zu erfassen und zu charakterisieren. Ein solcher Kurzbefund kann daher lediglich als vorläufige Orientierung dienen.

Der erste Eindruck, den man von dieser Persönlichkeit gewinnt, pendelt im allgemeinen zwischen ausgeglichen und leicht uneindeutig. Dieser bildet sich auf einer mäßig gefestigten selbständigen Grundlage verbunden mit legeren Zügen bei mehr reaktiver Intensität und gut durchschnittlichen Begabungen.

Auf dieser Basis entwickelt sich eine ausgeglichene und leicht gespannte Form des Selbst, die von einer gewollt selbständigen Struktur getragen wird. Das führt zu einem ausgewogenen aber nicht ganz eindeutigen Erlebnisstil auf der Basis einer gewollten, sehr selbständigen Erlebnisweise. Dazu trägt ein eher naturnahes, alltägliches Es bei, das die Impulse liefert und dafür sorgt, daß das Leben seinen Aufforderungscharakter behält, sowie ein überlegendes, aber auch gespanntes Ich, das die Übersicht behält und die Lenkung managen soll. Dem kommen Tätigkeiten, die Ichsteuerung, bewußte, überlegte und kontrollierte Handlungen verlangen, die mehr kritischer und prüfender disziplinierter Haltung bedürfen, wie Planungs-, Prüfungs- und Kontrollfunktionen, aber auch schematische und formalisierte Arbeiten entgegen. Ideen, Geistiges, Wissenschaft, Philosophie, Erkenntnislehre, Gedankliches, Abstraktes, Theoretische sind geeignete Inhalte. Nach außen bildet dabei ein eher diskreter, aber auch neutralistischer Stil der Begegnung mit der Welt an sich und der Gesellschaft, der von einem legeren selbständigen Verhalten von leichten Selbstbespiegelungen und narzißstischen Tendenzen begleitet wird. Der Umwelt wendet dieser Mensch sich nämlich im allgemeinen eher indirekt zu, ohne sich weiter zu beteiligen, während von seinem

Überich nicht sehr bestimmte und eher verschwommene Impulse ausgehen, die seine Haltung zu und in dieser Welt mitformen. Dem entsprechen Tätigkeiten, bei denen sich der Mensch auf sich selbst besinnen muß. bei denen er sich aus sich heraus zu orientieren hat und von inneren Maßstäben leiten lassen muß, Allein- und Einzelarbeit, Distanz zur Umwelt, Innendienst, Labortätigkeit, Arbeit im Verborgenen und Dunkeln sowie im Geheimen. Inhaltlich gehören dazu Weltanschauliches, Werte und Wertungen, Religiöses, Ideologisches, Ethik, Moral sowie Be- und Verurteilungen.

In sozialer Hinsicht wirkt die Persönlichkeit eher ausgeglichen und uneindeutig bei vorwiegend relativ selbständigen und legeren Verhaltensweisen. Dahinter steht im allgemeinen eine einfühlsame, aber auch unbestimmte, wenig eindeutige Einstellung zur Gemeinschaft mit anderen. Verbunden damit ist eine sehr anregbare soziale Ansprechbarkeit verbunden mit materialistischen Tendenzen , und das bei einer sachlichen Einstellung in humanen Fragen und Beziehungen, gegen die sie sich hin und wieder sperrt. Aufgaben, die eine erhöhte soziale Ansprechbarkeit und Äußerungsweise verlangen, die lebhafte, nicht unbedingt tiefere innere Beziehungen zu einer Vielzahl von Menschen verlangen sowie einfühlende, kriminalistische Tätigkeiten, unverbindliche Beratungsfunktionen, Assistententätigkeiten und Entwicklungsaufgaben erscheinen sinnvoll, aber auch solche, die soziale Unverbindlichkeit bei sprühender und lebhafter Reaktionsweise und Äußerungsweise, ständigen Wechsel sozialer Beziehungen und Inhalte wie Kultur, Theater, Literatur, Sprache, Geschichte, Überlieferung, Pädagogik, Erziehung, Bildung, Ausbildung, Geisteswissenschaften aufweisen. Sobald es um die Auseinandersetzung mit und das Leben in der sozialen Umwelt geht, stößt man bei diesem Menschen auf anleitende, aber auch eher bemächtigende Züge sowie ein eher legeres selbständiges Verhalten. Dieses ist gepaart mit einer recht rücksichtsvollen Bewältigungsweise mit teilweise unentschiedenen Zügen sowie einer eher freien und sehr uninteressierten Anpassung oder besser einem wenig beteiligten Mitlaufen.

Im Umgang mit den Dingen, Problemen und Aufgaben des Lebens

und auch des Berufs stößt man im vorliegenden Falle generell bei diesem Menschen auf einen mäßig offen und uneindeutig wirkenden Handlungsstil auf der Basis einer legeren sehr selbständigen Handlungsstruktur. Dabei werden die mannigfachen Eindrücke von ihm teilweise geordnet, aber nicht ungenau erfaßt, was auf dem Hintergrund einer eher eigenständigen Grundauffassung des Geschehens mit unentschiedenen, noch nicht fundierten Zügen zu werten ist. Die allgemeine Einstellung zu derartigen Situationen erscheint dabei eher sicher und doch vorsichtig, wobei die erfaßten Inhalte weitgehend besonnen aber auch nachlässig verarbeitet werden dürften. Dazu gehören Situationen, die eine erhöhte aktive qualitätsgerechte Auffassung der Welt und des Geschehens verlangen, aber auch unterhaltende, lustige und brillierende Tätigkeiten, Arbeiten, die Optimismus und Risikobereitschaft verlangen, all-round-Tätigkeiten, der Umgang mit Edelmetallen, glänzenden Stoffen, Effekten, besonders auch Lichteffekten. Qualität, Güte, Schönheit, Ästhetik, Musisches, Musik, Kunst, Künstlerisches, Kunsthandwerk, Mode, Werbung, Schmuck sind entsprechende inhaltliche Schwerpunkte. Als Ausgleich dazu braucht dieser Mensch Betätigungen, bei denen es auf eine systematische und formale innere Verarbeitung der Qualitäten ankommt. Arbeit in kleinen Schritten, Fein- und Ordnungsarbeiten, Präzisionsarbeiten, Innendienst, Büroarbeit, Bearbeitung von Kleinigkeiten gehören ebenso dazu wie eine besinnliche und ernste Arbeitshaltung mit Vorliebe zum Abwägen. Inhaltlich entspricht das Verwaltung, Organisation, Logistik, Ordnung, Zahlen, Gliederung, Systematik, Formalem, Informatik und EDV. Der Umgang mit den Situationen, Dingen, Aufgaben und Problemen wird im allgemeinen von einem eher eifrigen und betriebsamen Aktionsstil im Rahmen einer selbständigen sowie unentschiedenen Weltbewältigungsweise geleitet. Dahinter stehen einerseits Züge von Ruhestreben und ausgesprochener Vorgestrigkeit, andererseits solche von einigem Gleichmaß und einiger Hinreißbarkeit. Dem entsprechen Tätigkeiten, bei denen Sicherheit und Erhaltung des Gegenwärtigen bzw. Gestrigen im Vordergrunde stehen, die Beständigkeit und Konservatismus erfordern, die eine stetige und gleichmäßige

Arbeitsweise erfordern, bewahrende, sammelnde Betätigungen. Dazu gehören erdiges Material, graphisches Gewerbe, Bau, Boden, Immobilien, Geld, Bankwesen, Rechnungswesen, Land- und Forstwirtschaft, Vertrautes, Bekanntes, Besitz, Tradition, Überlieferung, Sicherheit und Nahes

Dabei bringt er eine gut durchschnittliche Denkbegabung mit. Die gut durchschnittlich ausgeprägte Willens- und Bewußtheitsfähigkeit steht wie die anderen Begabungen im Dienste der aufgezeigten Persönlichkeitszüge und wird von ihnen eingesetzt. Insgesamt gesehen entwickelt er dabei an integrierenden, d.h. verarbeitenden Begabungen eine klare und konzentrierte Bewußtheit und ein gehobenes Alltags-Denken. Bei eher kompromißbereiter Entscheidungsweise und Bewußtheitsklarheit kann er das Wesentliche geistiger Probleme annähernd klar erkennen, d.h. zugleich analytisch denken. Auf dieser Grundlage entwickelt er eine übliche Urteilsweise. Auf die Vielfalt der Eindrücke spricht er sehr ruhig an, wie es seinem Bewußtseinshorizont entspricht. Innere, aber auch äußere Informationen nimmt er geistig manchmal auf, um sie im Zuge der Informationsverarbeitung zu nutzen. Das ist die Grundlage für eine teilweise Lernweise und Informationsverarbeitung. Da er zudem über die Fähigkeit verfügt, sich seiner Bewußtheitsschärfe entsprechend befriedigend zu konzentrieren und seine Gedanken und Denkinhalte locker miteinander zu verknüpfen, steht ihm eine aufmerksame Kombinationsweise zur Bewältigung praktischer Probleme zur Verfügung.

-.-

In diesem Falle wurden die Hinweise zu den Einsatz-, Eignungs- und Neigungsbereichen gleich eingearbeitet, wodurch sich der Tenor des Befundes deutlicher ändert. Eine derartige Beurteilung stellt dann schon eine gutachtliche Form dar, wenn auch mit mehr Gutachterunabhängigkeit als ein Gutachten im allgemeinen. Wegen der Kurzform ähnelt diese Beurteilung dem, was man bisher als Persönlichkeitsskizze bezeichnet hat. Im übrigen zeigt sich gerade in dieser Form die vorhandene Vielseitigkeit der jungen Dame, ohne daß man darauf heute schon einen Plan aufbauen sollte, denn im weiteren Verlaufe der Jugendkrise kann sich noch einiges tun.

Handschriftanalysen [23]

Beginnen wir mit einer Schriftanalyse an Hand einer Seite einer umfangreichen Ausarbeitung,

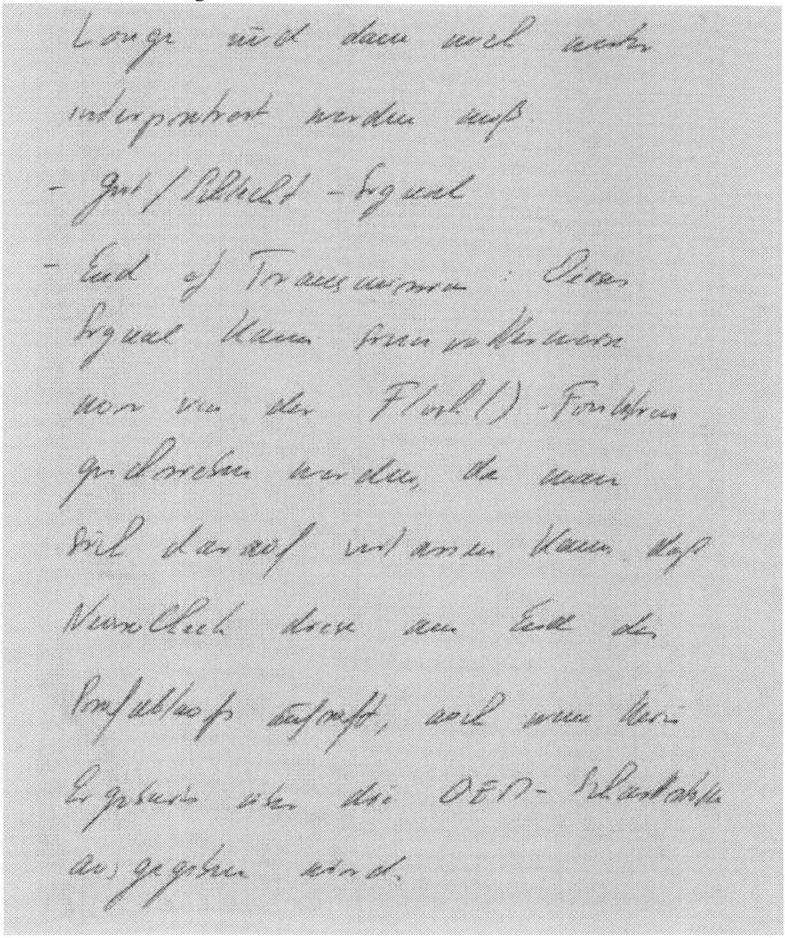

[23] Dr.-Ing, Diplom-Ingenieur, 30 Jahre, Datei B13

Die mit Hilfe des Analyseprotokolls DHk durchgeführte Tatbestandsaufnahme und die Auswertung mit dem DAE lieferten folgendes partielles Persönlichkeitsergebnis:

	real	imag	| |		real	imag		real	imag	| |			
P	6,5	5,0	6,1	Sbg	0,5	2,2	Eg	0,5	1,6	vl	9,0	Vy	67,5
R	6,0	2,7	5,0	Sbs	6,2	3,8	Egs	5,7	3,8	dk	7,4	Iy	60,2
U	5,0	3,4	4,7	Säg	-0,5	-1,0				ff	5,0	Fy	53,2
Ü	5,4	4,3	5,3	Säs	5,2	3,8				we	4,4	Wy	46,0
K	7,7	7,5	7,7	Geg	2,3	4,6	Mn	0,5	1,8	vp	8,7	Ty	56,1
B	5,3	2,9	4,7	Ges	6,5	5,2	Mns	6,4	4,6	dp	6,8		
G	7,0	4,4	6,1	Gbg	1,3	1,0				fh	7,7		
S	5,6	3,4	5,1	Gbs	6,3	3,9				wm	6,2		
E	5,1	4,4	5,1	Weg	-1,0	1,2	Wt	-1,2	-0,8	vk	5,7		
O	6,1	3,1	5,2	Wes	5,6	3,8	Wts	5,8	3,8	de	7,1		
F	6,7	5,2	6,3	Wbg	1,5	2,9				fk	7,0		
T	5,3	2,3	4,5	Wbs	6,0	3,8				wk	5,9		
In	6,0	4,1	5,5	Ing	1,5		INV	-0,1	0,9		Lü	#	
	γ	δ											
P	1,9	1,8											
R	1,4	2,6											
U	1,0	4,0											
Ü	2,7	1,0											
K	4,6	1,0											
B	1,0	2,0											
G	2,2	1,3											
S	1,8	1,3											
E	2,3	3,8											
O	1,3	2,3											
F	2,3	1,0											
T	1,0	2,4											

Daraus folgt nachstehender Befund mit Hilfe der kleinen Terminitabellen und des entsprechenden Textprogramms:

Partieller Persönlichkeitsbasiskurzbefund (DPkbp)

Name: NP

Alter: 30 Jahre
Vorbildung: Abitur
Beruf: Dipl-Ing
Untersuchungsmaterial: handschriftliche Abhandlung
Prüfverfahren: Graphodiagnostik DHk_DAE

Die Komplexität und Vielschichtigkeit der menschlichen Persönlichkeit an sich läßt es nicht zu, sie mit wenigen Angaben zu erfassen und zu charakterisieren. Ein solcher Kurzbefund kann daher lediglich als vorläufige Orientierung dienen.

Der erste Eindruck, den man von dieser Persönlichkeit gewinnt, pendelt im allgemeinen zwischen *eher ausgeglichen und wenig eindeutig.* Dieser bildet sich auf einer *mäßig gefestigten eher eigenständigen* Grundlage verbunden mit *eher gewollten* Zügen bei *durchschnittlicher* Intensität. Auf dieser Basis entwickelt sich eine *ausgeglichene sowie vage* Form des Selbst, die von einer *eher eigenständigen* dabei *zeiweise weniger eigenständigen* Struktur getragen wird. Das führt zu einem *ausgeglichenen* aber auch *bedingt eindrucksabhängigen* Erlebnisstil auf der Basis einer *eigenständigen* Erlebnisweise mit *zeitweise weniger eigenständigen* Zügen. Dazu trägt ein *eher emotionales* sowie leicht impulsives Es bei, das die Impulse liefert, sowie ein *erkennendes und bedingt nachlässiges* Ich, das die Übersicht und Lenkung managen soll. Nach außen bildet sich dabei ein *verhaltener*, aber auch *begrenzender* Stil der Begegnung mit der Welt an sich und der Gesellschaft, der von einem *selbständigen* sowie *lässigen* Verhalten unterstützt wird. Der Umwelt wendet dieser Mensch sich nämlich im allgemeinen *ansatzweise*, wenn auch *mit wenig Interesse* zu, während von seinem Überich *bedingt bestimmte und eher verschwommene* Impulse ausgehen, die seine Haltung zu und in dieser Welt mitformen.

In sozialer Hinsicht wirkt die Persönlichkeit *ausgeglichen und unruhig* bei vorwiegend *eigenständigen und leicht forcierten* Verhaltensweisen. Dahinter steht im allgemeinen eine *eher universale*, aber auch *ausgeprägt schwärmerische* Einstellung zur Gemeinschaft mit anderen bei *eigenständigen und forcierten* Reaktionsweisen. Verbunden damit ist eine *geistig ideelle* zugleich auch *eher kultische* soziale Ansprechbarkeit, und das bei einer *aufgeschlossenen* Einstellung mit *wenig begeisterten* Zügen zu humanen Fragen und Beziehungen. Sobald es um die Auseinandersetzung mit und das Leben in der sozialen Umwelt geht, stößt man bei diesem Menschen auf *bestimmende,* aber auch *eher bemächtigende* Züge sowie ein *eigenständiges und zeitweise weniger eigenständiges* Verhalten. Dieses ist gepaart mit einer *entscheidenden* Bewältigungsweise verbunden mit *eher unentschiedenen* Zügen sowie einer *eher sensiblen und sehr uninteressierten* Anpassung.

Im Umgang mit den Dingen, Problemen und Aufgaben des Lebens und auch des Berufs stößt man im vorliegenden Falle generell bei diesem Menschen auf einen *gedämpft* und doch *leicht übersteuert* wirkenden Handlungsstil auf der Basis einer *eher eigenständigen und zeitweise weniger eigenständigen* Handlungsstruktur. Dabei werden die mannigfachen Eindrücke von ihm *geordnet,* aber auch *sehr wenig exakt* erfaßt, was auf dem Hintergrund einer *eher eigenständigen* Grundauffassung des Geschehens mit *zeitweise weniger eigenständigen* Zügen zu werten ist. Die allgemeine Einstellung zu derartigen Situationen erscheint dabei *eher sicher und eher irritierbar,* wobei die erfaßten Inhalte weitgehend *eher umfassend und sehr hachlässig* verarbeitet werden dürften. Der Umgang mit den Situationen, Dingen, Aufgaben und Problemen wird im allgemeinen von einem *sehr gleichmäßigen* aber auch *eher prinzipienhaften* Aktionsstil im Rahmen einer *eher eigenständigen* sowie *zeitweise weniger eigenständigen* Weltbewältigungsweise geleitet. Dahinter stehen einerseits Züge von *Unternehmungsdrang und von Veränderungsabsichten,* andererseits solche von *Gleichmaß und teilweise fehlender Bodenständigkeit.*

Dabei bringt er eine *ausgeprägte* Denkbegabung mit. Die *gut durchschnittlich* ausgeprägte Willens- und Bewußtheitsfähigkeit steht wie die anderen Begabungen im Dienste der aufgezeigten Persönlichkeitszüge und wird von ihnen eingesetzt. Insgesamt gesehen entwickelt er an integrierenden, d.h. verarbeitenden Begabungen *eine vielgleisige* Bewußtheit und *ein vielgleisiges vernetztes* Denken. Bei *ausgesprochen kompromißbereiter* Entscheidungsweise und Bewußtheitsklarheit kann er das Wesentliche geistiger Probleme *sehr deutlich* erkennen, d.h. zugleich analytisch denken. Auf dieser Grundlage entwickelt er eine *kooperative* Urteilsweise. Auf die Vielfalt der Eindrücke spricht er *leicht beschleunigt* an, wie es seinem Bewußtseinshorizont entspricht. Innere, aber auch äußere Informationen nimmt er geistig *weitgehend* auf, um sie im Zuge der Informationsverarbeitung zu nutzen. Das ist die Grundlage für eine *flexible* Lernweise und Informationsverarbeitung. Da er zudem über die Fähigkeit verfügt, sich seiner Bewußtheitsschärfe entsprechend *noch befriedigend* zu konzentrieren und seine Gedanken und Denkinhalte *vielseitig* miteinander zu verknüpfen, steht ihm eine *variable* Kombinationsweise zur Bewältigung praktischer Probleme zur Verfügung.

Dementsprechend liegen ihm Aufgaben und Betätigungen folgender Art am ehesten:

Tätigkeiten, die emotionales Handeln und Reagieren sowie unmittelbare natürliche Beteiligung am Geschehen verlangen, anschauungsgebundene Arbeitsweise, emotionales Engagement an dem Tun, unmittelbares Handeln, lebendiges Reagieren. Praktische Inhalte, Anschauliches, Körperliches, Land- und Forstwirtschaft, Organisches, Biologisches, Nahrungs- und Genußmittel, sinnliche Inhalte,

Tätigkeiten, die Ichsteuerung, bewußte, überlegte und kontrollierte Handlungen verlangen, die mehr kritischer und prüfender disziplinierter Haltung bedürfen, Planungs-, Prüfungs- und Kontrollfunktionen, selbstdisziplinierte Haltung, schematische und formalisierte Arbeiten. Ideen, Geistiges, Wissenschaft, Philosophie, Erkenntnislehre, Gedankliches, Abstraktes, Theoretisches, Ätherisches, Esoterik, Spekulatives, Neugier-Weckendes, Intellektualistisches

Tätigkeiten, die eine erhöhte soziale Ansprechbarkeit und Äußerungsweise verlangen, die lebhafte, nicht unbedingt tiefere innere Beziehungen zu einer Vielzahl von Menschen verlangen. Einfühlende, kriminalistische Tätigkeiten, unverbindliche Beratungsfunktionen, Assistententätigkeiten, Entwicklungsaufgaben, soziale Unverbindlichkeit bei sprühender und lebhafter Reaktionsweise und Äußerungsweise, ständiger Wechsel sozialer Beziehungen. Kultur, Theater, Literatur, Sprache, Geschichte, Überlieferung, Pädagogik, Erziehung, Bildung, Ausbildung, Geisteswissenschaften, Klassik,

Tätigkeiten mit überschwenglicher Äußerungsweise, unsteten Gefühlsreaktionen, schwärmerischer Vorgehensweise, schöngeistige, utopische Inhalte, Tätigkeiten, bei denen gefühlsmäßige Erregtheit nicht schadet

Tätigkeiten, die Durchsetzung, Domination, Lenkung und Gestaltung verlangen, bei

denen es darauf ankommt, durch Machen etwas zu schaffen, und das auch in sozialen Bezügen. Arbeiten, die Durchsetzung, Angreifen und Selbständigkeit, Gestaltung und Eroberung verlangen, hartes Material, Stein, Metalle. Bewältigung, bewältigende Technik, Macht, Führung, Konstruktion, Machen, Naturwissenschaften, Regieren, Domination, Bauen, Aufbauen, Gestalten
Tätigkeiten, bei denen es auf eine systematische und formale innere Verarbeitung der Qualitäten ankommt. Arbeit in kleinen Schritten, Fein- und Ordnungsarbeiten, Präzisionsarbeiten, Innendienst, Büroarbeit, Bearbeitung von Kleinigkeiten, besinnliche und ernste Arbeitshaltung mit Vorliebe zum Abwägen erforderlich. Verwaltung, Organisation, Logistik, Ordnung, Zahlen, Gliederung, Systematik, Formales, Informatik, EDV, Ordnungsvorschriften
Tätigkeiten, die Handlungsaktivität und Aneignungsaktivität sowie ausgeprägtes Expansionsstreben verlangen, wo Neues und Zukünftiges wesentlich sind. Arbeiten, die Schwung und Dynamik, Unternehmungsgeist und Expansion verlangen, unkonventionelle Tätigkeiten, Abwechslung in der Arbeit. Fernes, Neues, Fortschritt, Reise, Reisen, Verkehr, Zukünftiges, Forschung, Neuheiten, Progressives, Handel, Handeln

Zu bedenken sind im Rahmen der Lebensgestaltung als hintergründige Störungsquellen grundsätzlicher Art (keine) :

.-.

Betrachtet man sich die Ergebnisse und die Ausführungen im vorliegenden Befund, erkennt man zugleich, daß dieser Mensch nicht ohne Gefahren für sich und seine Persönlichkeitsstruktur leben wird. Starke versatile, auch unangemessene Züge können die vitale Basis überfordern. Viel wird daher in diesem Falle auch auf die semantischen Strukturen ankommen, die graphoanalytisch nicht zu erfassen sind.

Fortfahren will ich mit einer Schriftanalyse mit Hilfe des DHk. Verwendet wurden dazu die Ergebnisse eines Schreibtestes. Dazu nun zuerst die Kopien der Schriftproben[24] und dann das partielle Ergebnisbild des Gesamttestes:

[24] Eine bessere Ansicht bietet die B01 Schriften pdf-Datei

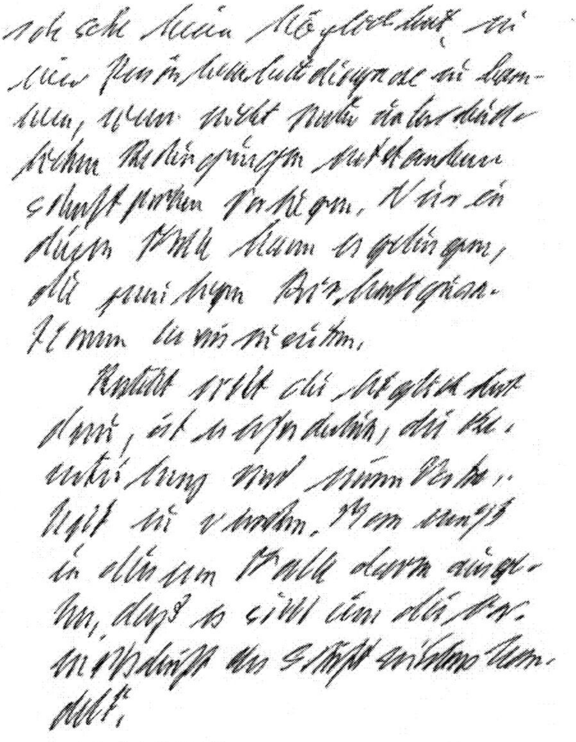

(normale Schreibweise)

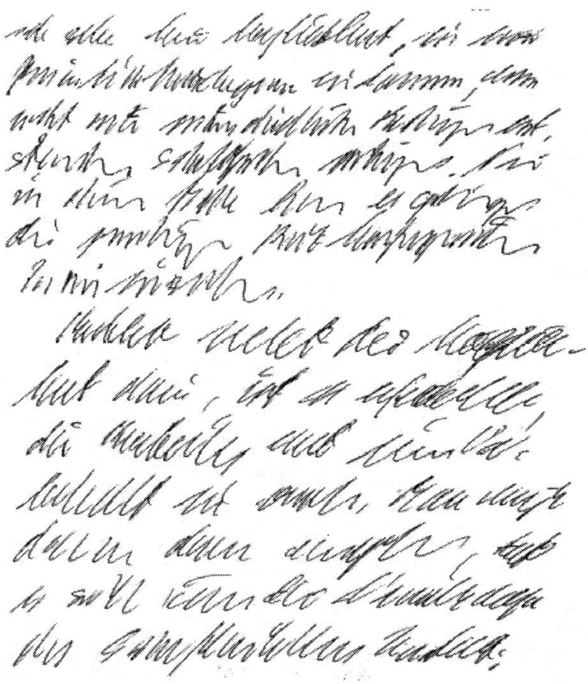

(Schnellschrift)

UL

Ich sehe keine Möglichkeit, zu einer Persönlichkeitsdiagnose zu kommen, wenn nicht unter unterschiedlichen Bedingungen entstandene Schriftproben vorliegen. Nur in diesem Fall kann es gelingen, die jeweiligen Persönlichkeitsanteile herauszuarbeiten.

Besteht nicht die Möglichkeit dazu, ist es sehr wichtig, die Beurteilung mit einem Vorbehalt zu versehen. Man muß in diesem Falle davon ausgehen, daß es sich um die Normalschrift des Schreibers handelt.

(Schönschrift)

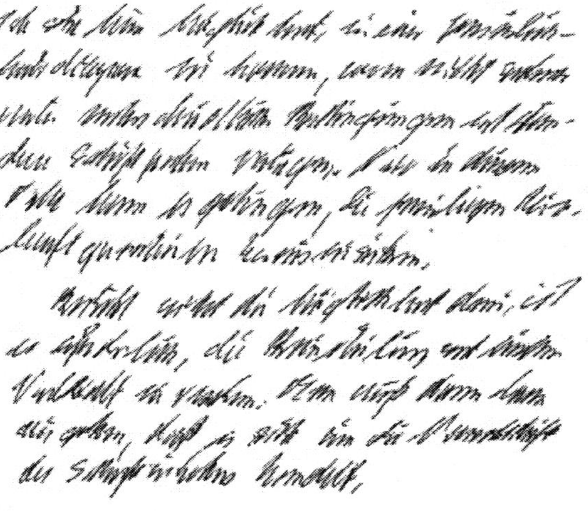

(möglichst platzsparend)

	real	imag	| |		real	imag		real	imag	| |			
P	6,8	5,2	6,4	Sbg	0,6	3,0	Eg	-0,3	1,6	vl	9,0	Vy	80,1
R	6,3	2,2	5,1	Sbs	6,5	3,7	Egs	6,0	3,3	dk	7,5	ly	61,4
U	5,9	2,8	5,0	Säg	1,1	-0,2				ff	7,0	Fy	56,7
Ü	4,8	3,0	4,5	Säs	5,4	2,9				we	4,5	Wy	46,1
K	6,5	4,1	5,7	Geg	0,7	1,1	Mn	-0,1	0,0	vp	9,0	Ty	59,9
B	5,7	3,0	5,0	Ges	6,1	3,5	Mns	6,3	3,9	dp	6,5		
G	7,0	4,9	6,3	Gbg	1,0	1,2				fh	9,0		
S	6,0	3,7	5,4	Gbs	6,5	4,3				wm	6,8		
E	6,2	4,8	5,9	Weg	0,7	2,5	Wt	0,1	0,2	vk	7,0		
O	5,5	2,3	4,6	Wes	5,8	3,6	Wts	5,4	3,5	de	7,7		
F	5,3	4,6	5,3	Wbg	0,4	2,1				fk	5,0		
T	4,8	2,4	4,3	Wbs	5,0	3,5				wk	5,3		
In	5,9	3,6	5,3	Ing	1,6		INV	-0,1	0,6		Lü	#	
	γ	δ											

P	1,0	1,0											
R	1,0	2,2											
U	1,0	3,0											
Ü	1,0	1,0											
K	1,7	1,2											
B	1,3	1,7											
G	3,0	1,8											
S	2,7	1,2											
E	2,3	1,8											
O	1,2	2,7											
F	3,3	1,0											
T	1,0	1,7											

Ehe ich dieses Ergebnis sprachlich umsetzen will, zunächst noch eine Vergleichsübersicht zu den Ergebnissen der Schriftanalysen mit den psychischen Anforderungen (ermittelt mit dem Dbk und dem DAE) an eine Tätigkeit als Teamleiter in der psychodiagnostischen Verfahrensentwicklung .

+	**Soll**	**Ist**	**D^2**	**i**	**Soll**	**Ist**	**D^2**		**Soll**	**Ist**	**D^2**
P	5,3	6,8	2,3	**P**	3,6	5,2	2,6	**vl**	5,2	9,0	14,4
R	7,5	6,3	1,5	**R**	6,3	2,2	16,4	**dk**	8,1	7,5	0,4
U	5,6	5,9	0,1	**U**	4,3	2,8	2,2	**ff**	6,6	7,0	0,2
Ü	4,8	4,8	0,0	**Ü**	5	3,0	3,9	**we**	4,5	4,5	0,0
K	5,4	6,5	1,1	**K**	3,7	4,1	0,1	**vp**	5,4	9,0	13,0
B	6,2	5,7	0,2	**B**	5	3,0	4,2	**dp**	6,6	6,5	0,0
G	4,7	7,0	5,4	**G**	2,8	4,9	4,4	**fh**	4	9,0	25,0
S	4,9	6,0	1,3	**S**	3,6	3,7	0,0	**wm**	5,8	6,8	1,1
E	4,1	6,2	4,4	**E**	3,6	4,8	1,4	**vk**	3,7	7,0	10,9
O	6,7	5,5	1,5	**O**	7,2	2,3	23,8	**de**	7,7	7,7	0,0
F	5,1	5,3	0,0	**F**	4,3	4,6	0,1	**fk**	5,2	5,0	0,0
T	5,4	4,8	0,3	**T**	5,2	2,4	7,6	**wk**	7,3	5,3	3,9
	S	S/12	1,5		S/12	S/12	5,6	%	T	S/12	5,7
							TyCy%	70,1			
							In%	80,3			
							iIn%	62,2			
							ges%	70,5			

Wie schon angedeutet, ist eine Übertragung der Ergebnisse in ein standardisiertes Textprogramm mit Hilfe fixierter Terminitabellen zum Zwecke der Sicherung der Objectivity unerläßlich. Dazu verwenden wir das Textprogramm DPkbp:

partieller Persönlichkeitsbasiskurzbefund (DPkbp)

Name	NCH
Alter	56 Jahre
Vorbildung	Abitur
Beruf	Lehrer
Untersuchungsmaterial	Schreibtest
Prüfverfahren	DHk mit DAE

Die Komplexität und Vielschichtigkeit der menschlichen Persönlichkeit an sich läßt es nicht zu, sie mit wenigen Angaben zu erfassen und umfassend zu charakterisieren. Ein solcher Kurzbefund kann daher lediglich als vorläufige Orientierung dienen.

Der erste Eindruck, den man von dieser Persönlichkeit gewinnt, pendelt im allgemeinen von *eher ausgeglichen bis wenig eindeutig.* Dieser bildet sich auf einer *gefestigten eher eigenständigen* Grundlage mit *zeitweise weniger eigenständigen* Zügen bei *durchschnittlicher* Intensität. Auf dieser Basis entwickelt sich ein *leicht gedämpfter und vager* Stil des Selbst, der von einer *eher eigenständigen bis legeren* Struktur getragen wird. Das führt zu einem *bedingt anschauungsbestimmten und eindrucksabhängigen* Erlebnisstil auf der Basis einer *eigenständigen* Erlebnisweise mit *zeitweise weniger eigenständigen* Zügen. Dazu trägt ein *emotionales bis impulsives* Es bei, das die Antriebe liefert, sowie ein *besonnenes und nachlässiges* Ich, das die Regelung und Lenkung managen soll. Nach außen, in der Begegnung mit der Welt an sich und der Gesellschaft stößt man dabei auf einen *aufgeschlossenen und neutralistischen* Stil ,der von einem *selbständigen bis lässigen* Verhalten mitbestimmt wird. Der Umwelt wendet dieser Mensch sich nämlich im allgemeinen *lebhaft und ohne Interesse* zu, während von seinem Überich als Kontrollinstanz *ansatzweise bestimmte und relativistische* Impulse ausgehen, die seine Haltung zu und in dieser Welt mitformen.

In sozialer Hinsicht wirkt die Persönlichkeit *eher ausgeglichen und leicht uneindeutig* bei vorwiegend *eigenständigen bis zeitweise weniger eigenständigen* Verhaltensweisen. Dahinter steht im allgemeinen eine *eher einfühlsame,* aber auch *irritierbare* innere Einstellung zur Gemeinschaft mit anderen bei *eigenständigen und legeren* Reaktionsweisen. Verbunden damit ist eine *kulturgebundene bis eher materielle* soziale Ansprechbarkeit, und das bei einer *sehr aufgesfchlossenen* Einstellung mit *eher abwehrenden* Zügen zu humanen Fragen und Beziehungen. Sobald es um die tätige Auseinandersetzung mit und das Leben in der sozialen Umwelt geht, stößt man bei diesem Menschen auf *eher bestimmende und bemächtigende* Züge sowie ein *eigenständiges bis eher gewolltes* Verhalten. Dieses ist gepaart mit einer *entscheidenden* Bewältigungsweise mit *sehr unbestimmten* Beherrschungszügen sowie einer *eher sensiblen und uninteressierten* Anpassung.

Im Umgang mit den Dingen, Problemen und Aufgaben des Lebens und auch des Berufs stößt man im vorliegenden Falle generell bei diesem Menschen auf einen *ausgeglichen und uneindeutig* wirkenden Handlungsstil auf der Basis einer *selbständigen und legeren* Handlungsstruktur. Dabei werden die mannigfachen Eindrücke von ihm *global und flüchtig* erfaßt, was auf dem Hintergrund einer *eher eigenständigen* Grundauffassung des Geschehens mit *zeitweise weniger eigenständigen* Zügen zu werten ist. Die allgemeine Einstellung zu derartigen Situationen erscheint dabei *besonders sicher und unbestimmt,* wobei die erfaßten Inhalte weitgehend *eher besonnen bis chaotisch* verarbeitet werden dürften. Der tätige Umgang mit den Situationen, Dingen, Aufgaben und Problemen wird im allgemeinen von einem *eher gleichmäßigen bis inflexiblen* Aktionsstil im Rahmen einer *annähernd selbständigen bis legeren* Weltbewältigungsweise geleitet. Dahinter stehen einerseits Züge von *größerer Rührigkeit bis zu einigen Veränderungswünschen,* andererseits solche von *einigem Gleichmaß bis zu teilweise fehlender Bodenständigkeit.*

Dabei erscheint er im Denken *ausgeprägt* begabt. Die Willens- und Bewußtheitsfähigkeit ist *gut durchschnittlich* ausgeprägt. Insgesamt gesehen entwickelt er an integrierenden, d.h. verarbeitenden Begabungen *eine vielgleisige* Bewußtheitsstruktur und *ein kritisches, einfallsreiches und vielseitiges* Denken. Bei *eher kompromißbereiter* Entscheidungsweise und Bewußtheitsklarheit kann er das Wesentliche geistiger Probleme *sehr deutlich* erkennen, d.h. zugleich analytisch denken. Auf dieser Grundlage entwickelt er eine *kooperative* Urteilsweise. Auf die Vielfalt der Eindrücke spricht er *beschleunigt* an, wie es seinem Bewußtseinshorizont entspricht. Innere, aber auch äußere Informationen nimmt er geistig *ziemlich weitgehend* auf, um sie im Zuge der Informationsverarbeitung zu nutzen. Das ist die Grundlage für eine *flexible* Lernweise und Informationsverarbeitung. Da er zudem über die Fähigkeit verfügt, sich seiner Bewußtheitsschärfe entsprechend *einigermaßen* zu konzentrieren und seine Gedanken und Denkinhalte *eher vielfältig* miteinander zu verknüpfen, steht ihm eine *bewegliche* Kombinationsweise zur Bewältigung praktischer Probleme zur Verfügung.

Dementsprechend liegen ihm Aufgaben und Betätigungen folgender Art am ehesten:

Tätigkeiten, die emotionales Handeln und Reagieren sowie unmittelbare natürliche Beteiligung am Geschehen verlangen, anschauungsgebundene Arbeitsweise, emotionales Engagement an dem Tun, unmittelbares Handeln, lebendiges Reagieren. Praktische Inhalte, Anschauliches, Körperliches, Land- und Forstwirtschaft, Organisches, Biologisches, Nahrungs- und Genußmittel, sinnliche Inhalte,

Tätigkeiten, die Ichsteuerung, bewußte, überlegte und kontrollierte Handlungen verlangen, die mehr kritischer und prüfender disziplinierter Haltung bedürfen, Planungs-, Prüfungs- und Kontrollfunktionen, selbstdisziplinierte Haltung, schematische und formalisierte Arbeiten. Ideen, Geistiges, Wissenschaft, Philosophie, Erkenntnislehre, Gedankliches, Abstraktes, Theoretisches, Ätherisches, Esoterik, Spekulatives, Neugier-Weckendes, Intellektualistisches

Tätigkeiten, die eine erhöhte soziale Ansprechbarkeit und Äußerungsweise verlangen, die lebhafte, nicht unbedingt tiefere innere Beziehungen zu einer Vielzahl von Menschen verlangen. Einfühlende, kriminalistische Tätigkeiten, unverbindliche Beratungsfunktionen, Assistententätigkeiten, Entwicklungsaufgaben, soziale Unver-

bindlichkeit bei sprühender und lebhafter Reaktionsweise und Äußerungsweise, ständiger Wechsel sozialer Beziehungen. Kultur, Theater, Literatur, Sprache, Geschichte, Überlieferung, Pädagogik, Erziehung, Bildung, Ausbildung, Geisteswissenschaften, Klassik,

Tätigkeiten, die Durchsetzung, Domination, Lenkung und Gestaltung verlangen, bei denen es darauf ankommt, durch Machen etwas zu schaffen, und das auch in sozialen Bezügen. Arbeiten, die Durchsetzung, Angreifen und Selbständigkeit, Gestaltung und Eroberung verlangen, hartes Material, Stein, Metalle. Bewältigung, bewältigende Technik, Macht, Führung, Konstruktion, Machen, Naturwissenschaften, Regieren, Domination, Bauen, Aufbauen, Gestalten

Tätigkeiten, die eine erhöhte aktive qualitätsgerechte Auffassung der Welt und des Geschehens verlangen. Unterhaltende, lustige und brillierende Tätigkeiten, Arbeiten, die Optimismus und Risikobereitschaft verlangen, all-round-Tätigkeiten, Edelmetalle, glänzende Stoffe, Effekte, besonders auch Lichteffekte. Qualität, Güte, Schönheit, Ästhetik, Musisches, Musik, Kunst, Künstlerisches, Kunsthandwerk, Mode, Werbung, Schmuck,

Zu bedenken sind im Rahmen der Lebensgestaltung als hintergründige Störungsquellen grundsätzlicher Art : *keine (alle Werte <5,0)*

-.-

Das dabei verwendete Auswertungsprogramm DAE dient nicht nur der Verarbeitung der Symptomwerte bei Schreibtests und mehreren unterschiedlichen Schriftproben eines Schrifturhebers, sondern auch der Verarbeitung der Symptomwerte mehrerer Diagnostiker zu einer Schrift, denn es werden bis zu 4 volllständige Bewertungen verarbeitet. Im Interesse der Zuverlässigkeit und Objectivity ist eine Bewertung bzw. Analyse durch mehrere unabhängige Gutachter gerade auf diesem Gebiete äußerst sinnvoll. Der auf diese Weise gewonnene Befund läßt sich vom Fachmann dann unter Einbeziehung der Schriftproben ohne größere Probleme in eine partielle Basisbeurteilung umformen, wie nachfolgend zu lesen:

partielle Persönlichkeitsbasisbeurteilung

Name	N.C.H
Alter	56 Jahre
Vorbildung	Abitur
Beruf	Lehrer
Untersuchungsmaterial	Schreibtest
Prüfverfahren	DHk mit DAE

Die Komplexität und Vielschichtigkeit der menschlichen Persönlichkeit an sich läßt es nicht zu, sie mit wenigen Angaben zu erfassen und umfassend zu charakterisieren. Ein solcher Kurzbefund kann daher lediglich als vorläufige Orientierung dienen.

Der erste Eindruck, den man von dieser Persönlichkeit gewinnt, pendelt im allgemeinen von eher ausgeglichen bis wenig eindeutig. Dieser bildet sich auf einer gefestigten eher eigenständigen Grundlage mit zeitweise sich vermindernden eigenständigen Zügen bei durchschnittlicher Intensität. Auf dieser Basis entwickelt sich ein leicht gedämpfter aber auch vager Stil des Selbst, der von einer eher eigenständigen bis legeren Struktur getragen wird. Das führt zu einem bedingt anschauungsbestimmten und eindrucksabhängigen Erlebnisstil auf der Basis einer zeitweise eigenständigen Erlebnisweise. Dazu trägt ein emotionales bis impulsives Es bei, das die Antriebe liefert, sowie ein besonnenes und immer wieder nachlässiges Ich, das die Regelung und Lenkung managen soll. Nach außen, in der Begegnung mit der Welt an sich und der Gesellschaft stößt man dabei auf einen aufgeschlossenen und neutralistischen Stil ,der von einem selbständigen bis lässigen Verhalten mitbestimmt wird. Der Umwelt wendet dieser Mensch sich nämlich im allgemeinen lebhaft jedoch ohne Interesse an ihr zu, während von seinem Überich als Kontrollinstanz ansatzweise bestimmte aber auch relativistische Impulse ausgehen, die seine Haltung zu und in dieser Welt mitformen.

In sozialer Hinsicht wirkt die Persönlichkeit eher ausgeglichen und deshalb auch leicht uneindeutig bei zeitweise eigenständigen Verhaltensweisen. Dahinter steht im allgemeinen eine eher einfühlsame, aber auch irritierbare innere Einstellung zur Gemeinschaft mit anderen bei eigenständigen jedoch legeren Reaktionsweisen. Verbunden damit ist eine kulturgebundene bis eher materielle soziale Ansprechbarkeit, und das bei einer sehr aufgeschlossenen Einstellung mit zugleich eher abwehrenden Zügen zu humanen Fragen und Beziehungen. Sobald es um die tätige Auseinandersetzung mit und das Leben in der sozialen Umwelt geht, stößt man bei diesem Menschen auf eher bestimmende und bemächtigende Züge sowie ein eigenständiges bis eher gewolltes Verhalten. Dieses ist gepaart mit einer entscheidenden Bewältigungsweise mit sehr unbestimmten Beherrschungszügen sowie einer eher sensiblen aber uninteressierten Anpassung.

Im Umgang mit den Dingen, Problemen und Aufgaben des Lebens und auch des Berufs stößt man im vorliegenden Falle generell bei diesem Menschen auf einen ausgeglichen und dadurch uneindeutig wirkenden Handlungsstil auf der Basis einer selbständigen und legeren Handlungsstruktur. Dabei werden die mannigfachen Eindrücke von ihm global und auch flüchtig erfaßt, was auf dem Hintergrund einer zeitweise eigenständigen Grundauffassung des Geschehens zu werten ist. Die allgemeine Einstellung zu derartigen Situationen erscheint dabei besonders sicher aber unbestimmt, wobei die erfaßten Inhalte weitgehend eher besonnen, aber auch chaotisch verarbeitet werden dürften. Der tätige Umgang mit den Situationen, Dingen, Aufgaben und Problemen wird im allgemeinen von einem eher gleichmäßigen bis inflexiblen Aktionsstil im Rahmen einer annähernd selbständigen bis legeren Weltbewältigungsweise geleitet. Dahinter stehen einerseits Züge von größerer Rührigkeit bis zu einigen Veränderungswünschen, andererseits solche von einigem Gleichmaß bis zu teilweise fehlender Bodenständigkeit.

Dabei erscheint er im Denken ausgeprägt begabt. Die Willens- und Bewußtheitsfähigkeit ist gut durchschnittlich ausgeprägt. Insgesamt gesehen entwickelt er an integrierenden, d.h. verarbeitenden Begabungen eine vielgleisige Bewußtheitsstruktur und ein kritisches, einfallsreiches und vielseitiges Denken. Bei eher kompromißbereiter Entscheidungsweise und Bewußtheitsklarheit kann er das Wesentliche geistiger Probleme sehr deutlich erkennen, d.h. zugleich analytisch denken. Auf dieser Grundlage entwickelt er eine kooperative Urteilsweise. Auf die Vielfalt der Eindrücke spricht er beschleunigt an, wie es seinem Bewußtseinshorizont entspricht. Innere, aber auch äußere Informationen nimmt er geistig ziemlich weitgehend auf, um sie im Zuge der Informationsverarbeitung zu nutzen. Das ist die Grundlage für eine flexible Lernweise und Informationsverarbeitung. Da er zudem über die Fähigkeit verfügt, sich seiner Bewußtheitsschärfe entsprechend einigermaßen zu konzentrieren und seine Gedanken und Denkinhalte eher vielfältig miteinander zu verknüpfen, steht ihm eine bewegliche Kombinationsweise zur Bewältigung praktischer Probleme zur Verfügung.

Dementsprechend liegen ihm Aufgaben und Betätigungen folgender Art am ehesten:

Tätigkeiten, die emotionales Handeln und Reagieren sowie unmittelbare natürliche Beteiligung am Geschehen verlangen, anschauungsgebundene Arbeitsweise, emotionales Engagement an dem Tun, unmittelbares Handeln, lebendiges Reagieren. Praktische Inhalte, Anschauliches, Körperliches, Land- und Forstwirtschaft, Organisches, Biologisches, Nahrungs- und Genußmittel, sinnliche Inhalte,

Tätigkeiten, die Ichsteuerung, bewußte, überlegte und kontrollierte Handlungen verlangen, die mehr kritischer und prüfender disziplinierter Haltung bedürfen, Planungs-, Prüfungs- und Kontrollfunktionen, selbstdisziplinierte Haltung, schematische und formalisierte Arbeiten. Ideen, Geistiges, Wissenschaft, Philosophie, Erkenntnislehre, Gedankliches, Abstraktes, Theoretisches, Ätherisches, Esoterik, Spekulatives, Neugier-Weckendes, Intellektualistisches

Tätigkeiten, die eine erhöhte soziale Ansprechbarkeit und Äußerungsweise verlangen, die lebhafte, nicht unbedingt tiefere innere Beziehungen zu einer Vielzahl von Menschen verlangen. Einfühlende, kriminalistische Tätigkeiten, unverbindliche Beratungsfunktionen, Assistententätigkeiten, Entwicklungsaufgaben, soziale Unverbindlichkeit bei sprühender und lebhafter Reaktionsweise und Äußerungsweise, ständiger Wechsel sozialer Beziehungen. Kultur, Theater, Literatur, Sprache, Geschichte, Überlieferung, Pädagogik, Erziehung, Bildung, Ausbildung, Geisteswissenschaften, Klassik,

Tätigkeiten, die Durchsetzung, Domination, Lenkung und Gestaltung verlangen, bei denen es darauf ankommt, durch Machen etwas zu schaffen, und das auch in sozialen Bezügen. Arbeiten, die Durchsetzung, Angreifen und Selbständigkeit, Gestaltung und Eroberung verlangen, hartes Material, Stein, Metalle. Bewältigung, bewältigende Technik, Macht, Führung, Konstruktion, Machen, Naturwissenschaften, Regieren, Domination, Bauen, Aufbauen, Gestalten

Tätigkeiten, die eine erhöhte aktive qualitätsgerechte Auffassung der Welt und des Geschehens verlangen. Unterhaltende, lustige und brillierende Tätigkeiten, Arbeiten, die Optimismus und Risikobereitschaft verlangen, allround-Tätigkeiten, Edelmetalle, glänzende Stoffe, Effekte, besonders auch Lichteffekte. Qualität, Güte, Schönheit, Ästhetik, Musisches, Musik, Kunst, Künstlerisches, Kunsthandwerk, Mode, Werbung, Schmuck,

.-.

Auf diese Weise läßt sich aus dem Befund eine auch für den Laien verständliche Beurteilung machen, ohne daß die Grundforderung der Diagnostik nach Objectivity wesentlich beeinträchtigt wird. So etwas ist mit Hilfe eines Gutachtens nicht zu verwirklichen, denn ein Gutachten ist, wie Klages es einmal ausgedrückt hat, ein Kunstwerk, und das ist weitgehend von der Persönlichkeit des Gutachters abhängig. Nicht nur, daß es meistens eine Auswahl aus der Vielfalt der Ergebnisse darstellt, es zeigt diese auch aus der persönlichen Sicht des Gutachters. Nicht umsonst hatten wir uns zu einer Zeit, wo Befunde, Terminitabellen usw. noch nicht vorhanden waren, dazu bekannt, daß immer mindestens zwei Gutachter die Schriften analysierten und mit dem Gutachten „zufrieden" waren und es unterschrieben.[25] In Anbe-

[25] 1957 bis 1967 am Institut für Menschenkunde Arthur Wittemann in München-Solln.

tracht der hiermit bestehenden Möglichkeiten, können wir es nun bei der Beurteilung lassen, wenn es im Interesse des Lesers vieler solcher Beurteilungen auch sinnvoll sein Kann, eine Mehrzahl von Befundtextprogrammen zu erstellen.

Zum Zwecke der Abklärung eines Einsatzes als Teamleiter wurde mit dem DBk-Analyseprotokoll und dem Auswertungsprogramm DAE ermittelt, welche Anforderungen dieser Beruf an die Persönlichkeit des Menschen stellt. Diese Anforderungen wurden dann in den Vergleichsteil zum partiellen Persönlichkeitsergebnis (doppelt umrahmt) in die Sollspalten eingesetzt. Das ergab das obige Bild. Als allgemeine Werte zeigt es:

In%: 80,3 (nicht ungünstig bis reibungsarm)
iIn%: 62,2 (konfliktträchtig)
Ty%: 70,1 (gefährdend)
ges%:70,5 (gefährdend)

Dazu die nachfolgenden Bedeutungen der Prozentwerte:

unter	60%	Ungenügend, äußerst konfliktträchtig	81 bis	85%	gut, reibungsarm
60 bis	65%	lückenhaft, konfliktträchtig	86 bis	90%	sehr gut, unbelastend
66 bis	70%	mangelhaft, gefährdend	91 bis	95%	ideal, günstig
61 bis	75%	ausreichend, belastend	über	95%	unwahrscheinlich günstig
76 bis	80%	zufriedenstellend, nicht ungünstig			

Das bedeutet, daß vom partiellen Persönlichkeitsergebnis her damit zu rechnen ist, daß eine solche Tätigkeit zu einer psychischen Belastung für den Schrifturheber werden wird. Vor allem von seiten der unangemessenen Kehrseiten her sind Störungen möglich, wie die höheren Differenzquadrate für iRp, iOp, iTp belegen. Von dort aus muß damit gerechnet werden, daß der Schrifturheber Konflikte in das Team hineinträgt

In älteren graphologischen Werken und Aufzeichnungen ist immer wieder die Rede von Altersschriften. Sicher ändern sich Persönlichkeiten und damit auch deren Handschriften mit zunehmendem Alter, aber sicher nicht in jener Weise, wie dieses früher dargestellt wurde. Ich möchte daher hier die

Schrift einer älteren Person folgen lassen, die für sie als normales Schriftbild anzusehen ist[26]. Der Urheber der Schriftprobe B14 war etwa 70 Jahre alt, war vor seiner Verrentung im Verkauf und in der Objektberatung tätig.

Dazu nun die Handschrift :

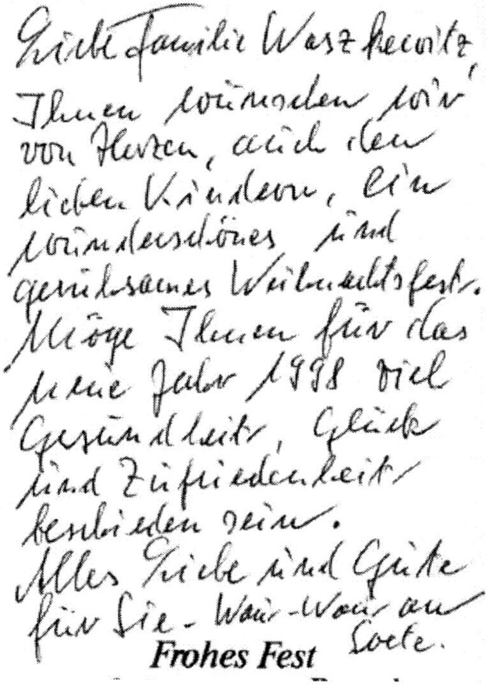

Sie hat sich seit etwa 10 Jahren kaum verändert. Die Analyse mit DHk und Auswertung mit DAE führt zu folgendem partiellen Persönlichkeitsergebnis:

	real	imag	| |		real	imag		real	imag	| |			
P	4,8	5,3	5,4	Sbg	-0,1	0,5	Eg	-0,6	-2,3	vl	4,0	Vy	39,3
R	4,9	4,8	5,3	Sbs	4,8	5,1	Egs	5,5	5,6	dk	5,7	ly	41,6
U	6,6	8,7	7,8	Säg	1,0	5,1				ff	7,0	Fy	46,8
Ü	5,6	3,6	5,1	Säs	6,1	6,2				we	6,3	Wy	49,1

[26] mir liegen naturgemäß diverse Proben der Damen vor.

K	3,2	2,2	3,2	Geg	-1,0	-0,4	Mn	-1,2	-2,4	vp	3,0	Ty	44,0
B	4,2	2,6	4,0	Ges	3,7	2,4	Mns	4,2	3,8	dp	4,3		
G	5,4	7,4	6,7	Gbg	1,4	4,4				fh	5,0		
S	3,9	3,0	3,9	Gbs	4,7	5,2				wm	6,7		
E	4,5	2,7	4,2	Weg	-0,1	-0,9	Wt	-0,1	-0,1	vk	4,0		
O	4,6	3,6	4,6	Wes	4,5	3,2	Wts	5,0	4,8	de	3,7		
F	5,6	6,2	6,2	Wbg	0,2	-0,7				fk	5,0		
T	5,4	6,8	6,4	Wbs	5,5	6,5				wk	5,0		
In	4,9	4,7	5,2	Ing	1,0		INV	-0,6	-1,6		Lü	#	
	γ	δ											
P	4,3	1,7											
R	2,7	3,7											
U	6,7	1,0											
Ü	1,0	3,0											
K	1,0	4,3											
B	2,7	2,7											
G	6,7	3,0											
S	1,7	4,3											
E	1,7	1,7											
O	2,3	1,7											
F	5,7	1,0											
T	5,7	1,0											

Der Analyse lag eine Mehrzahl von gleichartigen Glückwunschschreiben zugrunde, was darauf schließen läßt, daß in diesem Falle der Akzent auf „repräsentativer Schriftgestaltung“ lag. Es muß also davon ausgegangen werden, daß man es bei dem Ergebnis mit der „vornehmen“ Außenseite der Persönlichkeit zu tun hat, die sicher das eine oder andere kaschieren kann, letztlich aber doch ein wesentlicher Bestandteil der Persönlichkeit bleibt. Das muß besonders bedacht werden, denn hier handelt es sich um eine partielle Analyse, die einerseits bestimmte Aspekte der Persönlichkeit generell unberücksichtigt läßt, die andererseits aber auch partiell jene Seiten der Persönlichkeit beschreibt, die mit der Besonderheit des analysierten Materials zusammenhängt. Man sieht also, daß vor einer Analyse, vor allem aber vor der Interpretation und ihrer Bewertung stets auch die Materialkritik stehen muß, wenn keine gravierenden Fehler gemacht werden sollen. Doch wenden wir uns nun einer ersten Interpretation, dem partiellen Persönlichkeitsbasisbefund zu:

partieller Persönlichkeitsbasisbefund (DPbp)

Name	XY
Alter	ca. 70 Jahre
Vorbildung	Vm
Beruf	Kaufmann
Untersuchungsmaterial	diverse handschriftl. Glückwünsche
Prüfverfahren	DHk_DAE

Die Komplexität und Vielschichtigkeit der menschlichen Persönlichkeit an sich läßt es nicht zu, sie mit wenigen Angaben zu erfassen und zu charakterisieren. Ein solcher Kurzbefund kann daher lediglich als vorläufige Orientierung dienen. Der erste Eindruck, den man von dieser Persönlichkeit gewinnt, pendelt im allgemeinen zwischen *mäßig gedämpft und leicht unfrei.* Dieser bildet sich auf einer *mäßig schwankenden annähernd selbständigen* Grundlage verbunden mit *leicht forcierten* Zügen bei *durchschnittlicher* Intensität und *gut durchschnittlichen* Begabungen.

Auf dieser Basis entwickelt sich eine *gedämpfte sowie leicht übersteuerte* Form des Selbst, die von einer *selbständigen,* dabei *leicht verspannten* Struktur getragen wird. Das führt zu einem *ausgewogenen* aber auch *uneindeutigen* Erlebnisstil auf der Basis einer *annähernd selbständigen* Erlebnisweise mit *forcierten* Zügen. Dazu trägt ein *leicht naturnahes* sowie *impulsives* Es bei, das die Impulse liefert, sowie ein *verhaltenes und gespanntes* Ich, das die Übersicht und Lenkung managen soll. Nach außen bildet dabei ein *eher aufgeschlossener,* aber auch *eher umweltabhängiger* Stil der Begegnung mit der Welt an sich und der Gesellschaft, der von einem *eigenständigen* sowie *verspannten* Verhalten unterstützt wird. Der Umwelt wendet dieser Mensch sich nämlich im allgemeinen *interessiert,* wenn auch *demonstrativ* zu, während von seinem Überich *bestimmte und verschwommene* Impulse ausgehen, die seine Haltung zu und in dieser Welt mitformen.

In sozialer Hinsicht wirkt die Persönlichkeit *gedämpft und eher inaktiv* bei vorwiegend *bedingt selbständigen und zeitweise weniger eigenständigen* Verhaltensweisen. Dahinter steht im allgemeinen eine *eher verständige*, aber auch *unbestimmte* Einstellung zur Gemeinschaft mit anderen bei *ausgesprochen realistischen und nachlässigen* Reaktionsweisen. Verbunden damit ist eine *sehr realistische* zugleich auch *funktionalistische* soziale Ansprechbarkeit, und das bei einer eher sachlichen Einstellung mit *eher abwehrenden* Zügen zu humanen Fragen und Beziehungen. Sobald es um die Auseinandersetzung mit und das Leben in der sozialen Umwelt geht, stößt man bei diesem Menschen auf *bestimmende*, aber auch *aggressive* Züge sowie ein *annähernd selbständiges und forciertes* Verhalten. Dieses ist gepaart mit einer *kooperativen* Bewältigungsweise verbunden mit *ausgesprochen forcierten* Zügen sowie einer *freien und eher rigiden* Anpassung.

Im Umgang mit den Dingen, Problemen und Aufgaben des Lebens und auch des Berufs stößt man im vorliegenden Falle generell bei diesem Menschen auf einen *eher ausgeglichen* und doch *leicht uneindeutig* wirkenden Handlungsstil auf der Basis einer *annähernd selbständigen und leicht uneindeutigen* Handlungsstruktur. Dabei werden die mannigfachen Eindrücke von ihm *teilweise geordnet*, aber auch *eher sammelnd* erfaßt, was auf dem Hintergrund einer *bedingt selbständigen* Grundauffassung des Geschehens mit *legeren* Zügen zu werten ist. Die allgemeine Einstellung zu derartigen Situationen erscheint dabei *eher realistisch und eher vorsichtig*, wobei die erfaßten Inhalte weitgehend *teilweise besonnen und nachlässig* verarbeitet werden dürften. Der Umgang mit den Situationen, Dingen, Aufgaben und Problemen wird im allgemeinen von einem *eher gleichmäßigen* aber auch *ungleichmäßigen* Aktionsstil im Rahmen einer *selbständigen* sowie *verspannten* Weltbewältigungsweise geleitet. Dahinter stehen einerseits Züge von *einiger Expansivität und einiger Neugier*, andererseits solche von *Gleichmaß und Unbeweglichkeit*.

Dabei bringt er eine *mäßige* Denkbegabung mit. Die *überdurchschnittlich* ausgeprägte Willens- und Bewußtheitsfähigkeit steht wie die anderen Begabungen im Dienste der aufgezeigten Persönlichkeitszüge und wird von ihnen eingesetzt. Insgesamt gesehen entwickelt er an integrierenden, d.h. verarbeitenden Begabungen *eine weite und energische* Bewußtheit und *ein lineares Alltagsdenken* Denken. Bei *sehr bestimmter* Entscheidungsweise und Bewußtheitsklarheit kann er das Wesentliche geistiger Probleme *annähernd klar* erkennen, d.h. zugleich analytisch denken. Auf dieser Grundlage entwickelt er eine *gezielte* Urteilsweise. Auf die Vielfalt der Eindrücke spricht er *beschleunigt* an, wie es seinem Bewußtseinshorizont entspricht. Innere, aber auch äußere Informationen nimmt er geistig *manchmal* auf, um sie im Zuge der Informationsverarbeitung zu nutzen. Das ist die Grundlage für eine *unbedachte* Lernweise und Informationsverarbeitung. Da er zudem über die Fähigkeit verfügt, sich seiner Bewußtheitsschärfe entsprechend *annähernd einigermaßen* zu konzentrieren und seine Gedanken und Denkinhalte *ausschließlich in gewohnten Bahnen* miteinander zu verknüpfen, steht ihm eine *wenig gewandte* Kombinationsweise zur Bewältigung praktischer Probleme zur Verfügung.

Dementsprechend liegen ihm Aufgaben und Betätigungen folgender Art am ehesten:

der Außenwelt zugewandte Arbeiten, extraversives gesellschaftliches Handeln, Tätigkeiten, die auf Wirkung und Ansehen nach außen angelegt sind bzw. bei denen sich der Arbeitende von der Außenwelt leiten lassen muß, weltliche Aufgaben, Arbeit im unmittelbaren Kontakt mit der Umwelt, von der Umwelt bestimmte und gelenkte Tätigkeiten, Außen- und Kontaktberufe, Repräsentationstätigkeiten. Weltliches, Öffentlichkeit, Gesellschaft, Publikum, Ansehen, Status, Geselligkeit.

Status, Prestige, Auszeichnungen, Äußeres, posierende Tätigkeiten

Aufgaben, die aggressives, überwältigendes Arbeiten, aber auch rücksichtsloses Vorgehen erfordern, Diktieren, Kommandieren, Zerstörung, Vernichtung, Krieg, Überwältigen, Unterdrücken,

Tätigkeiten, die Expansion um jeden Preis verlangen, sprunghafte und wechselnhafte Arbeitsweisen erfordern, ständigen Veränderungen unterworfen sind, Unbeständigkeit erwarten, Zukunftsutopien, Abenteuer

Gewohnheiten, Vergangenes, keine Umstellungen, kein Wandel, gleichförmige

Arbeitsweise, Monotonie, Prinzipien,

Zu bedenken sind im Rahmen der Lebensgestaltung als hintergründige Störungsquellen grundsätzlicher Art (fett gedruckt:verstärkte Formen):

γ **Up:** ***Erregungszustand mit beschleunigter Sprache, laut, schwer zu unterbrechen, erhöhte Stimmungslage und Selbstwertschätzung, hysterische Reaktionen, Selbstbespiegelungen, narzißtische Reaktionen, exhibitionistische Zwänge,***

γ **Gp:** ***aggressive Streitsucht, bei der Beschwerden über Aggressivität und Ressentiment gegen andere üblich sind, die Schuld an Schwierigkeiten und Versagen anderen gegeben wird,***

γ **Fp:** *Auffassungsstörungen, Sprache weitschweifig, unzusammenhängend und ohne Bezug zu gestellten Fragen ist; die gleichen Wörter oder Sätze werden in stereotyper Weise wiederholt, Veränderungssucht, Nichtseßhaftigkeit,*

γ **Tp** *Verlangsamung von Sprache und Vorstellung, Verminderung der motorischen Aktivität bis zur Blockierung, Apathie und Desinteresse an der Zukunft , Stuporerscheinungen, negativistische Haltungen, Katzenheimweh,*

.-.

Zur Verbesserung der Lesbarkeit – auch für denjenigen, der sich mit Eigenschaften und deren individueller Kehrseite nicht auskennt, überführen wir nun den Befund ohne die Objectivity zu beeinträchtigen durch einige rein formale Änderungen in eine Beurteilung:

partieller Persönlichkeitsbasisbeurteilung

Name	XY
Alter	ca. 70 Jahre
Vorbildung	Vm
Beruf	Kaufmann
Untersuchungsmaterial	diverse handschriftl. Glückwünsche
Prüfverfahren	DHk_DAE

Die Komplexität und Vielschichtigkeit der menschlichen Persönlichkeit an sich läßt es nicht zu, sie mit wenigen Angaben zu erfassen und zu charakterisieren. Ein solche Kurzbeurteilung kann daher lediglich als vorläufige Orientierung dienen. Der erste Eindruck, den man von dieser Persönlichkeit gewinnt, pendelt im allgemeinen zwischen *mäßig gedämpft und dadurch leicht unfrei*. Dieser bildet sich auf einer *mäßig schwankenden annähernd selbständigen* Grundlage verbunden mit *leicht forcierten* Zügen bei *durchschnittlicher* Intensität und *gut durchschnittlichen* Begabungen.

Auf dieser Basis entwickelt sich eine *gedämpfte sowie leicht übersteuerte* Form des Selbst, die von einer *selbständigen*, dabei *leicht verspannten* Struktur getragen wird. Das führt zu einem *ausgewogenen* aber auch *uneindeutigen, schwer nachzuvollziehenden* Erlebnisstil auf der Basis einer *annähernd selbständigen* Erlebnisweise mit *forcierten* Zügen. Dazu trägt ein *leicht naturnahes* sowie *impulsives* Es bei, das die Impulse liefert, sowie ein *verhaltenes und gespanntes* Ich, das die Übersicht und Lenkung managen soll. Nach außen bildet dabei ein *eher aufgeschlossener*, aber auch *umweltabhängiger* Stil der Begegnung mit der Welt an sich und der Gesellschaft, der von einem *eigenständigen* sowie *verspannten* Verhalten unterstützt wird. Der Umwelt wendet dieser Mensch sich nämlich im allgemeinen *interessiert*, wenn auch *demonstrativ* zu, während von seinem Überich *bestimmte und verschwommene* Impulse ausgehen, die seine Haltung zu und in dieser Welt mitformen. So liegen ihm *der Außenwelt zugewandte Arbeiten, extraversives gesellschaftliches Handeln, Tätigkeiten, die auf Wirkung und Ansehen nach außen angelegt sind bzw. bei denen sich der Arbeitende von der Außenwelt leiten lassen muß, also weltliche Aufgaben, Arbeit im unmittelbaren Kontakt mit der Umwelt, von der Umwelt bestimmte und gelenkte Tätigkeiten, Außen- und Kontaktberufe, Repräsentationstätigkeiten. Weltliches, Öffentlichkeit, Gesellschaft, Publikum, Ansehen, Status, Geselligkeit, Prestige, Auszeichnungen, Äußeres, posierende Tätigkeiten stehen für ihn im Mittelpunkt.Dazu gehören dann* Erregungszustände mit beschleunigter Sprache, die laut wird und schwer zu unterbrechen ist, eine erhöhte Stimmungslage und Selbstwertschätzung, hysterische Reaktionen, Selbstbespiegelungen, narzißtische Reaktionen undexhibitionistische Zwänge.

In sozialer Hinsicht wirkt die Persönlichkeit *gedämpft und eher inaktiv* bei vorwiegend nur *zeitweise eigenständigen* Verhaltensweisen. Dahinter steht im allgemeinen eine *eher verständige,* aber auch *unbestimmte, sich nicht festlegende* Einstellung zur Gemeinschaft mit anderen bei *ausgesprochen realistischen aber auch nachlässigen* Reaktionsweisen. Verbunden damit ist eine *sehr realistische* zugleich auch *funktionalistische* soziale Ansprechbarkeit, und das bei einer eher sachlichen Einstellung mit *abwehrenden* Zügen zu humanen Fragen und Beziehungen. Sobald es um die Auseinandersetzung mit und das Leben in der sozialen Umwelt geht, stößt man bei diesem Menschen auf *bestimmende,* aber auch *aggressive* Züge sowie ein *annähernd selbständiges und forciertes* Verhalten. Dieses ist gepaart mit einer *kooperativen* Bewältigungsweise verbunden mit *ausgesprochen forcierten* Zügen sowie einer *freien und eher rigiden* Anpassung. Dazu gehören *Aufgaben, die aggressives, überwältigendes Arbeiten, aber auch rücksichtsloses Vorgehen erfordern mit Diktieren, Kommandieren, Zerstörung, Vernichtung, Überwältigen und Unterdrücken.Dahinter steht* aggressive Streitsucht, bei der Beschwerden über Aggressivität und Ressentiment gegen andere üblich sind. Die Schuld an Schwierigkeiten und Versagen wird oft anderen gegeben.

Im Umgang mit den Dingen, Problemen und Aufgaben des Lebens und auch des Berufs stößt man im vorliegenden Falle generell bei diesem Menschen auf einen *eher ausgeglichen* und doch *leicht uneindeutig* wirkenden Handlungsstil auf der Basis einer *annähernd selbständigen und leicht uneindeutigen* Handlungsstruktur. Dabei werden die mannigfachen Eindrücke von ihm *teilweise geordnet,* aber auch *eher sammelnd* erfaßt, nicht unbedingt verarbeitet, was auf dem Hintergrund einer *bedingt selbständigen* Grundauffassung des Geschehens mit *legeren* Zügen zu werten ist. Die allgemeine Einstellung zu derartigen Situationen erscheint dabei *eher realistisch und eher vorsichtig,* wobei die erfaßten Inhalte weitgehend *teilweise besonnen aber häufiger nachlässig* verarbeitet werden dürften. Der Umgang mit den Situationen, Dingen, Aufgaben und Problemen wird im allgemeinen von einem *eher wechselnden* Aktionsstil im Rahmen einer *selbständigen* sowie *verspannten*

Weltbewältigungsweise geleitet. Dahinter stehen einerseits Züge von *einiger Expansivität und einiger Neugier,* andererseits solche von *Gleichmaß und Unbeweglichkeit.* Das entspricht *Tätigkeiten, die Expansion um jeden Preis verlangen, sprunghafte und wechselhafte Arbeitsweisen erfordern, ständigen Veränderungen unterworfen sind, Unbeständigkeit erwarten, Zukunftsutopien, Abenteuer, und das im Rahmen von Gewohnheiten, Vergangenen, Umstellungsfreiheit und Prinzipien, denn im Hintergrund stößt man bei ihm auf leichte* Auffassungsstörungen, eine leicht weitschweifige Sprache, die zeitweise unzusammenhängend und ohne Bezug zu gestellten Fragen ist sowie auf Tendenzen von Veränderungssucht und Nichtseßhaftigkeit einerseits, auf einige Verlangsamung von Sprache und Vorstellung, Verminderung der motorischen Aktivität bis zur Blockierung, Apathie und Desinteresse an der Zukunft, einige Stuporerscheinungen und negativistische Ansätze.

Dabei bringt er eine *mäßige* Denkbegabung mit. Die *überdurchschnittlich* ausgeprägte Willens- und Bewußtheitsfähigkeit steht wie die anderen Begabungen im Dienste der aufgezeigten Persönlichkeitszüge und wird von ihnen eingesetzt. Insgesamt gesehen entwickelt er an integrierenden, d.h. verarbeitenden Begabungen *eine weite und energische* Bewußtheit und *ein lineares Alltagsdenken* Denken. Bei *sehr bestimmter* Entscheidungsweise und Bewußtheitsklarheit kann er das Wesentliche geistiger Probleme *annähernd klar* erkennen, d.h. zugleich analytisch denken. Auf dieser Grundlage entwickelt er eine *gezielte* Urteilsweise. Auf die Vielfalt der Eindrücke spricht er *beschleunigt* an, wie es seinem Bewußtseinshorizont entspricht. Innere, aber auch äußere Informationen nimmt er geistig *manchmal* auf, um sie im Zuge der Informationsverarbeitung zu nutzen. Das ist die Grundlage für eine *unbedachte* Lernweise und Informationsverarbeitung. Da er zudem über die Fähigkeit verfügt, sich seiner Bewußtheitsschärfe entsprechend *annähernd einigermaßen* zu konzentrieren und seine Gedanken und Denkinhalte *ausschließlich in gewohnten Bahnen* miteinander zu verknüpfen, steht ihm eine *wenig gewandte* Kombinationsweise zur Bewältigung praktischer Probleme zur Verfügung.

Hierbei wurden die Zusätze zu Betätigungsfeldern, aber auch über vorliegende tiefere Störungen in die Beurteilung an den entsprechenden Stellen eingefügt, was die Wirkungsweise der Eigenschaften und ihrer individuellen Kehrseiten erheblich verdeutlicht.

Ausblick

Ein wichtiges Anwendungsgebiet dieser Konzeption ist die Forschung, wozu einmal die Absicherung und Verifizierung der verwendeten Verfahren gehören. Zwar hat Müller in seiner *Graphologischen Diagnostik* - vor allem im Anhang - eine Reihe von Untersuchungsergebnissen wiedergegeben, die in Richtung auf Objektivität und Verläßlichkeit des Verfahrens zielen, doch fehlt den meisten dieser Untersuchungen die Systematik. Das betrifft einmal das jeweils zugrundeliegende Interpretationsmodell, soweit es die Bedeutungsseite und damit die Validität des Verfahrens angeht. Das gilt aber auch auf der Symptomseite, wo man ein differenziertes und systematisches Vorgehen vermißt. Das hier vorgelegte Symptomsystem mit seiner festen Zuordnung zu den Elementen und Komponenten der Individualinstanz liefert demgegenüber einen brauchbaren Ansatzpunkt, und das sowohl für Fragen der Reliability als auch für solche der Objectivity des Verfahrens, je nachdem, ob man Wiederholungsanalysen durch denselben Gutachter oder aber Mehrfachanalysen durch verschiedene Diagnostiker vornehmen läßt. Darüber hinaus lassen sich durch Vergleich mit anderen Verfahren, die auf demselben Persönlichkeitsmodell basieren, weitere Validitätsuntersuchungen vornehmen.[27]

Im Zusammenhang damit läßt sich u.a. auch überprüfen, was bei unvollständigen Gestaltungsprodukten verlorengeht. Gleiches ist nötig im Vergleich von Originalen und -kopien. Ebenso erscheint es nötig, die Unterschiede herauszuarbeiten, die bei Verwendung verschiedener Schreib- und Zeichengeräte durch ein und dieselbe Person entstehen, um dann derartige Einflüsse für die praktische Diagnostik heraussieben zu können. Alles das setzt aber eine solche Systematik der Analyse und Interpretation voraus, wie sie hier dargestellt wurde.

[27] Vgl. Waszkewitz: Steuerungs- und Verhaltenssysteme, Stuttgart 1999

Zudem bietet die psychologische Gestaltungsanalyse eine wichtige Grundlage für die Diagnostik von Störungen und Persönlichkeitsbeeinträchtigungen, aber auch für Veränderungen, die sich aufgrund von Erlebnissen oder therapeutischen Eingriffen ergeben. Das um so mehr, als in den meisten Fällen eine sorgfältige und differenzierte Diagnose vor Aufnahme von Behandlungen nicht erfolgt, Gestaltungsprodukte aus dieser Zeit aber häufig zu beschaffen sind. Auch läßt sich auf dieser Basis dann erkennen, ob z.B. verhaltenstherapeutische Maßnahmen sich in ihrer Wirkung auf den infrage stehenden Verhaltenskomplex beschränken oder aber weitgehende Wirkungen nach sich ziehen. Ebenso ergibt sich damit die Möglichkeit, die Auswirkungen psychoanalytischer Behandlungen von denen verhaltenstherapeutischer abzugrenzen bzw. die bestehenden Unterschiede herauszuarbeiten.

Ein bedeutendes Problem bilden die von der Sozialpsychologie vorgetragenen Phänomene über die Auswirkungen von Gruppeneinflüssen, -normen und -wirkungen auf das Verhalten der Individuen. Insbesondere die von dieser Seite gemachten Aussagen über dauerhafte und erzieherische Effekte erscheinen manchmal in einem wenig gesicherten Lichte. Es fehlt dabei einerseits fast immer eine differenzierte Persönlichkeitsdiagnose vor dem Eintritt in die Gruppe bzw. für den Zeitpunkt, an dem der Gruppeneinfluß noch nicht wirksam war. Andererseits gibt es kaum Untersuchungen mit differenzierter Persönlichkeits- und Verhaltensanalyse für Zeiten, in denen die Gruppe das Individuum nicht mehr beeinflußt bzw. das Individuum sich aus der Gruppe gelöst hat. Insbesondere Diagnosen des vorhergehenden Status sind meistens auch nicht herzustellen, hier können evtl. Gestaltungsanalysen anhand älterer Schrift- und Zeichenproben helfen.

Überhaupt sollte man die Gestaltungsentwicklung während und nach der Gruppenzugehörigkeit intensiv und systematisch verfolgen, um vorhergesagte wie auch nachträglich aufgeführte Persönlichkeitsveränderungen durch den Einfluß einer Gruppe zu überprüfen. Die vielfach vorgenommenen Befragungen in nicht persönlichkeitspsychologischer oder verhaltenspersönlicher Systematik erscheinen mir zumindest suspekt.

Bei alledem sollte man sich darüber klar sein, daß es wesentlich ist, die Einflüsse von Gruppen und sozialen Gebilden auf Persönlichkeit und Verhalten nach dem Ende ihrer unmittelbaren Einwirkung zu ermitteln. Insbesondere, wenn man nach den Ursachen von Verbiegungen, Fehlhaltungen und asozialen Reaktionen sucht. Zu leichtfertig werden hier heute Behauptungen aufgestellt, die sich von unangefochten gebliebenen Personen leicht widerlegen ließen, aber sie wird man im allgemeinen nicht befragen, weil man ja auch gar nicht weiß, daß sie ähnlichen Einflüssen unterlagen.

Schließlich sollte sich die Forschung damit beschäftigen, wie die Reichweite der Gestaltungsanalyse durch möglichst einfache Zusatzverfahren sowohl in Richtung der Bedürfniskomponenten, der Vorstellungs- und manuellen Begabungen, aber auch der Speicherkategorien erweitern ließe. Nur auf diese Weise kann man dann auch inhaltliche Fragestellungen beantworten, was gerade im Hinblick auf Wirkungen von Gruppen bedeutsam ist.

Ich habe hier versucht, in möglichst kurzer und geraffter Form Technik und Möglichkeiten der Gestaltungsanalyse vom heutigen Stande der Wissenschaft aus darzustellen. Um sie jedoch verwenden zu können, bedarf es intensiver Übung, zunächst in der Erstellung des jeweiligen Symptomprotokolls, später in seiner Auswertung und der Beachtung weiterer, oft nicht unwesentlicher Nebensymptome. Wichtig bei alledem bleibt, daß der Anwender vor allem die Grenzen sieht, die dieser diagnostischen Methode gezogen sind, weshalb ich mich in Auswertung und Interpretation auf die Elemente und ausgewählte Begabungskomponenten der Persönlichkeit beschränkt habe.[28]

---

[28] Vgl. B. Waszkewitz: Kybernetische Konstruktkonzeption, ibidem-verlag Stuttgart 2003

Interpretations- und Analysemittel

Basistabellen

Im allgemeinen steht erst der Code für die Individualinstanz, dann in Klammern eine sprachliche Übersetzung, dann der Code für die Sozialstruktur, dahinter jener für Umweltsysteme, anschließend für die Verhaltensperson.[29]

IN (Allgemeineindruck), INW, INX, INV

Wert	Realwertbedeutungen	Imaginärwertbedeutungen
>+6,0	stark expansiv	in besonderem Maße außengelenkt
5,6 bis 6,0	expansiv	ausgesprochen außengelenkt
5,1, bis 5,5	mäßig expansiv	außengelenkt
4,6 bis 5,0	ausgesprochen extravertiert	stark umweltabhängig
4,1 bis 4,5	extravertiert	umweltabhängig
3,6 bis 4,0	mäßig extravertiert	eher umweltabhängig
3,1 bis 3,5	ausgesprochen weltzugewandt	sehr unbestimmt
2,6 bis 3,0	weltzugewandt	unbestimmt
2,1 bis 2,5	mäßig weltzugewandt	eher unbestimmt
1,6 bis 2,0	sehr offen	ungezwungen
1,1 bis 1,5	offen	eher ungezwungen
0,6 bis 1,0	mäßig offen	recht uneindeutig
0,0 bis 0,5	ausgeglichen	uneindeutig
-0,0 bis –0,5	eher ausgeglichen	leicht uneindeutig
-0,6 bis –1,0	mäßig gedämpft	leicht übersteuert
-1,1 bis –1,5	gedämpft	eher übersteuert
-1,6 bis –2,0	stark gedämpft	leicht unfrei
-2,1 bis –2,5	mäßig gesteuert	unfrei
-2,6 bis –3,0	gesteuert	recht unfrei
-3,1 bis –3,5	straff gesteuert	leicht verspannt
-3,6 bis –4,0	eher innengelenkt	verspannt
-4,1 bis –4,5	innengelenkt	deutlich verspannt
-4,6 bis –5,0	stark innengelenkt	eher gezwungen
-5,1 bix –5,5	eher in sich gekehrt	gezwungen
-5,6 bis –6,0	in sich gekehrt	leicht verkrampft
<-6,0	ausgesprochen in sich gekehrt	verkrampft

[29] Die grammtikalischen Formen sind dem jeweiligen Textprogramm anzupassen, die es auch für die Sozialstruktur und die allgemeine Umweltstruktur gibt.

In (Gesamtstruktur) Inw; Dy(Ablaufstruktur) Dyw; Dyx; My(Bedürfnisstruktur) Myw, Myx, Inv

Wert	**Realwertbedeutungen**	**Imaginärwertbedeutungen**
0,0 bis 0,5	unselbständig	kraftlos
0,6 bis 1,0	unbestimmt	rigide
1,1 bis 1,5	sehr unauffällig	reaktionsarm
1,6 bis 2,0	unauffällig	reaktionsschwach
2,1 bis 2,5	ziemlich unauffällig	nachlässig
2,6 bis 3,0	annähernd realistisch	lässig
3,1 bis 3,5	realistisch	leger
3,6 bis 4,0	ausgesprochen realistisch	zeitweise weniger eigenständig, ungezwungen
4,1 bis 4,5	bedingt selbständig	eher gewollt
4,6 bis 5,0	annähernd selbständig	leicht forciert
5,1 bis 5,5	selbständig	forciert
5,6 bis 6,0	eher eigenständig	leicht verspannt
6,1 bis 6,5	eigenständig	verspannt
6,6 bis 7,0	betont eigenständig	verstärkt verspannt
7,1 bis 7,5	bedingt eigenwillig	leicht eigensinnig
7,6 bis 8,0	eigenwillig	eigensinnig
8,1 bis 8,5	verstärkt eigenwillig	sehr eigensinnig
8,6 bis 9,0	betont eigenwillig	krampfhaft eigensinnig
>9,0i	----------	zwiespältigen

Reifegrade			Ing (Inwg), Xwng ,Ingv
mäßig	(Text)	ausgesprochen	
	>7,00		unbeirrbaren
3,01 bis 4,00	4,01 bis 5,50	5,51 bis 7,00	geprägten
1,01 bis 1,50	1,51 bis 2,00	2,01 bis 3,00	gefestigten
0,81 bis 1,00	0,51 bis 0,80	<0,51	schwankenden

Ty,	Begabungsniveau	$\vert In\vert \ \vert Inw\vert \ \vert Inc\vert \ \vert Vn\vert$	Vitalitätsstärke
36,00-36,96	geringen	<1,00	fehlender
36,97-37,58	schwachen	1,01 – 2,00	schwacher
37,59-39,00	sehr mäßigen	2,01 – 3,00	kraftloser
39,01-41,69	mäßigen	3,01 – 4,00	mäßiger
41,70-44,00	durchschnittlichen	4,01 – 4,50	ansprechbarer
44,01-46,22	gut durchschnittlichen	4,51 – 5,00	reaktiver
46,23-50,00	gehobenen	5,01 – 5,50	durchschnittlicher
50,01-53,62	überdurchschnittlichen	5,51 – 6,00	überdurchschnittlicher
53,63-59,00	beträchtlichen	6,01 – 7,00	kraftvoller
59,01-65,62	ausgeprägten	7,01 – 8,00	robuster
65,63-71,00	höheren	8,01 – 9,00	enormer
71,01-77,00	guten		
77,01-85,42	sehr guten		
85,43-93,00	herausragenden		
93,01-100,0	überragenden		

Eg (Form, Stil des Selbst), Egw, Egx, Egv

Wert	Realwertbedeutungen	Imaginärwertbedeutungen
> +6,0	stark assimilierende	verwahrloste
5,6 bis 6,0	assimilierende	abhängige
5,1, bis 5,5	eher assimilierende	undisziplinierte
4,6 bis 5,0	besonders impulsstarke	unbeherrschte
4,1 bis 4,5	impulsstarke	ungesteuerte
3,6 bis 4,0	eher impulsstarke	außengelenkte
3,1 bis 3,5	sehr lebendige	unbesonnene
2,6 bis 3,0	lebendige	zwanglose
2,1 bis 2,5	eher lebendige	unbestimmte
1,6 bis 2,0	nicht unlebendige	vage
1,1 bis 1,5	bedingt ausgewogene	eher uneindeutige
0,6 bis 1,0	ausgewogene	uneindeutige
0,0 bis 0,5	ausgeglichene	ziemlich uneindeutige
-0,0 bis –0,5	eher gedämpfte	leicht gespannte
-0,6 bis –1,0	gedämpfte	gespannte
-1,1 bis –1,5	deutlich gedämpfte	recht gespannte
-1,6 bis –2,0	eher gezügelte	stark gespannte
-2,1 bis –2,5	gezügelte	leicht übersteuerte
-2,6 bis –3,0	straff gezügelte	übersteuerte
-3,1 bis –3,5	eher kontrollierte	stark übersteuerte
-3,6 bis –4,0	kontrollierte	gezwungene
-4,1 bis –4,5	stark kontrollierte	verregelte
-4,6 bis –5,0	eher disziplinierte	versteifte
-5,1 bis –5,5	disziplinierte	unfreie
-5,6 bis –6,0	streng disziplinierte	verklemmte
<-6,0	überdisziplinierte	verkrampfte

Egs (Struktur des Selbst), Egsw, Egsx

Wert	Realwertbedeutungen	Imaginärwertbedeutungen
0,0 bis 0,5	unselbständig	kraftlos
0,6 bis 1,0	unbestimmt	rigide
1,1 bis 1,5	sehr unauffällig	reaktionsarm
1,6 bis 2,0	unauffällig	reaktionsschwach
2,1 bis 2,5	ziemlich unauffällig	nachlässig
2,6 bis 3,0	annähernd realistisch	lässig
3,1 bis 3,5	realistisch	leger
3,6 bis 4,0	ausgesprochen realistisch	zeitweise weniger eigenständig, ungezwungen
4,1 bis 4,5	bedingt selbständig	eher gewollt
4,6 bis 5,0	annähernd selbständig	leicht forciert
5,1 bis 5,5	selbständig	forciert
5,6 bis 6,0	eher eigenständig	leicht verspannt
6,1 bis 6,5	eigenständig	verspannt
6,6 bis 7,0	betont eigenständig	verstärkt verspannt
7,1 bis 7,5	bedingt eigenwillig	leicht eigensinnig
7,6 bis 8,0	eigenwillig	eigensinnig
8,1 bis 8,5	verstärkt eigenwillig	sehr eigensinnig
8,6 bis 9,0	betont eigenwillig	krampfhaft eigensinnig
>9,0i	----------	zwiespältigen

Sbg (Erlebnisstil), Sbgw, Sbgx, Sbgv

Wert	Realwertbedeutungen	Imaginärwertbedeutungen
> +6,0	ausgeprägt ursprünglichen	übertrieben irrationalen
5,6 bis 6,0	ursprünglichen	stark irrationalen
5,1, bis 5,5	eher ursprünglichen	irrationalen
4,6 bis 5,0	sehr lebensnahen	wenig nachdenklichen
4,1 bis 4,5	lebensnahen	ausgesprochen augenblickshaften
3,6 bis 4,0	bedingt lebensnahen	augenblickshaften
3,1 bis 3,5	ausgesprochen praktischen	eher augenblicksbestimmten
2,6 bis 3,0	praktischen	eindrucksabhängigen
2,1 bis 2,5	eher praktischen	eher eindrucksabhängigen
1,6 bis 2,0	stark anschauungsbestimmten	stark eindrucksbestimmten
1,1 bis 1,5	anschauungsbestimmten	eindruckshaften
0,6 bis 1,0	eher anschauungsbestimmten	eher eindrucksbestimmten
0,0 bis 0,5	ausgeglichenen	uneindeutigen
-0,0 bis –0,5	ausgewogenen	unbestimmten
-0,6 bis –1,0	eher gesteuerten	eher nüchternen
-1,1 bis –1,5	gesteuerten	nüchternen
-1,6 bis –2,0	straff gesteuerten	sehr nüchternen
-2,1 bis –2,5	eher überlegten	eher lebensfernen
-2,6 bis –3,0	überlegten	lebensfernen
-3,1 bis –3,5	sehr überlegten	ausgesprochen lebensfernen
-3,6 bis –4,0	eher kritischen	eher rationalistischen
-4,1 bis –4,5	kritischen	rationalistischen
-4,6 bis –5,0	sehr kritischen	stark rationalistischen
-5,1 bis –5,5	eher formalen	eher formalistischen
-5,6 bis –6,0	formalen	formalistischen
<-6,0	besonders formalen	besonders formalistischen

Sbs (Erlebnisweise), Sbsw, Sbsx

Wert	Realwertbedeutungen	Imaginärwertbedeutungen
0,0 bis 0,5	unselbständig	kraftlos
0,6 bis 1,0	unbestimmt	rigide
1,1 bis 1,5	sehr unauffällig	reaktionsarm
1,6 bis 2,0	unauffällig	reaktionsschwach
2,1 bis 2,5	ziemlich unauffällig	nachlässig
2,6 bis 3,0	annähernd realistisch	lässig
3,1 bis 3,5	realistisch	leger
3,6 bis 4,0	ausgesprochen realistisch	zeitweise weniger eigenständig, ungezwungen
4,1 bis 4,5	bedingt selbständig	eher gewollt
4,6 bis 5,0	annähernd selbständig	leicht forciert
5,1 bis 5,5	selbständig	forciert
5,6 bis 6,0	eher eigenständig	leicht verspannt
6,1 bis 6,5	eigenständig	verspannt
6,6 bis 7,0	betont eigenständig	verstärkt verspannt
7,1 bis 7,5	bedingt eigenwillig	leicht eigensinnig
7,6 bis 8,0	eigenwillig	eigensinnig
8,1 bis 8,5	verstärkt eigenwillig	sehr eigensinnig
8,6 bis 9,0	betont eigenwillig	krampfhaft eigensinnig
>9,0i	----------	zwiespältigen

Pp (Es, Primitivperson), Pw, Px, Pv

Wert	Realwertbedeutungen	Imaginärwertbedeutungen
0,0 bis 0,5	suchtfreies	trockenes
0,6 bis 1,0	genußunabhängiges	emotionsloses
1,1 bis 1,5	eher genußfernes	eher emotionsloses
1,6 bis 2,0	ausgesprochen nüchternes	intentional gehemmtes
2,1 bis 2,5	nüchternes	ausgesprochen eruptionsarmes
2,6 bis 3,0	betont eindrucksunabhängiges	eruptionsarmes
3,1 bis 3,5	unabhängiges	eher eruptionsarmes
3,6 bis 4,0	unauffälliges	eher alltägliches
4,1 bis 4,5	anregbares	alltägliches
4,6 bis 5,0	leicht naturnahes	leicht impulsives
5,1 bis 5,5	naturnahes	impulsives
5,6 bis 6,0	sehr naturnahes	ausgesprochen impulsives
6,1 bis 6,5	eher emotionales	leicht irrationales
6,6 bis 7,0	emotionales	irrationales
7,1 bis 7,5	ausgeprägt emotionales	ausgesprochen irrationales
7,6 bis 8,0	eher sinnenhaftes	triebhaftes
8,1 bis 8,5	sinnenhaftes	ausgesprochen triebhaftes
8,6 bis 9,0	ausgeprägt sinnenhaftes	suchthaftes
>9,0i	----------	süchtiges

Rp (Ich, Ichperson), Rw, Rx, Rv

Wert	Realwertbedeutungen	Imaginärwertbedeutungen
0,0 bis 0,5	ausgesprochen lässiges	ausgesprochen verwahrlostes
0,6 bis 1,0	lässiges	verwahrlostes
1,1 bis 1,5	eher lässiges	eher verwahrlostes
1,6 bis 2,0	sehr einfaches	ausgesprochen nachlässiges
2,1 bis 2,5	ungezwungenes	nachlässiges
2,6 bis 3,0	eher ungezwungenes	eher nachlässiges
3,1 bis 3,5	gelöstes	stark naives
3,6 bis 4,0	lockeres	naives
4,1 bis 4,5	verhaltenes	eher naives
4,6 bis 5,0	gesteuertes	gespanntes
5,1 bis 5,5	überlegendes	verspanntes
5,6 bis 6,0	erkennendes	verengtes
6,1 bis 6,5	besonnenes	verregeltes
6,6 bis 7,0	prüfendes	schematisches
7,1 bis 7,5	kritisches	lebensfremdes
7,6 bis 8,0	intellektuelles	rationalistisches
8,1 bis 8,5	theoretisches	intellektualistisches
8,6 bis 9,0	vergeistigtes	formalistisches
>9,0i	----------	überwertig formalistisches

Säg (Weltbegegnungsstil), Sägw, Sägx, Sägv

Wert	Realwertbedeutungen	Imaginärwertbedeutungen
>+6,0	besonders weltzugewandter	besonders umweltabhängiger
5,6 bis 6,0	weltzugewandter	umweltabhängiger
5,1, bis 5,5	eher weltzugewandter	eher umweltabhängiger
4,6 bis 5,0	ausgeprägt kommunikativer	ausgesprochen darstellerischer
4,1 bis 4,5	kommunikativer	darstellerischer
3,6 bis 4,0	eher kommunikativer	eher darstellerischer
3,1 bis 3,5	ausgesprochen weltoffener	stark beeinflußbarer
2,6 bis 3,0	weltoffener	beeinflußbarer
2,1 bis 2,5	eher weltoffener	eher beeinflußbarer
1,6 bis 2,0	sehr aufgeschlossener	stark nachgebender
1,1 bis 1,5	aufgeschlossener	nachgebender
0,6 bis 1,0	eher aufgeschlossener	eher nachgebender
0,0 bis 0,5	ansprechbarer	relativierender
-0,0 bis –0,5	verhaltener	neutralistischer
-0,6 bis –1,0	ausgesprochen verhaltener	begrenzender
-1,1 bis –1,5	eher diskreter	eher eingeengter
-1,6 bis –2,0	diskreter	eingeengter
-2,1 bis –2,5	besonders diskreter	besonders eingeengter
-2,6 bis –3,0	eher wertorientierter	eher ideologischer
-3,1 bis –3,5	wertorientierter	ideologischer
-3,6 bis –4,0	ausgeprägt wertorientierter	ausgesprochen ideologischer
-4,1 bis –4,5	eher eigenständiger	eher orthodoxer
-4,6 bis –5,0	eigenständiger	orthodoxer
-5,1 bis –5,5	sehr eigenständiger	stark orthodoxer
-5,6 bis –6,0	eindeutiger	fundamentalistischer
<-6,0	ausgesprochen eindeutiger	stark fundamentalistischer

Säs(Weltbegegnungsverhalten), Säsw, Säsx

Wert	Realwertbedeutungen	Imaginärwertbedeutungen
0,0 bis 0,5	unselbständig	kraftlos
0,6 bis 1,0	unbestimmt	rigide
1,1 bis 1,5	sehr unauffällig	reaktionsarm
1,6 bis 2,0	unauffällig	reaktionsschwach
2,1 bis 2,5	ziemlich unauffällig	nachlässig
2,6 bis 3,0	annähernd realistisch	lässig
3,1 bis 3,5	realistisch	leger
3,6 bis 4,0	ausgesprochen realistisch	zeitweise weniger eigenständig, ungezwungen
4,1 bis 4,5	bedingt selbständig	eher gewollt
4,6 bis 5,0	annähernd selbständig	leicht forciert
5,1 bis 5,5	selbständig	forciert
5,6 bis 6,0	eher eigenständig	leicht verspannt
6,1 bis 6,5	eigenständig	verspannt
6,6 bis 7,0	betont eigenständig	verstärkt verspannt
7,1 bis 7,5	bedingt eigenwillig	leicht eigensinnig
7,6 bis 8,0	eigenwillig	eigensinnig
8,1 bis 8,5	verstärkt eigenwillig	sehr eigensinnig
8,6 bis 9,0	betont eigenwillig	krampfhaft eigensinnig
>9,0i	----------	zwiespältigen

Up (Weltzuwendung), Uw, Ux, Uv

Wert	Realwertbedeutungen	Imaginärwertbedeutungen
0,0 bis 0,5	keineswegs	höchstens abwehrend
0,6 bis 1,0	kaum	eher abwehrend
1,1 bis 1,5	wenig	äußerst scheu
1,6 bis 2,0	höchstens unauffällig	nur scheu
2,1 bis 2,5	mehr unauffällig	eher schüchtern
2,6 bis 3,0	höchstens indirekt	ohne Interesse
3,1 bis 3,5	indirekt	mit wenig Interesse
3,6 bis 4,0	eher indirekt	unbeteiligt
4,1 bis 4,5	teilweise	eher unbeteiligt
4,6 bis 5,0	ansatzweise	begrenzt beteiligt
5,1 bis 5,5	eher lebhaft	eher unstet
5,6 bis 6,0	lebhaft	unstet
6,1 bis 6,5	sehr lebhaft	ausgesprochen unstet
6,6 bis 7,0	interessiert	eher neugierig
7,1 bis 7,5	besonders interessiert	neugierig
7,6 bis 8,0	eher unmittelbar	vor allem aus Neugier
8,1 bis 8,5	unmittelbar	forciert
8,6 bis 9,0	ausgesprochen unmittelbar	demonstrativ
>9,0i	----------	exhibitionistisch

Üp (Überich), Üw, Üx, Üv

Wert	Realwertbedeutungen	Imaginärwertbedeutungen
0,0 bis 0,5	kaum	keine
0,6 bis 1,0	wenig	sehr flache
1,1 bis 1,5	uneindeutige	flache
1,6 bis 2,0	unbestimmte	eher flache
2,1 bis 2,5	neutrale	neutralistische
2,6 bis 3,0	relative	relativistische
3,1 bis 3,5	ausgesprochen liberale	stark verschwommene
3,6 bis 4,0	meistens liberale	verschwommene
4,1 bis 4,5	teilweise liberale	eher verschwommene
4,6 bis 5,0	ansatzweise bestimmte	ansatzweise illiberale
5,1 bis 5,5	bedingt bestimmte	illiberale
5,6 bis 6,0	bestimmte	streng illiberale
6,1 bis 6,5	sehr bestimmte	eher prinzipienhafte
6,6 bis 7,0	eher eindeutige	prinzipienhafte
7,1 bis 7,5	eindeutige	ausgesprochen prinzipienhafte
7,6 bis 8,0	sehr eindeutige	eher unrealistische
8,1 bis 8,5	eher strenge	unrealistische
8,6 bis 9,0	strenge	stark unrealistische
>9,0i	----------	überwertig fundamentalistische

Mn (sozialer Stil), Mnw, Mnx, Mnv

Wert	Realwertbedeutungen	Imaginärwertbedeutungen
> +6,0	stark expansiv	in besonderem Maße außengelenkt
5,6 bis 6,0	expansiv	ausgesprochen außengelenkt
5,1, bis 5,5	mäßig expansiv	außengelenkt
4,6 bis 5,0	ausgesprochen extravertiert	stark umweltabhängig
4,1 bis 4,5	extravertiert	umweltabhängig
3,6 bis 4,0	mäßig extravertiert	eher umweltabhängig
3,1 bis 3,5	ausgesprochen weltzugewandt	sehr unbestimmt
2,6 bis 3,0	weltzugewandt	unbestimmt
2,1 bis 2,5	mäßig weltzugewandt	eher unbestimmt
1,6 bis 2,0	sehr offen	ungezwungen
1,1 bis 1,5	offen	eher ungezwungen
0,6 bis 1,0	mäßig offen	recht uneindeutig
0,0 bis 0,5	ausgeglichen	uneindeutig
-0,0 bis –0,5	eher ausgeglichen	leicht uneindeutig
-0,6 bis –1,0	mäßig gedämpft	leicht übersteuert
-1,1 bis –1,5	gedämpft	eher übersteuert
-1,6 bis –2,0	starkt gedämpft	leicht unfrei
-2,1 bis –2,5	mäßig gesteuert	unfrei
-2,6 bis –3,0	gesteuert	recht unfrei
-3,1 bis –3,5	straff gesteuert	leicht verspannt
-3,6 bis –4,0	eher innengelenkt	verspannt
-4,1 bis –4,5	innengelenkt	deutlich verspannt
-4,6 bis –5,0	stark innengelenkt	eher gezwungen
-5,1 bis –5,5	eher in sic gekehrt	gezwungen
-5,6 bis –6,0	in sich gekehrt	leicht verkrampft
<-6,0	ausgesprochen in sich gekehrt	verkrampft

Mns (soziale Verhaltensart), Mnsw, Mnsx

Wert	Realwertbedeutungen	Imaginärwertbedeutungen
0,0 bis 0,5	unselbständig	kraftlos
0,6 bis 1,0	unbestimmt	rigide
1,1 bis 1,5	sehr unauffällig	reaktionsarm
1,6 bis 2,0	unauffällig	reaktionsschwach
2,1 bis 2,5	ziemlich unauffällig	nachlässig
2,6 bis 3,0	annähernd realistisch	lässig
3,1 bis 3,5	realistisch	leger
3,6 bis 4,0	ausgesprochen realistisch	zeitweise weniger eigenständig, ungezwungen
4,1 bis 4,5	bedingt selbständig	eher gewollt
4,6 bis 5,0	annähernd selbständig	leicht forciert
5,1 bis 5,5	selbständig	forciert
5,6 bis 6,0	eher eigenständig	leicht verspannt
6,1 bis 6,5	eigenständig	verspannt
6,6 bis 7,0	betont eigenständig	verstärkt verspannt
7,1 bis 7,5	bedingt eigenwillig	leicht eigensinnig
7,6 bis 8,0	eigenwillig	eigensinnig
8,1 bis 8,5	verstärkt eigenwillig	sehr eigensinnig
8,6 bis 9,0	betont eigenwillig	krampfhaft eigensinnig
>9,0i	----------	zwiespältigen

Geg (Gemeinschaftseinstellung), Gegw, Gegx, Gegv

Wert	Realwertbedeutungen	Imaginärwertbedeutungen
> +6,0	ausgeprägt schöngeistige	ausgeprägt illusionistische
5,6 bis 6,0	schöngeistige	illusionistische
5,1, bis 5,5	eher schöngeistige	eher illusionistische
4,6 bis 5,0	ausgesprochen kulturelle	ausgeprägt schwärmerische
4,1 bis 4,5	kulturelle	schwärmerische
3,6 bis 4,0	ansatzweise kulturelle	eher schwärmerische
3,1 bis 3,5	ausgeprägt universale	stark funktionalistische
2,6 bis 3,0	universale	funktionalistische
2,1 bis 2,5	eher universale	eher funktionalistische
1,6 bis 2,0	sehr einfühlsame	stark irritierbare
1,1 bis 1,5	einfühlsame	irritierbare
0,6 bis 1,0	eher einfühlsame	teilweise irritierbare
0,0 bis 0,5	ausgewogene	uneindeutige
-0,0 bis –0,5	ausgeglichene	unbestimmte
-0,6 bis –1,0	eher verständige	eher beeinflußbare
-1,1 bis –1,5	verständige	beeinflußbare
-1,6 bis –2,0	teilnehmende	schwankende
-2,1 bis –2,5	eher humane	eher romantische
-2,6 bis –3,0	humane	romantische
-3,1 bis –3,5	ausgesprochen humane	ausgesprochen romantische
-3,6 bis –4,0	eher partnerschaftliche	eher persönliche
-4,1 bis –4,5	partnerschaftliche	persönliche
-4,6 bis –5,0	ausgesprochen partnerschaftliche	stark persönliche
-5,1 bis –5,5	eher individualistische	eher ichhafte
-5,6 bis –6,0	individualistische	ichhafte
<-6,0	ausgesprochen individualistische	besonders ichhafte

Ges (innere Gemeinschaftsreaktionen), Gesw, Gesx

Wert	Realwertbedeutungen	Imaginärwertbedeutungen
0,0 bis 0,5	unselbständig	kraftlos
0,6 bis 1,0	unbestimmt	rigide
1,1 bis 1,5	sehr unauffällig	reaktionsarm
1,6 bis 2,0	unauffällig	reaktionsschwach
2,1 bis 2,5	ziemlich unauffällig	nachlässig
2,6 bis 3,0	annähernd realistisch	lässig
3,1 bis 3,5	realistisch	leger
3,6 bis 4,0	ausgesprochen realistisch	zeitweise weniger eigenständig, ungezwungen
4,1 bis 4,5	bedingt selbständig	eher gewollt
4,6 bis 5,0	annähernd selbständig	leicht forciert
5,1 bis 5,5	selbständig	forciert
5,6 bis 6,0	eher eigenständig	leicht verspannt
6,1 bis 6,5	eigenständig	verspannt
6,6 bis 7,0	betont eigenständig	verstärkt verspannt
7,1 bis 7,5	bedingt eigenwillig	leicht eigensinnig
7,6 bis 8,0	eigenwillig	eigensinnig
8,1 bis 8,5	verstärkt eigenwillig	sehr eigensinnig
8,6 bis 9,0	betont eigenwillig	krampfhaft eigensinnig
>9,0i	----------	zwiespältigen

Kp (Kulturperson, soziale Ansprechbarkeit), Kw, Kx, Kv

Wert	Realwertbedeutungen	Imaginärwertbedeutungen
0,0 bis 0,5	stark nützlichkeitsbestimmte	kulturfeindliche
0,6 bis 1,0	nützlichkeitsbestimmte	kulturfremde
1,1 bis 1,5	eher nützlichkeitsbestimmte	kulturferne
1,6 bis 2,0	sehr zivilisatorisch orientierte	rein funktionalistische
2,1 bis 2,5	zivilisatorisch orientierte	funktionalistische
2,6 bis 3,0	eher zivilisatorisch orientierte	eher funktionalistische
3,1 bis 3,5	sehr realistische	besonders materialistische
3,6 bis 4,0	realistische	materialistische
4,1 bis 4,5	eher realistische	eher materialistische
4,6 bis 5,0	anregbare	veräußerlichte
5,1 bis 5,5	sehr anregbare	eher veräußerlichte
5,6 bis 6,0	eher kulturgebundene	eher unwirkliche
6,1 bis 6,5	kulturgebundene	unwirkliche
6,6 bis 7,0	ausgesprochen kulturgebundene	ausgesprochen unwirkliche
7,1 bis 7,5	eher geistige	eher kultische
7,6 bis 8,0	geistige	kultische
8,1 bis 8,5	ausgesprochen geistige	ausgesprochen kultische
8,6 bis 9,0	vergeistigte	illusionistische
>9,0i	----------	halluzinäre

Bp (Beziehungsperson, Humanität), Bw, Bx, Bv

Wert	Realwertbedeutungen	Imaginärwertbedeutungen
0,0 bis 0,5	eindeutig unbeteiligten	sehr unpersönlichen
0,6 bis 1,0	unbeteiligten	unpersönlichen
1,1 bis 1,5	wenig beteiligten	eher unpersönlichen
1,6 bis 2,0	ausgesprochen objektiven	stark abwehrenden
2,1 bis 2,5	objektiven	abwehrenden
2,6 bis 3,0	eher objektiven	eher abwehrenden
3,1 bis 3,5	ausgesprochen sachlichen	sich zumeist sperrenden
3,6 bis 4,0	sachlichen	sich sperrenden
4,1 bis 4,5	eher sachlichen	sich hin und wieder sperrenden
4,6 bis 5,0	eher aufgeschlossenen	eher romantischen
5,1 bis 5,5	aufgeschlossenen	romantischen
5,6 bis 6,0	sehr aufgeschlossenen	sehr romantischen
6,1 bis 6,5	ansatzweise beteiligten	eher persönlichen
6,6 bis 7,0	beteiligten	persönlichen
7,1 bis 7,5	ausgesprochen beteiligten	stark persönlichen
7,6 bis 8,0	eher partnerschaftlichen	eher egozentrischen
8,1 bis 8,5	partnerschaftlichen	egozentrischen
8,6 bis 9,0	ausgeprägt partnerschaftlichen	stark egozentrischen
>9,0i	----------	überwertig parteilichen

Gbg (Sozialverhaltensstil), Gbgw, Gbgx, Gbgv

Wert	Realwertbedeutungen	Imaginärwertbedeutungen
> +6,0	besonders angreifende	sehr herrische
5,6 bis 6,0	angreifende	herrische
5,1, bis 5,5	teilweise angreifende	eher herrische
4,6 bis 5,0	ausgesprochen leitende	ausgesprochen aggressive
4,1 bis 4,5	leitende	aggressive
3,6 bis 4,0	bedingt leitende	bedingt aggressive
3,1 bis 3,5	ausgesprochen aktive	besonders heftige
2,6 bis 3,0	aktive	heftige
2,1 bis 2,5	eher aktive	eher heftige
1,6 bis 2,0	ausgesprochen bestimmende	ausgesprochen bemächtigende
1,1 bis 1,5	bestimmende	bemächtigende
0,6 bis 1,0	eher bestimmende	eher bemächtigende
0,0 bis 0,5	anleitende	scharfe
-0,0 bis –0,5	fortführende	unfeste
-0,6 bis –1,0	eher ausgestaltende	eher folgsame
-1,1 bis –1,5	ausgestaltende	folgsame
-1,6 bis –2,0	starke ausgestaltende	ausgesprochen folgsame
-2,1 bis –2,5	eher sorgende	eher nachgiebige
-2,6 bis –3,0	sorgende	nachgiebige
-3,1 bis –3,5	besonders sorgende	ausgesprochen nachgiebige
-3,6 bis –4,0	eher anpassende	besänftigende
-4,1 bis –4,5	anpassende	ausgesprochen besänftigende
-4,6 bis –5,0	unbedingt anpassende	eher fürsorgerische
-5,1 bis–5,5	eher beeindruckbare	fürsorgerische
-5,6 bis –6,0	beeindruckbare	stark fürsorgerische
<-6,0	weiche	feministische

Wert	Realwertbedeutungen	Imaginärwertbedeutungen
0,0 bis 0,5	unselbständig	kraftlos
0,6 bis 1,0	unbestimmt	rigide
1,1 bis 1,5	sehr unauffällig	reaktionsarm
1,6 bis 2,0	unauffällig	reaktionsschwach
2,1 bis 2,5	ziemlich unauffällig	nachlässig
2,6 bis 3,0	annähernd realistisch	lässig
3,1 bis 3,5	realistisch	leger
3,6 bis 4,0	ausgesprochen realistisch	zeitweise weniger eigenständig, ungezwungen
4,1 bis 4,5	bedingt selbständig	eher gewollt
4,6 bis 5,0	annähernd selbständig	leicht forciert
5,1 bis 5,5	selbständig	forciert
5,6 bis 6,0	eher eigenständig	leicht verspannt
6,1 bis 6,5	eigenständig	verspannt
6,6 bis 7,0	betont eigenständig	verstärkt verspannt
7,1 bis 7,5	bedingt eigenwillig	leicht eigensinnig
7,6 bis 8,0	eigenwillig	eigensinnig
8,1 bis 8,5	verstärkt eigenwillig	sehr eigensinnig
8,6 bis 9,0	betont eigenwillig	krampfhaft eigensinnig
>9,0i	----------	zwiespältigen

Gbs (Sozialverhaltensstruktur), Gbsw, Gbsx

Wert	Realwertbedeutungen	Imaginärwertbedeutungen
0,0 bis 0,5	unselbständig	kraftlos
0,6 bis 1,0	unbestimmt	rigide
1,1 bis 1,5	sehr unauffällig	reaktionsarm
1,6 bis 2,0	unauffällig	reaktionsschwach
2,1 bis 2,5	ziemlich unauffällig	nachlässig
2,6 bis 3,0	annähernd realistisch	lässig
3,1 bis 3,5	realistisch	leger
3,6 bis 4,0	ausgesprochen realistisch	zeitweise weniger eigenständig, ungezwungen
4,1 bis 4,5	bedingt selbständig	eher gewollt
4,6 bis 5,0	annähernd selbständig	leicht forciert
5,1 bis 5,5	selbständig	forciert
5,6 bis 6,0	eher eigenständig	leicht verspannt
6,1 bis 6,5	eigenständig	verspannt
6,6 bis 7,0	betont eigenständig	verstärkt verspannt
7,1 bis 7,5	bedingt eigenwillig	leicht eigensinnig
7,6 bis 8,0	eigenwillig	eigensinnig
8,1 bis 8,5	verstärkt eigenwillig	sehr eigensinnig
8,6 bis 9,0	betont eigenwillig	krampfhaft eigensinnig
>9,0i	----------	zwiespältigen

Gp (soziale Bewältigungsweise), Gw, Gx, Gv

Wert	Realwertbedeutungen	Imaginärwertbedeutungen
0,0 bis 0,5	stark zögernden	ausgesprochen lahmen
0,6 bis 1,0	zögernden	lahmen
1,1 bis 1,5	eher zögernden	eher lahmen
1,6 bis 2,0	deutlich abwartenden	sehr zaghaften
2,1 bis 2,5	abwartenden	zaghaften
2,6 bis 3,0	eher abwartenden	eher zaghaften
3,1 bis 3,5	sehr rücksichtsvollen	ausgesprochen unentschiedenen
3,6 bis 4,0	rücksichtsvollen	unentschiedenen
4,1 bis 4,5	eher rücksichtsvollen	eher unentschiedenen
4,6 bis 5,0	ausgesprochen kooperativen	sehr unbestimmten
5,1 bis 5,5	kooperativen	unbestimmten
5,6 bis 6,0	eher kooperativen	eher unbestimmten
6,1 bis 6,5	eher entscheidenden	eher forcierten
6,6 bis 7,0	entscheidenden	forcierten
7,1 bis 7,5	energisch entscheidenden	ausgesprochen forcierten
7,6 bis 8,0	eher eigenwilligen	eher rücksichtslosen
8,1 bis 8,5	eigenwilligen	rücksichtslosen
8,6 bis 9,0	sehr eigenwilligen	sehr rücksichtslosen
>9,0i	----------	selbstherrlichen

Sp (Hingabestil), Sw, Sx, Sv

Wert	Realwertbedeutungen	Imaginärwertbedeutungen
0,0 bis 0,5	ausgesprochen unbeeinflußbaren	ausgesprochen spröden
0,6 bis 1,0	unbeeinflußbaren	spröden
1,1 bis 1,5	eher unbeeinflußbaren	eher spröden
1,6 bis 2,0	sehr unnachgiebigen	ausgeprägt rigiden
2,1 bis 2,5	unnachgiebigen	rigiden
2,6 bis 3,0	eher unnachgiebigen	eher rigiden
3,1 bis 3,5	besonders freien	sehr uninteressierten
3,6 bis 4,0	freien	uninteressierten
4,1 bis 4,5	eher freien	eher uninteressierten
4,6 bis 5,0	ansprechbaren	sensitiven
5,1 bis 5,5	ausgesprochen ansprechbaren	ausgesprochen sensitiven
5,6 bis 6,0	eher sensiblen	eher affizierbaren
6,1 bis 6,5	sensiblen	affizierbaren
6,6 bis 7,0	ausgesprochen sensiblen	ausgesprochen affizierbaren
7,1 bis 7,5	eher mitgehenden	eher nachgebenden
7,6 bis 8,0	mitgehenden	nachgebenden
8,1 bis 8,5	besonders mitgehenden	stark nachgebenden
8,6 bis 9,0	engagierten	bestimmbaren
>9,0i	----------	haltlosen

Wt (Handlungsstil), Wtw, Wtx, Wtv

Wert	Realwertbedeutungen	Imaginärwertbedeutungen
> +6,0	stark expansiv	in besonderem Maße außengelenkt
5,6 bis 6,0	expansiv	ausgesprochen außengelenkt
5,1, bis 5,5	mäßig expansiv	außengelenkt
4,6 bis 5,0	ausgesprochen extravertiert	stark umweltabhängig
4,1 bis 4,5	extravertiert	umweltabhängig
3,6 bis 4,0	mäßig extravertiert	eher umweltabhängig
3,1 bis 3,5	ausgesprochen weltzugewandt	sehr unbestimmt
2,6 bis 3,0	weltzugewandt	unbestimmt
2,1 bis 2,5	mäßig weltzugewandt	eher unbestimmt
1,6 bis 2,0	sehr offen	ungezwungen
1,1 bis 1,5	offen	eher ungezwungen
0,6 bis 1,0	mäßig offen	recht uneindeutig
0,0 bis 0,5	ausgeglichen	uneindeutig
-0,0 bis –0,5	eher ausgeglichen	leicht uneindeutig
-0,6 bis –1,0	mäßig gedämpft	leicht übersteuert
-1,1 bis –1,5	gedämpft	eher übersteuert
-1,6 bis –2,0	starkt gedämpft	leicht unfrei
-2,1 bis –2,5	mäßig gesteuert	unfrei
-2,6 bis –3,0	gesteuert	recht unfrei
-3,1 bis –3,5	straff gesteuert	leicht verspannt
-3,6 bis –4,0	eher innengelenkt	verspannt
-4,1 bis –4,5	innengelenkt	deutlich verspannt
-4,6 bis –5,0	stark innengelenkt	eher gezwungen
-5,1 bis –5,5	eher in sich gekehrt	gezwungen
-5,6 bis –6,0	in sich gekehrt	leicht verkrampft
< -6,0	ausgesprochen in sich gekehrt	verkrampft

Wts (Handlungsstruktur), Wtsw, Wtsx

Wert	Realwertbedeutungen	Imaginärwertbedeutungen
0,0 bis 0,5	unselbständig	kraftlos
0,6 bis 1,0	unbestimmt	rigide
1,1 bis 1,5	sehr unauffällig	reaktionsarm
1,6 bis 2,0	unauffällig	reaktionsschwach
2,1 bis 2,5	ziemlich unauffällig	nachlässig
2,6 bis 3,0	annähernd realistisch	lässig
3,1 bis 3,5	realistisch	leger
3,6 bis 4,0	ausgesprochen realistisch	zeitweise weniger eigenständig, ungezwungen
4,1 bis 4,5	bedingt selbständig	eher gewollt
4,6 bis 5,0	annähernd selbständig	leicht forciert
5,1 bis 5,5	selbständig	forciert
5,6 bis 6,0	eher eigenständig	leicht verspannt
6,1 bis 6,5	eigenständig	verspannt
6,6 bis 7,0	betont eigenständig	verstärkt verspannt
7,1 bis 7,5	bedingt eigenwillig	leicht eigensinnig
7,6 bis 8,0	eigenwillig	eigensinnig
8,1 bis 8,5	verstärkt eigenwillig	sehr eigensinnig
8,6 bis 9,0	betont eigenwillig	krampfhaft eigensinnig
>9,0i	---------	zwiespältigen

Weg (Welterfassungsstil), Wegw, Wegx, Wegv

Wert	Realwertbedeutungen	Imaginärwertbedeutungen
> +6,0	besonders unbefangen	äußerst unsystematisch
5,6 bis 6,0	unbefangen	unsystematisch
5,1, bis 5,5	weitgehend unbefangen	eher unsystematisch
4,6 bis 5,0	bedingt unbefangen	ausgesprochen oberflächlich
4,1 bis 4,5	ausgesprochen zwanglos	oberflächlich
3,6 bis 4,0	zwanglos	weitgehend oberflächlich
3,1 bis 3,5	sehr umrißartig	teilweise oberflächlich
2,6 bis 3,0	umrißartig	betont flüchtig
2,1 bis 2,5	weitgehend in Umrissen	flüchtig
1,6 bis 2,0	teilweise umrißhaft	eher flüchtig
1,1 bis 1,5	sehr global	sehr wenig exakt
0,6 bis 1,0	global	wenig exakt
0,0 bis 0,5	eher global	bedingt exakt
-0,0 bis –0,5	teilweise geordnet	nicht ungenau
-0,6 bis –1,0	geordnet	eher sammelnd
-1,1 bis –1,5	ausgesprochen geordnet	sammelnd
-1,6 bis –2,0	eher gegliedert	eher registrierend
-2,1 bis –2,5	gegliedert	registrierend
-2,6 bis –3,0	straff gegliedert	eher einzelheitlich
-3,1 bis –3,5	eher organisierend	einzelheitlich
-3,6 bis –4,0	organisierend	stark einzelheitlich
-4,1 bis –4,5	straff organisierend	eher bürokratisch
-4,6 bis –5,0	eher systematisch	bürokratisch
-5,1 bis –5,5	systematisch	besonders bürokratisch
-5,6 bis –6,0	ausgesprochen systematisch	eher pedantisch
<-6,0	streng systematisch	ausgesprochen pedantisch

Wes (Weltauffassung), Wesw, Wesx

Wert	Realwertbedeutungen	Imaginärwertbedeutungen
0,0 bis 0,5	unselbständig	kraftlos
0,6 bis 1,0	unbestimmt	rigide
1,1 bis 1,5	sehr unauffällig	reaktionsarm
1,6 bis 2,0	unauffällig	reaktionsschwach
2,1 bis 2,5	ziemlich unauffällig	nachlässig
2,6 bis 3,0	annähernd realistisch	lässig
3,1 bis 3,5	realistisch	leger
3,6 bis 4,0	ausgesprochen realistisch	zeitweise weniger eigenständig, ungezwungen
4,1 bis 4,5	bedingt selbständig	eher gewollt
4,6 bis 5,0	annähernd selbständig	leicht forciert
5,1 bis 5,5	selbständig	forciert
5,6 bis 6,0	eher eigenständig	leicht verspannt
6,1 bis 6,5	eigenständig	verspannt
6,6 bis 7,0	betont eigenständig	verstärkt verspannt
7,1 bis 7,5	bedingt eigenwillig	leicht eigensinnig
7,6 bis 8,0	eigenwillig	eigensinnig
8,1 bis 8,5	verstärkt eigenwillig	sehr eigensinnig
8,6 bis 9,0	betont eigenwillig	krampfhaft eigensinnig
>9,0i	----------	zwiespältigen

Ep (Einstellung zum Geschehen), Ew, Ex, Ev

Wert	Realwertbedeutungen	Imaginärwertbedeutungen
0,0 bis 0,5	sehr nüchtern	ausgesprochen amusisch
0,6 bis 1,0	nüchtern	amusisch
1,1 bis 1,5	eher nüchtern	eher amusisch
1,6 bis 2,0	sehr sachlich	übervorsichtig
2,1 bis 2,5	sachlich	vorsichtig
2,6 bis 3,0	eher sachlich	eher vorsichtig
3,1 bis 3,5	ausgesprochen realistisch	sehr irritierbar
3,6 bis 4,0	realistisch	irritierbar
4,1 bis 4,5	eher realistisch	eher irritierbar
4,6 bis 5,0	bedingt frei	unbestimmt
5,1 bis 5,5	eher sicher	eher selbstunkritisch
5,6 bis 6,0	sicher	selbstunkritisch
6,1 bis 6,5	besonders sicher	ausgesprochen selbstunkritisch
6,6 bis 7,0	eher optimistisch	eher leichtfertig
7,1 bis 7,5	optimistisch	leichtfertig
7,6 bis 8,0	ausgesprochen optimistisch	ausgesprochen leichtfertig
8,1 bis 8,5	risikobereit	unrealistisch
8,6 bis 9,0	ausgesprochen risikobereit	ausgesprochen unrealistisch
>9,0i	----------	irreal

Op (Verarbeitungsweise), Ow, Ox, Ov

Wert	Realwertbedeutungen	Imaginärwertbedeutungen
0,0 bis 0,5	höchstens in Umrissen	sehr umtriebig
0,6 bis 1,0	hier und da in Umrissen	umtriebig
1,1 bis 1,5	eher umrißhaft	weitgehend umtriebig
1,6 bis 2,0	sehr lässig	ausgesprochen chaotisch
2,1 bis 2,5	lässig	chaotisch
2,6 bis 3,0	eher lässig	bedingt chaotisch
3,1 bis 3,5	höchstens registrierend	sehr nachlässig
3,6 bis 4,0	nur registrierend	nachlässig
4,1 bis 4,5	teilweise nur registrierend	teilweise nachlässig
4,6 bis 5,0	teilweise besonnen	mit einiger Vorsicht
5,1 bis 5,5	eher besonnen	eher vorsichtig
5,6 bis 6,0	besonnen	vorsichtig
6,1 bis 6,5	eher umfassend	eher katalogisierend
6,6 bis 7,0	umfassend	katalogisierend
7,1 bis 7,5	ausgesprochen umfassend	sorgfältig katalogisierend
7,6 bis 8,0	eher durchdringend	eher bedenkend
8,1 bis 8,5	durchdringend	bedenkend
8,6 bis 9,0	voll durchdringend	formalistisch
>9,0i	----------	übertrieben formalistisch

Wbg (Aktionsstil), Wbgw, Wbgx, Wbgv

Wert	Realwertbedeutungen	Imaginärwertbedeutungen
>+6,0	unerschütterlichen	sehr unelastischen
5,6 bis 6,0	eher unerschütterlichen	unelastischen
5,1, bis 5,5	besonders unbeirrbaren	stark opponierenden
4,6 bis 5,0	unbeirrbaren	opponierenden
4,1 bis 4,5	eher unbeirrbaren	eher trotzigen
3,6 bis 4,0	eindeutigen	eher abwehrenden
3,1 bis 3,5	eher eindeutigen	prinzipienhaften
2,6 bis 3,0	besonders konsequenten	eher prinzipienhaften
2,1 bis 2,5	konsequenten	inflexiblen
1,6 bis 2,0	eher konsequenten	wenig flexiblen
1,1 bis 1,5	sehr gleichmäßigen	sehr gleichförmigen
0,6 bis 1,0	gleichmäßigen	gleichförmigen
0,0 bis 0,5	eher gleichmäßigen	eher gleichförmigen
-0,0 bis –0,5	eher regen	eher ungleichmäßigen
-0,6 bis –1,0	regen	ungleichmäßigen
-1,1 bis –1,5	sehr regen	eher betriebsamen
-1,6 bis –2,0	eher eifrigen	betriebsamen
-2,1 bis –2,5	eifrigen	sehr betriebsamen
-2,6 bis –3,0	sehr eifrigen	eher unruhigen
-3,1 bis –3,5	schwungvollen	unruhigen
-3,6 bis –4,0	sehr schwungvollen	sehr unruhigen
-4,1 bis –4,5	dynamischen	hektischen
-4,6 bis –5,0	sehr dynamischen	eher heftigen
-5,1 bis –5,5	eher expansiven	heftigen
-5,6 bis –6,0	expansiven	eher hitzigen
<-6,0	besonders expansiven	hitzigen

Wbs (Weltbewältigungsstruktur), Wbsw, Wbsx

Wert	Realwertbedeutungen	Imaginärwertbedeutungen
0,0 bis 0,5	unselbständig	kraftlos
0,6 bis 1,0	unbestimmt	rigide
1,1 bis 1,5	sehr unauffällig	reaktionsarm
1,6 bis 2,0	unauffällig	reaktionsschwach
2,1 bis 2,5	ziemlich unauffällig	nachlässig
2,6 bis 3,0	annähernd realistisch	lässig
3,1 bis 3,5	realistisch	leger
3,6 bis 4,0	ausgesprochen realistisch	zeitweise weniger eigenständig, ungezwungen
4,1 bis 4,5	bedingt selbständig	eher gewollt
4,6 bis 5,0	annähernd selbständig	leicht forciert
5,1 bis 5,5	selbständig	forciert
5,6 bis 6,0	eher eigenständig	leicht verspannt
6,1 bis 6,5	eigenständig	verspannt
6,6 bis 7,0	betont eigenständig	verstärkt verspannt
7,1 bis 7,5	bedingt eigenwillig	leicht eigensinnig
7,6 bis 8,0	eigenwillig	eigensinnig
8,1 bis 8,5	verstärkt eigenwillig	sehr eigensinnig
8,6 bis 9,0	betont eigenwillig	krampfhaft eigensinnig
>9,0i	---------	zwiespältigen

Fp (Fortschrittsperson), Fw, Fx, Fv

Wert	Realwertbedeutungen	Imaginärwertbedeutungen
0,0 bis 0,5	ausgesprochener Beständigkeit	Impulslosigkeit
0,6 bis 1,0	Beständigkeit	Impulsarmut
1,1 bis 1,5	einiger Beständigkeit	Impulsschwäche
1,6 bis 2,0	viel Beschaulichkeit	ausgesprochener Schwunglosigkeit
2,1 bis 2,5	Beschaulichkeit	Schwunglosigkeit
2,6 bis 3,0	einiger Beschaulichkeit	ausgesprochener Vorgestrigkeit
3,1 bis 3,5	starkem Ruhestreben	Vorgestrigkeit
3,6 bis 4,0	Ruhestreben	einiger Risikoscheu
4,1 bis 4,5	einigem Streben nach Ruhe	wenig Interesse
4,6 bis 5,0	einiger Rührigkeit	einigen Veränderungswünschen
5,1 bis 5,5	größerer Rührigkeit	Veränderungsabsichten
5,6 bis 6,0	einiger Expansivität	Wechselhaftigkeiten
6,1 bis 6,5	größerer Expansivität	einiger Neugier
6,6 bis 7,0	Unternehmungsdrang	Neugier
7,1 bis 7,5	Suche nach Neuem	gesteigerter Neugier
7,6 bis 8,0	Forschungsdrang	einigem Abenteurertum
8,1 bis 8,5	Zukunftsorientierung	Abenteurertum
8,6 bis 9,0	Wissensdrang	starkem Abenteurertum
>9,0i	----------	überwertiger Neuerungssucht

Tp (Traditionsperson), Tw, Tx, Tv

Wert	Realwertbedeutungen	Imaginärwertbedeutungen
0,0 bis 0,5	besonders schweifender Art	ausgesprochener Wurzellosigkeit
0,6 bis 1,0	mehr schweifender Art	Wurzellosigkeit
1,1 bis 1,5	teilweise schweifender Art	einiger Wurzellosigkeit
1,6 bis 2,0	erhöhter Beweglichkeit	fehlender Bodenständigkeit
2,1 bis 2,5	Beweglichkeit	teilweise fehlender Bodenständigkeit
2,6 bis 3,0	einiger Beweglichkeit	erhöhter Hinreißbarkeit
3,1 bis 3,5	erhöhter Elastizität	Hinreißbarkeit
3,6 bis 4,0	Elastizität	einiger Hinreißbarkeit
4,1 bis 4,5	einiger Elastizität	erhöhter Unbestimmtheit
4,6 bis 5,0	einigem Gleichmaß	Unbestimmtheit
5,1 bis 5,5	Gleichmaß	einigen Verfestigungen
5,6 bis 6,0	erhöhtem Gleichmaß	Verfestigungen
6,1 bis 6,5	einiger Solidität	starken Verfestigungen
6,6 bis 7,0	Solidität	Unbeweglichkeit
7,1 bis 7,5	betonter Solidität	gesteigerter Unbeweglichkeit
7,6 bis 8,0	einiger Beharrlichkeit	einigem Eigensinn
8,1 bis 8,5	Beharrlichkeit	Eigensinn
8,6 bis 9,0	ausgesprochener Beharrlichkeit	gesteigertem Eigensinn
>9,0i	----------	Negativismus

FW-werte	Iy; ; (IyW), IyX; IyV	Wy; (WyW), WyX, WyV
36,00 bis 36,69	mangelhafte	ungenügend
36,97 bis 37,58	wenig ausgebildete	gering
37,59 bis 39,02	geringe	unterdurchschnittlich
39,03 bis 41,69	mäßige	knapp durchschnittlich
41,70 bis 44,00	mittlere	durchschnittlich
44,01 bis 46,22	gut durchschnittliche	gut durchschnittlich
46,23 bis 50,00	gehobene	überdurchschnittlich
50,01 bis 53,62	über mittlere	deutlich
53,63 bis 59,00	beträchtliche	betont
59,01 bis 65,62	ausgeprägte	markant
65,63 bis 71,00	höhere	beträchtlich
71,01 bis 77,00	gute	stark
77,01 bis 85,42	sehr gut	sehr stark
85,43 bis 93,00	herausragende	außergewöhnlich
93,01bis 100,00	überragende	überragend

(<4.0 =k, 4.0 bis 5,9 =m;   > 6,0-7,5 =g, 7,6-9,0=h)

we,wm,wk(wev,wmv,wkv)	Bewußtheit
-kkk	eine verminderte
-kkm	eine eingeengte
-kkg	eine unentschiedene und unflexible
-kkh	eine pedantische
-kmk	eine flüchtige
-kmm	eine unbestimmte
-kmg	eine unbestimmte scharfe
-kmh	eine unbestimmte konzentrierte
-kgk	eine oberflächliche
-kgm	eine lockere

-kgg	eine flexible
-kgh	eine wenig klare, flexible und konzentrierte
-khk	eine oberflächliche, aber unklare und unscharfe
-khm	eine reagible unbestimmte
-khg	eine scharfe und flexible, aber unbestimmte
-khh	eine unbestimmte reagibel und pedantische
-mkk	eine träge und nachlässige
-mkm	eine gespannte-bestimmte
-mkg	eine enge und bestimmte
-mkh	eine klare, aber eingeengte pedantische
-mmk	eine unscharfe, aber bestimmte und reagible
-mmm	eine klare und bestimmte
-mmg	eine klare und konzentrierte
-mmh	eine klare, reagible und scharfe
-mgk	eine wechselhafte
-mgm	eine vielgleisige
-mgg	eine straffe, horizontweite
-mgh	eine klare und flexible und konzentrierte
-mhk	eine klare, aber unscharfe und fließende
-mhm	eine klare, fließende
-mhg	eine klare, scharfe fließende
-mhh	eine klare, pedantische ausgreifende
-gkk	eine einseitige
-gkm	eine entschiedene
-gkg	eine sture
-gkh	eine entschiedene, pedantische einseitige
-gmk	eine heftige
-gmm	eine klare und entschiedene
-gmg	eine gespannte und entschiedene

-gmh	eine entschiedene, superscharfe reagible
-ggk	eine eruptive, schwankende
-ggm	eine weite und energische
-ggg	eine weite, klare und bestimmte
-ggh	eine weite, scharfe und bestimmte
-ghk	eine sehr weite, bestimmte, aber eher unscharfe
-ghm	eine sehr weite, bestimmte und nicht unscharfe
-ghg	eine sehr weitere, bestimmte und scharfe
-ghh	eine sehr weitere, sehr scharfe und bestimmte
-hkk	eine energische, enge und unscharfe
-hkm	eine energische. enge und deutliche
-hkg	eine energische. enge und scharfe
-hkh	eine energische, überscharfe einseitige
-hmk	eine energische reagible und unscharfe
-hmm	eine energische reagible und deutliche
-hmg	eine energische. reagible und scharfe
-hmh	eine energische. reagible und überscharfe
-hgk	eine energisch, flexible und unscharfe
-hgm	eine energische, flexible und deutliche
-hgg	eine energische. flexible und scharfe
-hgh	eine energisch flexible und überscharfe
-hhk	eine fließende, oberflächliche energische
-hhm	eine fließende, deutliche energische
-hhg	eine fließende, aber scharfe und energische
-hhh	eine energische und überscharfe ausladende

dk,dp,de;(dkv,dpv,dev)	Denken
-kkk	ein eintöniges und stumpfes
-kkm	ein oberflächlich kombinierendes
-kkg	ein flaches scheingeistiges
-kkh	ein flaches routinehaftes
-kmk	ein unkritisch intuitives
-kmm	ein alltägliches
-kmg	ein unkritisches routinehaftes
-kmh	ein oberflächliches routiniertes
-kgk	ein sporadisches unkritisches
-kgm	ein flüchtiges und sprunghaftes
-kgg	ein unkritisches einfallsreiches
-kgh	ein phantastisches
-khk	ein unkritisches rezeptives
-khm	ein unkritisches reproduktives
-khg	ein urteilsschwaches intuitives
-khh	ein urteilsschwaches phantastisches
-mkk	ein einspuriges, begrenztes
-mkm	ein einspuriges Alltags-
-mkg	ein geschicktes, aber einspuriges Alltags-
-mkh	ein sehr geschicktes, aber einspuriges Alltags-
-mmk	ein lineares Alltags-
-mmm	ein gehobenes Alltags-
-mmg	ein klares und gewandtes
-mmh	ein vielseitiges gehobenes
-mgk	ein lineares Einfalls-
-mgm	ein bewegliches und phantasievolles

-mgg	ein vielseitiges und einfallsreiches
-mgh	ein einfallsreiches facettenreiches
-mhk	ein gradliniges und klares einfallsreiches
-mhm	ein variables, klares und einfallsreiches
-mhg	ein klares, bewegliche und einfallsreiches
-mhh	ein klares, sprühendes und phantasiereiches
-gkk	ein einseitiges, begrenztes analytisches
-gkm	ein scharfes und bewegliches Alltags-
-gkg	ein scharfes und gewandtes in gewohnten Inhalten und Bahnen bleibendes
-gkh	ein scharfes und gewandtes nüchternes
-gmk	ein kritisches lineares
-gmm	ein kritisch-analytisches
-gmg	ein geschicktes kritisches
-gmh	ein sprühendes, kritisches
-ggk	ein gradliniges kritisches Einfalls-
-ggm	ein vielseitiges einfallsreiches
-ggg	ein vielseitiges vernetztes
-ggh	ein kritisches, einfallsreiches und vielseitiges
-ghk	ein kritisches, phantasievolles lineares
-ghm	ein kritisches, phantasiereiches nicht unbewegliches
-ghg	ein kritisches, phantasievolles und gewandtes
-ghh	ein kritisches, phantasievolles, sprühendes
-hkk	ein scharfes, gradliniges Alltags-
-hkm	ein scharfes, variables Alltags-
-hkg	ein scharfes, gewandtes Alltags-
-hkh	ein scharfes sprühendes Alltags-
-hmk	ein gradliniges aufgeschlossenes analytisches
-hmm	ein variables aufgeschlossenes analytisches
-hmg	ein bewegliches aufgeschlossenes analytisches

-hmh	ein sprühendes aufgeschlossenes analytisches
-hgk	ein scharfes, einfallsreiches gradliniges
-hgm	ein scharfes, einfallsreiches variables
-hgg	ein scharfes bewegliches einfallsreiches
-hgh	ein scharfes sprühendes einfallsreiches
-hhk	ein kreatives analytisches
-hhm	ein variables kreatives analytisches
-hhg	ein scharfes. kreatives vielseitiges
-hhh	ein scharfes vernetztes kreatives

we#dk	we, wex, wev	dk, dkx, dkv
0,0 bis 1,0	unentschlossener	nicht
1,1 bis 1,5	völlig uneindeutiger	häufig nicht
1,6 bis 2,5	ausgesprochen unbestimmter	sehr unscharf
2,6 bis 3,0	unbestimmter	unscharf
3,1 bis 3,5	stark lavierender	selten scharf
3,6 bis 4,0	lavierender	teilweise in Ansätzen
4,1 bis 4,5	ausgesprochen kompromißbereiter	in Ansätzen
4,6 bis 5,0	eher kompromißbereiter	in alltäglichen Umständen
5,1 bis 5,5	ansatzweise bestimmter	über alltägliche Umstände hinaus
5,6 bis 6,0	bestimmter	annähernd klar
6,1 bis 6,5	sehr bestimmter	klar
6,6 bis 7,0	eher entschlossener	deutlich
7,1 bis 7,5	entschlossener	sehr deutlich
7,6 bis 8,0	ziemlich kompromißloser	scharf
8,1 bis 9,0	kompromißloser	ausgesprochen scharf

we, wex						dk, dkx,
	1,0 b. 2,6	2,6 b. 3,9	4,0 b. 4,9	5,0 b. 5,9	6,0 b. 7,5	7,6 b. 9,0
7,6 b. 9,0	engstirnige	eigensinnige	unbeirrbare	entschlossene	eigenwillige	dominierende
6,0 b. 7,5	einspurige	einseitige	alltägliche	gezielte	konsequente	unabhängige
5,0 b. 5,9	enge	unkomplizier-te	einfache	übliche	sichere	selbständige
4,0 b. 4,9	beeinflußbare	bestimmbare	nachgiebige	unsichere	kooperative	rationale
2,6 b. 3,9	unscharfe	abhängige	vage	begrenzte	offene	klare
1,0 b. 2,6	uneindeutige	unbestimmte	inkonsequente	unfestgelegte	wechselnde	kompromiß-hafte

wm#dp (Informationsverarbeitung)

	wm, wmx, wmv	dp, dpx, dpv
0,0 bis 1,0	höchst selten	äußerst selten
1,1 bis 1,5	kaum	selten
1,6 bis 2,5	nur hin und wieder	in geringem Umfange
2,6 bis 3,0	besonders bedächtig	höchstens teilweise
3,1 bis 3,5	bedächtig	teilweise
3,6 bis 4,0	eher bedächtig	ansatzweise
4,1 bis 4,5	sehr ruhig	manchmal
4,6 bis 5,0	ruhig	häufiger
5,1 bis 5,5	annähernd normal	im allgemeinen
5,6 bis 6,0	normal	vielfach
6,1 bis 6,5	leicht beschleunigt	ziemlich weitgehend
6,6 bis 7,0	beschleunigt	weitgehend
7,1 bis 7,5	besonders beschleunigt	annähernd umfassend
7,6 bis 8,0	schnell	umfassend
8,1 bis 9,0	sehr schnell	vollständig

wm, wmx						dp, dpx,
	1,0 b. 2,6	2,6 b. 3,9	4,0 b. 4,9	5,0 b. 5,9	6,0 b. 7,5	7,6 b. 9,0
7,6 b. 9,0	hektische	rastlose	voreilige	bewegliche	vielseitige	gelehrige
6,0 b. 7,5	oberflächliche	flüchtige	unbedachte	reagible	flexible	geschickte
5,0 b. 5,9	eingeengte	begrenzte	enge	anstellige	aufgeschlosse-ne	empfängliche
4,0 b. 4,9	geringe	ausschnittswei-se	teilweise	alltägliche	formbare	folgsame
2,6 b. 3,9	unzulängliche	unzureichende	zögernde	abwartende	anregbare	ansprechbare
1,0 b. 2,6	mangelhafte	lückenhafte	bedächtige	bedachtsame	recht langsame	träge

wk#de (Kombinationsweise)

	wk, wkx, wkv	de, dex, dev
0,0 bis 1,0	kaum	äußerst selten
1,1 bis 1,5	nur wenig	selten
1,6 bis 2,5	wenig	nur sehr ungeschickt
2,6 bis 3,0	nur begrenzt	eher ungeschickt
3,1 bis 3,5	lediglich sehr mäßig	wenig gewandt
3,6 bis 4,0	lediglich mäßig	ausschließlich in gewohnten Bahnen
4,1 bis 4,5	hin und wieder einigermaßen	eher bedächtig
4,6 bis 5,0	annähernd einigermaßen	mehr rein routinehaft
5,1 bis 5,5	einigermaßen	einigermaßen locker
5,6 bis 6,0	noch befriedigend	locker
6,1 bis 6,5	befriedigend	beweglich
6,6 bis 7,0	recht gut	recht vielseitig
7,1 bis 7,5	annähernd straff	vielseitig
7,6 bis 8,0	straff	eher vielfältig
8,1 bis 9,0	sehr straff	vielfältig

wk, wkx						de, dex,
	1,0 b. 2,6	2,6 b. 3,9	4,0 b. 4,9	5,0 b. 5,9	6,0 b. 7,5	7,6 b. 9,0
7,6 b. 9,0	klebende	haftende	einspurige	konsequente	zielsichere	gekonnte
6,0 b. 7,5	unbewegliche	wenig vari-ierende	begrenzte	aufmerksame	gezielte	geschickte
5,0 b. 5,9	ungewandte	wenig gewandte	einfache	elastische	variable	bewegliche
4,0 b. 4,9	unelastische	undifferen-zierte	primitive	lockere	inkonsequente	unbestimmte
2,6 b. 3,9	einförmige	unflexible	naive	sorglose	flüchtige	sprunghafte
1,0 b. 2,6	unbeholfene	ungeschickte	ziellose	unaufmerk-same	wechselnde	zerfahrene

optimale Einsatzgebiete

	Elementenbasen (y): |Y| < 2,0 in (); y bzw. iy > 6,0
P	Tätigkeiten, die emotionales Handeln und Reagieren sowie unmittelbare natürliche Beteiligung am Geschehen verlangen, anschauungsgebundene Arbeitsweise, emotionales Engagement an dem Tun, unmittelbares Handeln, lebendiges Reagieren. Praktische Inhalte, Anschauliches, Körperliches, Land- und Forstwirtschaft, Organisches, Biologisches, Nahrungs- und Genußmittel, sinnliche Inhalte,
iP	Tätigkeiten, die Handeln aus dem Augenblick und in Abhängigkeit momentaner Eindrücke erfordern, Inhalte des Genusses bieten, der Affektivität freien Lauf lassen, primitive und kreatürliche Inhalte bieten
(P)	Tätigkeiten und Aufgaben, die nüchternes, asketisches und evtl. trockenes Reagieren auf die Umstände voraussetzen, die wenig praxisnah sind, nüchterne Tätigkeiten, bei denen Eindrücke und Emotionen ausgeschaltet sind. Asketisches, Anschauungs- und Alltagsfernes, Erlebnisfernes, Anorganisches, Tätigkeiten, die keinerlei Initiative verlangen, genußfeindliche Tätigkeiten, lebensferne Tätigkeiten, naturfeindliche Tätigkeiten, Unlebendiges.
R	Tätigkeiten, die Ichsteuerung, bewußte, überlegte und kontrollierte Handlungen verlangen, die mehr kritischer und prüfender disziplinierter Haltung bedürfen, Planungs-, Prüfungs- und Kontrollfunktionen, selbstdisziplinierte Haltung, schematische und formalisierte Arbeiten. Ideen, Geistiges, Wissenschaft, Philosophie, Erkenntnislehre, Gedankliches, Abstraktes, Theoretisches, Ätherisches, Esoterik, Spekulatives, Neugier-Weckendes, Intellektualistisches
iR	schematisierte Tätigkeiten, formalistische Arbeiten, einengende Tätigkeiten, esoterische, ätherische, spekulative, intellektualistische Inhalte, Neugier-Befriedigung
(R)	Berufe, die eine eher naive, undifferenzierte und wenig reflektierende Einstellung verlangen, unkomplizierte und einfache Arbeiten, Tätigkeiten, die wenig Disziplin und eigene Steuerung erfordern. Alltägliches, Konkretes, eher primitive Arbeiten, Tätigkeiten, die keine Disziplin und eigene Steuerung erfordern, kein Planen verlangen. Undifferenziertes, Ungeistiges,
U	der Außenwelt zugewandte Arbeiten, extraversives gesellschaftliches Handeln, Tätigkeiten, die auf Wirkung und Ansehen nach außen angelegt sind bzw. bei denen sich der Arbeitende von der Außenwelt leiten lassen muß, weltliche Aufgaben, Arbeit im unmittelbaren Kontakt mit der Umwelt, von der Umwelt bestimmte und gelenkte Tätigkeiten, Außen- und Kontaktberufe, Repräsentationstätigkeiten. Weltliches, Öffentlichkeit, Gesellschaft, Publikum, Ansehen, Status, Geselligkeit.
iU	Status, Prestige, Auszeichnungen, Äußeres, posierende Tätigkeiten
(U)	weltabgewandte, weltfremde Tätigkeiten und Berufe, in denen kein Bezug zur Außenwelt nötig ist, in die auch äußere Umstände und gesellschaftliche Einflüsse nicht dringen, Arbeit ohne Kontakt mit anderen, ohne solchen mit Umwelt und Publikum, Tätigkeiten, die keine eigene Zuwendung zu anderen Menschen und zum Geschehen verlangen. Unauffälliges, Privatleben, Sachlichkeit, Weltferne, Abwesenheit von Rummel und Trubel, Tätigkeiten, die Weltflucht ermöglichen, die auch bei Schüchternheit und Scheu zu erfüllen sind, Tätigkeiten ohne gesellschaftliche Berührungen

Ü	Tätigkeiten, bei denen sich der Mensch auf sich selbst besinnen muß. bei denen er sich aus sich heraus zu orientieren hat und von inneren Maßstäben leiten lassen muß, Allein- und Einzelarbeit, Distanz zur Umwelt, Innendienst, Labortätigkeit, Arbeit im Verborgenen und Dunkeln sowie im Geheimen. Weltanschauliches, Werte und Wertungen, Religiöses, Ideologisches, Ethik, Moral, richterliche Tätigkeiten
IÜ	Tätigkeiten im Dunkeln, im Verborgenen, im Versteck, in der Isolierung, orthodoxe weltanschauliche und moralische Inhalte, Bewertungsfundamentalismus, Verurteilungstätigkeiten
(Ü)	Tätigkeiten, bei denen ideologische und Wertmaßstäbe keine Rolle spielen bzw. der Tätige sich innerlich nicht mit Berechtigungsfragen auseinandersetzen muß. Tätigkeit unter dem Einfluß der Umwelt, Tätigkeiten, die weder Abstand noch Zurückhaltung erfordern, bei denen innere Verarbeitung und Lenkung von innen nicht gefragt sind. Liberalismus, Neutralismus, Relativismus, Freiheit, Säkularisiertes, Neutralismus, Relativismus, Amoralität, Abstands- und Distanzlosigkeiten in Arbeit und Umgang
K	Tätigkeiten, die eine erhöhte soziale Ansprechbarkeit und Äußerungsweise verlangen, die lebhafte, nicht unbedingt tiefere innere Beziehungen zu einer Vielzahl von Menschen verlangen. Einfühlende, kriminalistische Tätigkeiten, unverbindliche Beratungsfunktionen, Assistententätigkeiten, Entwicklungsaufgaben, soziale Unverbindlichkeit bei sprühender und lebhafter Reaktionsweise und Äußerungsweise, ständiger Wechsel sozialer Beziehungen. Kultur, Theater, Literatur, Sprache, Geschichte, Überlieferung, Pädagogik, Erziehung, Bildung, Ausbildung, Geisteswissenschaften, Klassik,
iK	Tätigkeiten mit überschwenglicher Äußerungsweise, unsteten Gefühlsreaktionen, schwärmerischer Vorgehensweise, schöngeistige, utopische Inhalte, Tätigkeiten, bei denen gefühlsmäßige Erregtheit nicht schadet
(K)	Tätigkeiten, die keine innere Umstellung in sozialen Bezügen erfordern. Ruhige, sozial beständige Situationen, Arbeiten, die keine eigenen sozialen und gefühlsmäßigen Äußerungen und Reaktionen verlangen. Zivilisation, Funktionalistisches, Nutzbarkeit, Zweckmäßiges, Verwendbarkeit; Tätigkeiten, die keine lebhafte Äußerungsweise dulden oder benötigen, die eine gewisse soziale Trägheit und Unansprechbarkeit vertragen. Rein nutzenorientierte Aufgaben und Inhalte, indolente, träge Reaktionsweise
B	Tätigkeiten, die Individualität und Eigenständigkeit von innen heraus in sozialen Bezügen verlangen, bei denen ein innerliches Engagement für andere Menschen verlangt wird. Tätigkeiten in enger Teambeziehung, Arbeiten mit festen sozialen Bindungen, die wenig wechseln, gefühls- und gemütsbezogene Arbeiten, personenbezogene Beratungs- und pädagogisch-führende Tätigkeiten, Arbeiten, Individuation, Selbstgestaltung, Selbstverwirklichung, Partnerschaft, , Psychologie, Individualtherapie,
iB	Tätigkeiten, die eine romantische Einstellung fordern, bei denen Subjektivität nicht schadet bzw. gefordert ist. Ichhaftes, Romantik, Singletum

(B)	Tätigkeiten, die mehr sachliches Verhalten verlangen, die wenig inneres soziales Engagement fordern. Arbeiten, die menschliche Kühle und unpersönliche Objektivität und Sachlichkeit erfordern. Sachgebundenheit, Aufgehen in Aufgabe und Sache, Aufgaben, die menschliche Bindungslosigkeit erfordern, kollektives Arbeiten und Fühlen verlangen, bei denen menschliche Kälte nicht schadet
G	Tätigkeiten, die Durchsetzung, Domination, Lenkung und Gestaltung verlangen, bei denen es darauf ankommt, durch Machen etwas zu schaffen, und das auch in sozialen Bezügen. Arbeiten, die Durchsetzung, Angreifen und Selbständigkeit, Gestaltung und Eroberung verlangen, hartes Material, Stein, Metalle. Bewältigung, bewältigende Technik, Macht, Führung, Konstruktion, Machen, Naturwissenschaften, Regieren, Domination, Bauen, Aufbauen, Gestalten
iG	Aufgaben, die aggressives, überwältigendes Arbeiten, aber auch rücksichtsloses Vorgehen erfordern, Diktieren, Kommandieren, Zerstörung, Vernichtung, Krieg, Überwältigen, Unterdrücken,
(G)	Tätigkeiten, bei denen Folgsamkeit entscheidend ist. Aufgaben, die rücksichtsvolles, Vorgehen verlangen. Einfügen, Einordnen, Unterordnen, Nachvollziehen, Folgen; Aufgaben für eher zaghaftes und zögerndes Vorgehen, Arbeiten, bei denen Unterordnung und Unselbständigkeit gefordert werden.
S	Tätigkeiten, die Pflege und Erhaltung sowie Verbesserung sozialer Gegebenheiten verlangen, die Pflege, Wartung und Schutz für Dinge und Menschen bringen sollen. Arbeiten, die Anpassung verlangen, Tätigkeiten, bei denen fortführende Ausführung erforderlich ist, mehr pflegende als gestaltende Arbeiten, Arbeiten nach Weisung, Wartungsarbeiten, Dienstleistungen. weiches Material, matschige und schleimige Materialien, Textilien, Soziales, Menschen, Gruppen, Kinder, Hilfsbedürftige, Pflege, Instandhaltung, Heilen, Fürsorge, Verhätscheln, Bemuttern, Wartung, Dienen, Mitmachen, Unterstützen
iS	Aufgaben, die ständiges Nachgeben verlangen, schleimige Materialien aufweisen, die fürsorgliche Bevormundung Schwacher und Kranker ermöglichen, Verführbarkeit und Beeinflußbarkeit werden verlangt
(S)	Tätigkeiten, die Freiheit und Lösung von sozialen Bindungen und Anforderungen bringen, wie sie u.a. auch in Wegwerfgesellschaften üblich sind. Ungebundenheit, Unabhängigkeit, Freiheit, Arbeiten, die keine Sensibilität und Anpassung verlangen, Nicht-Dienen, Nichtpflegen, keine Wartungsinhalte
E	Tätigkeiten, die eine erhöhte aktive qualitätsgerechte Auffassung der Welt und des Geschehens verlangen. Unterhaltende, lustige und brillierende Tätigkeiten, Arbeiten, die Optimismus und Risikobereitschaft verlangen, all-round-Tätigkeiten, Edelmetalle, glänzende Stoffe, Effekte, besonders auch Lichteffekte. Qualität, Güte, Schönheit, Ästhetik, Musisches, Musik, Kunst, Künstlerisches, Kunsthandwerk, Mode, Werbung, Schmuck,
iE	lustbringende, riskante Tätigkeiten, Effekte, Flitter, Tand, Effekte, Äußerlichkeiten, Kitsch

(E)	Tätigkeiten, bei denen die Welt und das Geschehen eher störend und belastend empfunden werden, bei denen keine aktive Zuwendung in der Auffassung erforderlich ist. Sachgebundende, risokoarme, unauffällige Arbeiten. Nützlichkeit, Quantität, Qualitätslosigkeit, Amusisches, Brauchbares, Unauffälliges, Amusisches, reine Zweckergebnisse, unsichere Arbeitsweise, eher pessimistische Arbeitshaltung, die der Stützung und Ermunterung bedarf
O	Tätigkeiten, bei denen es auf eine systematische und formale innere Verarbeitung der Qualitäten ankommt. Arbeit in kleinen Schritten, Fein- und Ordnungsarbeiten, Präzisionsarbeiten, Innendienst, Büroarbeit, Bearbeitung von Kleinigkeiten, besinnliche und ernste Arbeitshaltung mit Vorliebe zum Abwägen erforderlich. Verwaltung, Organisation, Logistik, Ordnung, Zahlen, Gliederung, Systematik, Formales, Informatik, EDV, Ordnungsvorschriften
iO	einzelheitliche Arbeitsweise, Umgang mit Kleindetails, Fieselarbeit, Zählarbeit, bürokratische Arbeiten, Schemata, Registratur, Listenführung
(O)	Lässige, ungezwungene, lockere und freie Arbeitsweise, Improvisation, Natürliches, Gewachsenes, Tätigkeiten, bei denen Aufgefaßtes nicht verarbeitet werden muß, wo alles Aufgenommene aus dem Geschehen ohne eigene Verarbeitung stehen bleiben kann. Nachlässiges und oberflächliches Arbeiten. Chaos,
F	Tätigkeiten, die Handlungsaktivität und Aneignungsaktivität sowie ausgeprägtes Expansionsstreben verlangen, wo Neues und Zukünftiges wesentlich sind. Arbeiten, die Schwung und Dynamik, Unternehmungsgeist und Expansion verlangen, unkonventionelle Tätigkeiten, Abwechslung in der Arbeit. Fernes, Neues, Fortschritt, Reise, Reisen, Verkehr, Zukünftiges, Forschung, Neuheiten, Progressives, Handel, Handeln
iF	Tätigkeiten, die Expansion um jeden Preis verlangen, sprunghafte und wechselnhafte Arbeitsweisen erfordern, ständigen Veränderungen unterworfen sind, Unbeständigkeit erwarten, Zukunftsutopien, Abenteuer
(F)	Tätigkeiten, in denen Neuheiten, neue Wege und Inhalte nicht zur Debatte stehen. Arbeiten, die in Ruhe und Beschaulichkeit auszuführen sind. Ruhe, Beschaulichkeit, Erhaltung, starre Unwandelbarkeit; schwunglose, träge, lahme und matte Arbeitsweise, Gestriges, Überholtes,
T	Tätigkeiten, bei denen Sicherheit und Erhaltung des Gegenwärtigen bzw. Gestrigen im Vordergrunde stehen, die Beständigkeit und Konservatismus erfordern. Tätigkeiten, die eine stetige und gleichmäßige Arbeitsweise erfordern, bewahrende, sammelnde Tätigkeiten, erdiges Material, graphisches Gewerbe, keine Umstellungen, kein Wandel. Bau, Boden, Immobilien, Geld, Bankwesen, Rechnungswesen, Land- und Forstwirtschaft, Vertrautes, Bekanntes, Besitz, Tradition, Überlieferung, Sicherheit, Nahes
iT	Gewohnheiten, Vergangenes, keine Umstellungen, kein Wandel, gleichförmige Arbeitsweise, Monotonie, Prinzipien,
(T)	Tätigkeiten, bei denen Sicherheit und Vertrautes klein geschrieben werden, die mehr ein Umherschweifen und Flexibilität erfordern. Tätigkeiten, die Schwankungen unterworfen sind. Aufgaben, bei denen es auf Flexibilität ankommt. Unbekanntes, Freiräume, Gewohnheitsfernes, Heutiges, Gegenwärtiges, Ungewisses, Wechsel und Unstetheit, hohe Sicherheitsrisiken

Störungsquellen (>5,0) in In, Inw und Inx Systemformen

δP:	*emotionale Gehemmtheit*:: Welt hat keinen Aufforderungscharakter, Starre, Leere, Impulslosigkeit, Affektarmut,
δ R:	*rationale Gehemmtheit*: es fehlt der Bezug zu Ordnungen und Regeln, es fehlt aber auch das Leiden daran, Züge neurotischer Verwahrlosung treten hervor, Irrationalität, Unvernunft, Augenblicksabhängigkeit, Uninteressiertheit,
δ U:	*Zuwendungsgehemmtheit:* Umweltangst, Scheu, Kontakthemmungen in dinglicher und menschlicher Hinsicht,
δ Ü:	*integrative Gehemmtheit* : Verlust der inneren Orientierung, fehlende Werthaltungen und Distanz, Abhängigkeit von Außenlenkung, fehlende Fluchtdistanz, Angst vor dem Alleinsein, rücksichtslose Aufdringlichkeit, Neutralismus,
δ K:	*Gefühlsreaktionsgehemmtheit:* Verlust der Mitte, Funktionalismus, Gefühlsindolenz und –trägheit, gefühlshaftes Kleben, Zweckfanatismus, Kulturabwehr und Überbetonung des Zivilisatorisch-Funktionellen
δ B:	*Humanitätsängste:* Angst vor dem Menschlichen, vor Partnerschaften, aber auch der Selbstverwirklichung, Rückzug ins Kollektiv, Züge der Kälte und Unpersönlichkeit, Kälte und Gemütsarmut
δ G:	*Machtängste:* Gestaltungsgehemmtheiten, Aggressionsgehemmtheiten, Bewältigungsgehemmtheiten, Angst, anderen ins Gehege zu kommen, Angst vor dem Sichdurchsetzen, fehlender sozialer Ehrgeiz aus Angst,
δ S:	*Sozialängste:* Angst vor der Anpassung an soziale Gegebenheiten, Neigung zu unangemessenem Freiheitsdrang, unsensibel, Rigidität, Vertrauenslosigkeit, Anpassungsunfähigkeit,
δE:	*Minderwertigkeitsgefühle:* manische Gehemmtheit, Lebensangst, Depressionen, depressive Verstimmungen, reine Nützlichkeitshaltungen, Quantitätssucht als Kompensation, Minderwertigkeitsgefühle
δ O:	*Ordnungsängste:* Chaotismus, Angst vor Ordnung, Systematik und Regeln, Mangel an Ernst und Besinnlichkeit, Flachheit, Verantwortungslosigkeit, Nachlässigkeit, Schlamperei, Chaotismus

δ F:	*Fremdheitsängste:* Angst etwas zu unternehmen, Zukunftsängste, ängstliche Lahmheit und Mattheit,Angst vor Neuem, Fremdem, Fernem und Unbekanntem.
δ T:	*Traditions- und Vertrautheitsängste:* Wurzellosigkeit, Mangel an Standpunkt, haltloses Schwanken, Mangel an Bodenständigkeit, kann nicht nein sagen, Flucht vor Sicherem, Gewohntem und Vertrautem
γ P:	*motorische Störungen*, bizarre Haltungen, wiederholte eigenartige und manierierte Gesichts- und Körperbewegungen, Hyperkinese; Primitivismen, Echopraxien, pervertierte Genußsucht, Zurück-zur-Natur- Wahn
γ R:	*Desorientierung*, funktionale Desorientierung hinsichtlich Zeit und Ort, traumhaftes und nebelhaftes Erleben, Verwirrtheitszustände, paranoide Neugier,
γ U:	*Erregungszustand* mit beschleunigter Sprache, laut, schwer zu unterbrechen, erhöhte Stimmungslage und Selbstwertschätzung, hysterische Reaktionen, Selbstbespiegelungen, narzißtische Reaktionen, exhibitionistische Zwänge,
γ Ü:_	*ängstliche Verstimmung*, von unbestimmter Angst, aber auch bestimmten Sorgen wird berichtet, zusätzlich sind Schuldgefühle und Gewissensbisse über wirkliche oder eingebildete Verfehlungen zu beobachten, Verfolgungsängste,
γ K:	Phobischer Zwang mit unkontrollierbaren Handlungen und Ritualen, wiederkehrende ungewollte Ideen, bestimmte Ängste und Ideen über Persönlichkeitsveränderungen und Irreales,
γ B:	*Verfolgungswahn* mit ungerechtfertigten fixen Ideen, die Personen aus der Umgebung des Individuums aggressive, verfolgerische und kontrollierende Absichten zuschreiben, Hundeheimweh,
γ G:	*aggressive Streitsucht*, bei der Beschwerden über Aggressivität und Ressentiment gegen andere üblich sind, die Schuld an Schwierigkeiten und Versagen anderen gegeben wird,
γ S:	*Funktionale Schwäche* mit Beschwerden über die Unfähigkeit, sich zu konzentrieren, zu arbeiten oder Entscheidungen zu treffen;
γ E:	*Größenwahn*, eine Einstellung der Überlegenheit verbunden mit unberechtigten Gefühlen, über ungewohnte Kräfte zu verfügen; göttliches Sendungsbewußtsein Qualitätswahn, Künstlerwahn,
γ O:	*Wahrnehmungsstörungen*, Erlebnisse unechter Wahrnehmungen in Form von Stimmen, Beeinträchtigungswahn, Verfolgungsängste, Hoffnungslosigkeit und verschrobene Schuldgefühle, hypochondrische Reaktionen, Kontroll- und Ordnungszwänge,

γ F:	*Auffassungsstörungen*, Sprache weitschweifig, unzusammenhängend und ohne Bezug zu gestellten Fragen ist; die gleichen Wörter oder Sätze werden in stereotyper Weise wiederholt, Veränderungssucht, Nichtseßhaftigkeit,
γ T	*Verlangsamung* von Sprache und Vorstellung, Verminderung der motorischen Aktivität bis zur Blockierung, Apathie und Desinteresse an der Zukunft , Stuporerscheinungen, negativistische Haltungen, Katzenheimweh,

Orientierungsweise und Arbeitsstil

[Pv]	0 bis 2,5i	2,6 bis 3,9i	4,0 bis 4,9i	5,0 bis 5,9i	6,0 bis 7,5	7,6 bis 9,0i
7,6 bis 9,0	lebendige	unmittelbare	ursprüngliche	unmittelbare	sinnliche	sinnenverhaftete
6,0 bis 7,5	aufgeschlossene	natürliche	lebhafte	emotionale	eruptive	irrationale
5,0 bis 5,9	anregbare	ansprechbare	alltägliche	naturnahe	lebenssüch-tige	triebhafte
4,0 bis 4,9	nüchterne	naturferne	genußferne	ungehemmte	genußabhän-gige	süchtige
2,6 bis 3,9	unansprechbare	lebensferne	trockene	beeinflußbare	triebhafte	hyperkinetische
1,0 bis 2,5	leere	emotionsarme	unanregbare	augenblicks-hafte	übererregte	bizarre
[Rv]	0 bis 2,5i	2,6 bis 3,9i	4,0 bis 4,9i	5,0 bis 5,9i	6,0 bis 7,5i	7,6 bis 9,0i
7,6 bis 9,0	rationale	prüfende	disziplinierende	vergeistigte	verregelte	intellektualis-tische
6,0 bis 7,5	lenkende	erkennende	besonnene	kritische	theoretisie-rende	formalistische
5,0 bis 5,9	verhaltene	überlegende	planvolle	straffe	gespannte	verspannte
4,0 bis 4,9	unvernünftige	unüberlegte	lässige	lebensferne	einengende	verengte
2,6 bis 3,9	unbestimmte	uneindeutige	naive	schematisie-rende	irreale	traumhafte
1,0 bis 2,5	stumpfe	unbesonnene	unkritische	weltfremde	verwirrte	desorientierte
[Uv]	0 bis 2,5i	2,6 bis 3,9i	4,0 bis 4,9i	5,0 bis 5,9i	6,0 bis 7,5i	7,6 bis 9,0i
7,6 bis 9,0	Ursprüngliche	überzeugende	weltzugewand-te	kommunikative	repräsentative	exhibitionistische
6,0 bis 7,5	unmittelbare	extraversive	weltoffene	auffällige	demonstrative	hysteroide
5,0 bis 5,9	lebhafte	lebendige	agile	beteiligte	Beachtung heischende	geltungssüchtige
4,0 bis 4,9	anregbare	affizierbare	indirekte	forcierte	ansprüchige	Prestige su-chende
2,6 bis 3,9	unlebendige	scheue	uninteressierte	gewollte	übersteigerte	posenhafte
1,0 bis 2,5	gehemmte	unauffällige	unbeteiligte	absondernde	posierende	darstellerische

[Üv]	0 bis 2,5i	2,6 bis 3,9i	4,0 bis 4,9i	5,0 bis 5,9i	6,0 bis 7,5i	7,6 bis 9,0i
7,6 bis 9,0	unabhängige	Eigenständige	eigenwillige	auf Abstand bedachte	prinzipienhafte	orthodoxe
6,0 bis 7,5	feste	bestimmte	dämpfender	distanzierende	ideologisierte	illiberale
5,0 bis 5,9	tolerante	verständnisvolle	ungezwungene	verfestigte	abwertende	unrealistische
4,0 bis 4,9	neutralistische	ambivalente	liberale	strenge	einspurige	übersteigerte
2,6 bis 3,9	uneindeutige	verschwommene	schwankende	enge	fundamentalistische	verängstigte
1,0 bis 2,5	flache	oberflächliche	unbestimmte	gezwungene	zwiespältige	ängstliche

[Kv]	0 bis 2,5i	2,6 bis 3,9i	4,0 bis 4,9i	5,0 bis 5,9i	6,0 bis 7,5i	7,6 bis 9,0i
7,6 bis 9,0	ideelle	empfängliche	agile	vergeistigte	zweckfremde	schöngeistige
6,0 bis 7,5	sinnhafte	einfühlsame	begeisterte	kulturgebundene	idealistische	geistige
5,0 bis 5,9	natürliche	anregbare	lebhafte	aufgeschlossene	rituelle	kultische
4,0 bis 4,9	realistische	zivilisatorische	technologische	veräußerlichte	utopische	weltfremde
2,6 bis 3,9	materialistische	kulturferne	funktionale	realitätsferne	schwärmerische	illusionistische
1,0 bis 2,5	indolente	funktionalistische	nützlichkeitsbestimmte	unwirkliche	esoterische	halluzinäre
[Bv]	0 bis 2,5i	2,6 bis 3,9i	4,0 bis 4,9i	5,0 bis 5,9i	6,0 bis 7,5i	7,6 bis 9,0i
7,6 bis 9,0	tiefen	empfänglichen	hingebenden	partnerschaftlichen	übersteigerten	schwülstigen
6,0 bis 7,5	beteiligten	warmen	dauerhaften	engagierten	ausgrenzenden	individualistischen
5,0 bis 5,9	ansprechbaren	aufgeschlossenen	beständigen	romantischen	ichhaften	sachfremden
4,0 bis 4,9	anregbaren	irritierbaren	störbaren	persönlichen	unsachlichen	ichbetonten
2,6 bis 3,9	unpersönlichen	nivellierenden	egalisierenden	seichten	verschrobenen	ichbezogenen
1,0 bis 2,5	unbeteiligten	unterdrückten	gefühlsarmen	irrealen	projizierenden	egozentrischen

[Gv]	0 bis 2,5i	2,6 bis 3,9i	4,0 bis 4,9i	5,0 bis 5,9i	6,0 bis 7,5i	7,6 bis 9,0i
7,6 bis 9,0	bewältigende	aktive	energische	eigenwillige	eigensinnige	rücksichtslose
6,0 bis 7,5	selbständige	bestimmte	entschiedene	kämpferische	bedenkenlose	skrupellose
5,0 bis 5,9	ausführende	fortführende	verändernde	bestimmende	überwältigende	herrische
4,0 bis 4,9	rücksichtsvolle	zögernde	kooperierende	regierende	machtbesessene	aggressive
2,6 bis 3,9	matte	zaghafte	unbestimmte	unterdrückende	forcierte	selbstherrliche
1,0 bis 2,5	inaktive	lahme	unentschiedene	scharfe	vernichtende	zerstörerische

[Sv]	0 bis 2,5i	2,6 bis 3,9i	4,0 bis 4,9i	5,0 bis 5,9i	6,0 bis 7,5i	7,6 bis 9,0i
7,6 bis 9,0	hingebende	beteiligte	engagierte	beeindruckbare	mitgehende	bevormun-dende
6,0 bis 7,5	sensible	anpassende	ausgestaltende	aufgeschlossene	dienende	betreuungs-süchtige
5,0 bis 5,9	anregbare	aufnehmende	verstehende	ansprechbare	bestimmbare	verführbare
4,0 bis 4,9	freie	unbeeinflußbare	wenig inter-essierte	abhängige	nachgiebige	haltlose
2,6 bis 3,9	unnachgiebige	unanregbare	unsensible	sensitive	beeinflußbare	sorgenvolle
1,0 bis 2,5	rigide	steife	verspannte	uneindeutige	unterwürfige	subalterne

[Ev]	0 bis 2,5i	2,6 bis 3,9i	4,0 bis 4,9i	5,0 bis 5,9i	6,0 bis 7,5i	7,6 bis 9,0i
7,6 bis 9,0	lebendig	optimistisch	risikobereit	unbefangen	selbstüberzeugt	effekthasche-risch
6,0 bis 7,5	natürlich	unabhängig	locker	ungezwungen	selbstdarstelle-risch	hysteroid
5,0 bis 5,9	realistisch	sachbezogen	lebhaft	leichtblütig	abartig	selbstbetont
4,0 bis 4,9	amusisch	zaghaft	abhängig	unrealistisch	illusionär	überheblich
2,6 bis 3,9	derb	irritierbar	undifferenziert	oberflächlich	irreal	sendungsbe-wußt
1,0 bis 2,5	deprimiert	unsicher	unfroh	selbstunkritisch	ätherisch	wahnhaft

[Ov]	0 bis 2,5i	2,6 bis 3,9i	4,0 bis 4,9i	5,0 bis 5,9i	6,0 bis 7,5i	7,6 bis 9,0i
7,6 bis 9,0	formal	formalisierend	besinnend	tiefsinnig	formalistisch	pedantisch
6,0 bis 7,5	systematisierend	gliedernd	organisierend	besonnen	katalogisierend	registrierend
5,0 bis 5,9	ordnend	verallgemei-nernd	regulierend	bedenkend	schematisierend	mechanistisch
4,0 bis 4,9	flüchtig	nachlässig	unbestimmt	verunsichert	depressiv	unlustig
2,6 bis 3,9	verflachend	umtriebig	ungeordnet	verängstigt	deprimiert	mißmutig
1,0 bis 2,5	wirr	chaotisch	desregulierend	einzelheitlich	übervorsichtig	abartig
[Fv]	0 bis 2,5i	2,6 bis 3,9i	4,0 bis 4,9i	5,0 bis 5,9i	6,0 bis 7,5i	7,6 bis 9,0i
7,6 bis 9,0	Expansivität	Unterneh--mungslust	Abenteuerlust	Neuheitensuche	Neuheitendrang	Abwechslungs-sucht
6,0 bis 7,5	Lebhaftigkeit	Lebendigkeit	Schwung	Forschungs-streben	Forschungs-drang	Futuristisches
5,0 bis 5,9	Eifer	Rührigkeit	Regsamkeit	Erlebnisdrang	Zukunftsorien-tierung	Weitschweifig-keit
4,0 bis 4,9	Ruhe	Beständigkeit	Gewohnheit	Wissensdrang	Neugier	Neuerungs-sucht
2,6 bis 3,9	Schwunglosig-keit	Vorgestriges	Gestrigem	Progressions-drang	Risikosuche	Erlebnissucht
1,0 bis 2,5	Impulslosigkeit	Impulsschwäche	Risikoangst	Veränderungs--drang	Abenteuersucht	Expansions--zwänge

[Tv]	0 bis 2,5i	2,6 bis 3,9i	4,0 bis 4,9i	5,0 bis 5,9i	6,0 bis 7,5i	7,6 bis 9,0i
7,6 bis 9,0	Solidität	Bestimmtheit	Entschiedenheit	Eigenwillen	Prinzipienhaf-tig-keit	Trotz
6,0 bis 7,5	Beständigkeit	Selbstbe-hauptung	Beharrlichkeit	Unbeirrbarkeit	Eigensinn	Abwehr
5,0 bis 5,9	Festigkeit	Stetigkeit	Gleichmäßigkeit	Verfestigung	Unelastizität	Sperrung
4,0 bis 4,9	Schweifen	Schwanken	Unbestimmt-heit	Versteifung	Sturheit	Apathie
2,6 bis 3,9	Wurzellosigkeit	Hinreißbarkeit	Vertrauens-mangel	Ablehnung	Unbeweglichkeit	Negativismus
1,0 bis 2,5	Haltlosigkeit	Orientierungs--mangel	Beziehungs-losigkeit	Inflexibilität	Starre	Stupor

Allgemeine Anforderungsanalyse (DBk 1.0)

Anweisung: Bewerten Sie nach folgender Skala, wie hoch die Anforderungen bezüglich der einzelnen Punkte sind. Tragen Sie die Werte nach folgender Skala in die Spalte A ein, indem Sie die zutreffende Ziffer durchstreichen (/). Zwischenwerte (1,5; 2,5; usw.) sind erlaubt

1= trifft nicht zu, eher das Gegenteil ist der Fall;

2= trifft wenig zu, selten, recht mäßig

3= mittel, durchschnittlich, zeitweise, normal;

4= ausgeprägt, häufig, meistens, deutlich

5= trifft immer zu, überragend, unbedingt zu bejahen, stets

Zur Beschreibung des Systemverhaltens in Spalte I nach 5er Code bewerten, nur für 113-124 9er Code.

Situation:

Nr.	Situation und erforderliche Voraussetzungen	A	I
101	Einzelkenntnisse und -erfahrungen des Alltags, findet sich in der Alltagswelt zurecht, praktische Tätigkeitserfahrungen, Übung in den vorgesehenen Tätigkeiten, kennt sich in den alltäglichen Inhalten der Gruppe aus, hat schon Erfahrungen mit ähnlichen Gruppen und Konstellationen, kennt sich mit den alltäglichen Problemen einer Partnerschaft aus, kann sich in einer solchen zurechtfinden, besitzt vielerlei Kenntnisse und Erfahrungen im praktischen Alltagsgeschehen, soweit dieses für die Eleven wichtig ist	1 2 3 4 5	
102	theoretisches Einzelwissen, geistige Vorstellungen, detaillierte Begriffe, Detailwissen geisteswissenschaftlicher, idealistischer, erkenntnistheoretischer und philosophischer Natur, Vielerlei Allgemeinbildungsinhalte,	1 2 3 4 5	
103	Detailhafte Repräsentations- und Gesellschaftskenntnisse, Einzelheitenkenntnisse und Erfahrungen aus dem Umfeld und dem weltlichen Geschehen, aus Nachbarschaft und Gemeinde, von Möglichkeiten und Hilfsmitteln im Umfeld	1 2 3 4 5	
104	detailhafte Wert- und Weltanschauungskenntnisse, Normenkenntnisse auf dem jeweiligen Sektor, religiöse Einzelkenntnisse, Skalierungserfahrungen, Kenntnisse der einzelnen Handlungsvorschriften und –grenzen der betreffenden Situation	1 2 3 4 5	

105	sprachliches und kulturelles Einzelwissen erforderlich, Hochsprache sollte geläufig sein, historisches und literarisches Detailwissen, belesen, vielerlei historische (geschichtlichen) Einzelkenntnisse in den wesentlichen Ereignissen der Weltgeschichte, vielerlei einzelne pädagogische und erzieherische Erfahrungen, vielerlei Einzelkenntnisse der menschlichen Kultur und Kulturen,	1 2 3 4 5	
106	vielerlei Einzelkenntnisse von menschlicher Bildung und Entwicklung, von der Reifung und dem Erwachsenwerden sowohl in heutiger als auch in früherer Zeit, vielerlei Einzelerfahrungen in und mit - nicht nur erotischen – Partnerschaften (gleich- bzw. gegengeschlechtlichen), vielerlei Einzelkenntnisse in Fragen der Selbstverwirklichung, wie man Möglichkeiten zur Entfaltung und zur Geltung bringen kann, vielerlei Kenntnisse der menschlichen Psyche und Persönlichkeit	1 2 3 4 5	
107	Detailwissen zur Führung und Gestaltung verlangt, vielerlei Führungs- und Leitungskenntnisse, weiß in Einzelfällen, wie man führen und lenken muß, wozu und mit welchen Mitteln zu arbeiten ist, vielerlei Erfahrungen mit Lenkungsituationen und Lenkungsaufgaben, vielerlei Erfahrungen im Konstruieren und Gestalten von Geräten und Einrichtungen, vielerlei Einzelkenntnisse in der Ausübung von Macht und von Mitteln zur Machtgewinnung.	1 2 3 4 5	
108	vielerlei soziales und Wartungswissen erforderlich, vielerlei Erfahrungen in der Pflege und Erhaltung von Dingen, in der Wartung und Wiederherstellung ihrer Form und Funktion, vielerlei Erfahrungen in der Betreuung von und Hilfe für Menschen, vielerlei therapeutische und heilkundliche Einzelkenntnisse, vielerlei Einzelerfahrungen in der Beratung von Menschen	1 2 3 4 5	
109	detailhaftes ästhetisches und Qualitätswissen verlangt, einiges Kunstverständnis, kennt sich in der Malerei, Architektur, Bildnerei und Musik aufgrund vielerlei Einzeldaten aus, vielerlei Einzelkenntnisse auf musikalischem Gebiet,	1 2 3 4 5	
110	formales und organisatorisches Detailwissen wird verlangt, vielerlei Einzelerfahrungen in Verwaltungsfragen vom Erstellen von Schriftstücken über deren Abfertigung bis zur Ablage, vielerlei detailhafte Erfahrungen mit unterschiedlichen Organisationen bzw. in der organisatorischen Gestaltung von Abläufen, vielerlei mathematische Einzelkenntnisse, vielerlei Einzelkenntnisse in Kybernetik und Systemtheorie	1 2 3 4 5	
111	detailhafte Neuheiten- und Verfahrenskenntnisse sind gefordert, vielerlei Einzelkenntnisse in neuzeitlicher Technik, insbesondere auch in Haus- und Haushaltstechnik, vielerlei Einzelkenntnisse von modernen u. zukünftigen Entwicklungen, z.B. in der Informationstechnologie, vielerlei Neuheiten und Neuerfindungen, vielerlei Kenntnisse von Utopien und Zukunftswünschen der Menschen sowie fremden Ländern, Menschen und Kulturen	1 2 3 4 5	

112	vielerlei Detailwissen in Traditionen und Ökonomie erforderlich, vielerlei ökonomische und wirtschaftliche Einzelkenntnisse, vielerlei Wissen von den Vorkommnissen in der Wirtschaft, von Buchhaltung, Geld und Finanzen, vielerlei Einzelkenntnisse von Überlieferungen und Traditionen von Land und Beruf und darüber hinaus, vielerlei Einzelkenntnisse in Eigentums- und Besitzfragen	1 2 3 4 5	
113	Abstands- und Größenverhältnisse sind sicher abzuschätzen, Entfernungen sind ohne Hilfsmittel zu bestimmen, Teilungsverhältnisse müssen ohne Hilfsmittel eingehalten werden, Abweichungen in Längen, horizontaler und vertikaler Lage müssen schnell und sicher erkannt werden	1 2 3 4 5	
114	hohes geistiges Niveau der Aufgaben und Probleme, Wesentliches ist nur schwer herauszufinden, begriffliche Schärfe und Unterscheidungsgabe wird verlangt, analytisches Denken ist erforderlich,	1 2 3 4 5	
115	Es fallen Feinarbeiten an, die Fingergeschick verlangen, Tastaturen und ähnliche Einrichtungen müssen geschickt bedient werden, feine Handarbeiten, feinmechanische Aufgaben, Fingerspitzengefühl ist erforderlich	1 2 3 4 5	
116	Es sind viele und schwierige Entscheidungen zu treffen, erhebliche Entscheidungs- und Führungswiderstände, Bewußtheitsklarheit und Bestimmtheit sowie Entschlossenheit werden verlangt	1 2 3 4 5	
117	Es muß mit flächenhaften Formen gearbeitet werden, Abschätzung von Flächen und Formen, Flächen- und Formenvergleich, Formenerkennung und –unterscheidung	1 2 3 4 5	
118	es muß geistig viel Neues erlernt und angewandt werden, hohes Lerntempo, hohes Lernpensum, Einfallsreichtum, Phantasie, Kreativität des Denkens	1 2 3 4 5	
119	komplizierte Hand- und Handwerksarbeit, Handgeschick, Nähen, Stricken, Häkeln, Hämmern, Montieren, Basteln, Löten	1 2 3 4 5	
120	es sind mehrere Vorgänge gleichzeitig zu verfolgen, weiter Aufmerksamkeitshorizont, Aufmerksamkeitsreagibilität, schnelle Ansprechbarkeit der Aufmerksamkeit, ständiger Arbeits- und Aufmerksamkeitswechsel	1 2 3 4 5	
121	es ist aus der Fläche ins Räumliche zu projizieren, technische Zeichnungen lesen, Fotos räumlich sehen, räumliche Beziehungen in zweidimensionalen Projektionen erkennen	1 2 3 4 5	
122	Kombinationsaufgaben, unalltägliche geistige Aufgaben, geistige Beweglichkeit und Gewandtheit, Denken auf verschiedenen Ebenen, Denken in verschiedenen Perspektiven	1 2 3 4 5	
123	körperliche Beweglichkeit und Geschicklichkeit sind nötig, sportliche Betätigung, komplizierte Bewegungsräume, Beidhandgeschick,	1 2 3 4 5	
124	es muß besonders konzentriert und unablenkbar gearbeitet werden, Bewußtheitsschärfe und –genauigkeit, fixierende Aufmerksamkeit,	1 2 3 4 5	

125	umfassende, fundierte Lebenserfahrung erforderlich, Kenntnis der Zusammenhänge und Hintergründe des Lebens und vitalen Geschehens, Sinn für die tieferen Zusammenhänge und Hintergründe des praktischen Tuns und Handelns, umfassende biologische und ökologische Kenntnisse und Erfahrungen.	1 2 3 4 5	
126	Fundierte Theoriekenntnisse, geistige Vorstellungen, Begriffe und Begriffssysteme und ihre Zusammenhänge, fundierte geisteswissenschaftliche, idealistische, erkenntnistheoretische und philosophische Kenntnisse einschließlich der Zusammenhänge und Hintergründe, umfassende Allgemeinbildungsinhalte,	1 2 3 4 5	
127	Fundierte Repräsentations- und Gesellschaftskenntnisse, tiefreichende Kenntnisse und Erfahrungen aus dem Umfeld und dem weltlichen Geschehen, aus Nachbarschaft und Gemeinde, von Möglichkeiten und Hilfsmitteln im Umfeld einschließlich der bestehenden Zusammenhänge und Hintergründe	1 2 3 4 5	
128	Fundierte Wert- und Weltanschauungskenntnisse, umfassende Normenkenntnisse über den jeweiligen Sektor, umfassende religiöse Kenntnisse, tiefreichende Skalierungs- und Bewertungserfahrungen, Kenntnisse der einzelnen Handlungsvorschriften und –grenzen der betreffenden Situation und ihrer Zusammenhänge und Hintergründe	1 2 3 4 5	
129	fundiertes Sprachkönnen, literarisches, kulturelles Wissen nötig, fundiertes historisches (geschichtliches) Wissen, kennt die Hintergründe der Ereignisse und ihre Zusammenhänge, fundiertes und umfassendes literarisches Wissen, umfassende pädagogische und erzieherische Erfahrungen, umfassendes Wissen der menschlichen Kultur und Kulturen,	1 2 3 4 5	
130	umfassende, fundierte psychologische Kenntnisse nötig, umfassendes Wissen von menschlichen Bildungsvorgängen und Reifungsprozessen und ihren Hintergründen, langjährige und fundierte Erfahrungen in und mit Partnerschaften, fundierte Erfahrung in Fragen der Selbstverwirklichung, fundiertes Wissen von der menschlichen Psyche und Persönlichkeit und den wirkenden Zusammenhängen,	1 2 3 4 5	
131	fundiertes Führungs- und Gestaltungskönnen wird verlangt, umfassende Führungs- und Leitungskenntnisse für jede Situation und die jeweiligen Zusammenhänge, umfassende Führungserfahrungen für alle Situationen des Management, fundierte Erfahrungen im Konstruieren und Gestalten, fundierte und umfassende Kenntnisse in der Ausübung von Macht und den Hintergründen dazu,	1 2 3 4 5	
132	umfassendes Sozial- und/oder Servicekönnen und –wissen nötig, fundierte Erfahrungen und Kenntnisse in der Pflege und Erhaltung von Dingen, fundierte Erfahrungen in der Betreuung von und Hilfe für Menschen, fundierte therapeutische und heilkundliche Kenntnisse, umfassende, gründliche Erfahrungen in der Beratung von Menschen einschließlich des Wissens um die zu beachtenden Zusammenhänge.	1 2 3 4 5	

133	fundierte ästhetisch-künstlerische und/oder Qualitätskenntnisse nötig, umfassendes und fundiertes Kunstverständnis, fundiertes und gründliches musikalisches Wissen, fundiertes und umfassendes Wissen auf dem Gebiet der Malerei, der Stile und Techniken, umfassende und fundierte Architekturkenntnisse, der Stile, Planungen und Materialien.	1 2 3 4 5	
134	fundierte systemtheoretische und formale Kenntnisse erforderlich, umfassende Erfahrungen in Verwaltungsfragen und die herrschenden Zusammenhänge, fundierte und umfassende Organisationserfahrungen, gründliche und fundierte mathematische Kenntnisse in Theorie und Anwendung, fundierte Kenntnisse in Kybernetik und Systemtheorie in Theorie und Anwendung.	1 2 3 4 5	
135	fundierte Kenntnisse von Fernem, Fremdem u. Verfahrenssystemen nötig, fundiertes und gründliches Wissen in neuzeitlicher Technik, fundierte Kenntnisse von modernen u. zukünftigen Entwicklungen, mit allen Neuheiten gründlich vertraut, fundiertes Wissen von Utopien und Zukunftswünschen der Menschen und ihren Hintergründen.	1 2 3 4 5	
136	umfassendes betriebswirtschaftliches und Traditionswissen nötig, gründliches ökonomisches und wirtschaftliches Wissen einschließlich der Zusammenhänge und Hintergründe, fundiertes Wissen von Überlieferungen und Traditionen., fundiertes Wissen in Geld- und Finanzfragen sowie der bestehenden Zusammenhänge, fundiertes Wissen in Eigentums- und Besitzfragen sowie der Zusammenhänge und Hintergründe.	1 2 3 4 5	
141	als Gegenstände, Vorstellungen und Inhalte Vertrocknete, versteinerte, unlebendige und leblose Gegenstände	1 2 3 4 5	
142	als Gegenstände, Vorstellungen und Inhalte antitheoretischer, antigeistiger und –geisteswissenschaftlicher, theoriefeindlicher Art	1 2 3 4 5	
143	als Gegenstände, Vorstellungen und Inhalte antiweltlicher, antigesellschaftlicher Art, Grenzen, abschottende Mauern usw.	1 2 3 4 5	
144	als Gegenstände, Vorstellungen und Inhalte areligiöse, a-ideologische, verdrängte, neutralistische Ideologien	1 2 3 4 5	
145	als Gegenstände, Vorstellungen und Inhalte antikulturelle, funktionalistische, reine Zweckkultur	1 2 3 4 5	
146	als Gegenstände, Vorstellungen und Inhalte Dehumanisierungs-Instrumente, Personen- und Gemeinschaftsverleugnung, zwanghafter Kollektivismus	1 2 3 4 5	
147	als Gegenstände, Vorstellungen und Inhalte aggressionsfeindliche und –verleugnende Haltungen, unterdrückte Führungs- und Gestaltungsinstrumente	1 2 3 4 5	
148	als Gegenstände, Vorstellungen und Inhalte werden Pflege, Hege, Wartung und Anpassung und ihre Instrumente unterdrückt und verdrängt	1 2 3 4 5	

149	als Gegenstände, Vorstellungen und Inhalte Quantitäten, Mengen, Kunstvernichtung, unterdrückte Qualitätskriterien	1 2 3 4 5	
150	als Gegenstände, Vorstellungen und Inhalte Chaos, ordnungsfeindliche und –unterdrückende Instrumente	1 2 3 4 5	
151	als Gegenstände, Vorstellungen und Inhalte Vorgestriges, begrenzende, adynamische Instrumente	1 2 3 4 5	
152	als Gegenstände, Vorstellungen und Inhalte Besitzlosigkeit, Traditionslosigkeit, Sicherheit verhindernde Instrumente	1 2 3 4 5	
153	als Gegenstände, Vorstellungen und Inhalte Parasitentum, Parasitäres, Genüsse auf Kosten anderer,	1 2 3 4 5	
154	als Gegenstände, Vorstellungen und Inhalte esoterische, utopistische, von der Realität abgehobene Gegenstände und Inhalte	1 2 3 4 5	
155	als Gegenstände, Vorstellungen und Inhalte übersteigerte Geltungs- und Darstellungsmittel, Pompöses,	1 2 3 4 5	
156	als Gegenstände, Vorstellungen und Inhalte Sektenkultur, religiöse und moralische Gottesvertretungen, wahnhafte Normenkultur	1 2 3 4 5	
157	als Gegenstände, Vorstellungen und Inhalte Schwärmerei, Schöngeistigkeit, Geistreicheleien, kulturelle Verschrobenheiten	1 2 3 4 5	
158	als Gegenstände, Vorstellungen und Inhalte Gottähnlichkeiten, Instanzenwahn, Auserwähltenwahn	1 2 3 4 5	
159	als Gegenstände, Vorstellungen und Inhalte Überwältigungs- und Unterdrückungsinstrumente	1 2 3 4 5	
160	als Gegenstände, Vorstellungen und Inhalte soziale Utopien, feministische Wahnvorstellungen	1 2 3 4 5	
161	als Gegenstände, Vorstellungen und Inhalte verschrobene verabsolutierte Güte- und Qualitätskriterien	1 2 3 4 5	
162	als Gegenstände, Vorstellungen und Inhalte Bürokratistisches, verschrobene Ordnungsvorgaben, Ordnungssinnlosigkeiten	1 2 3 4 5	
163	als Gegenstände, Vorstellungen und Inhalte utopistische und exotische Wahngegenstände, esoterische Forschungsreisen	1 2 3 4 5	
164	als Gegenstände, Vorstellungen und Inhalte verschrobene Heimats- und Traditionsvorstellungen, Hortungsdepots, Trödelsammlungen	1 2 3 4 5	
201	braucht natürliche emotionale Impulse zur Bewältigung und zur Orientierung, braucht viel Eigeninitiative, muß von innen heraus agieren und reagieren, Beziehungen sind durch Unmittelbarkeit und Emotionalität bestimmt, eine praxisorientierte Ausrichtung erscheint nötig, Emotionalität und Ursprünglichkeit und Sinnlichkeit erwartet der Partner, Führung und Förderung brauchen ursprüngliches und unmittelbares Handeln	1 2 3 4 5	

202	Prüfungs- und Planungsaufgaben, disziplinierte und gesteuerte Reaktionsweisen, vernünftige Einteilung, rationale Argumentation und Steuerung, Beziehung zu Normen und Regeln, überlegte Reaktionen, kritische Einstellung	1 2 3 4 5	
203	Kontaktaufgaben, aktive Umweltzuwendung, Werbe- und Verkaufsfunktionen, allgemeine Zuwendung zur Umwelt, Außenwirkung, Überzeugung anderer, Aufgeschlossenheit und Zugehen auf andere und das weltliche Geschehen	1 2 3 4 5	
204	Arbeit und Umstände verlangen Distanz und Zurückhaltung, Reserviertheit und Abstandnahme, Innenwendung und Innenorientierung, Verschwiegenheit, Geheimnisse und Interna sind zu wahren,	1 2 3 4 5	
205	menschliches Einfühlungsvermögen und Fingerspitzengefühl nötig, lebhafte Abläufe, Begeisterungsfähigkeit, sprühende Äußerungsweise, unverbindliche vielfältige Kontakte, lockere, beschwingte Reaktionsweisen, Gesprächsbereitschaft, Ansprechbarkeit	1 2 3 4 5	
206	Arbeit muß stets im gleichen Team geleistet werden, dauerhafte Bindung wünschenswert, dauerhafte personale Partnerschaft, humanistische Haltung nötig, begrenzte menschliche Freiheit und Unabhängigkeit,	1 2 3 4 5	
207	Selbständiges Arbeiten und/oder Durchsetzungsaufgaben, eigenständiges Gestalten, Führen und Dominieren, Dinge und Situationen in Angriff nehmen, Schwierigkeiten überwinden, hartes und festes Material, Metall, Steine	1 2 3 4 5	
208	Ausführungsarbeiten mit Anpassung an Vorhandenes, Dienstleistungsfunktionen, soziale Anpassung und Hingabe, Sorge für andere und Betreuung von Menschen, weiches und plastisches Arbeitsmaterial; Arbeiten, die Anpassung verlangen, Tätigkeiten, bei denen fortführende Ausführung erforderlich ist, mehr pflegende als gestaltende Arbeiten, Arbeiten nach Weisung, Wartungsarbeiten, Dienstleistungen, weiches Material,	1 2 3 4 5	
209	risikoreiche, Optimismus verlangende Arbeit, unterhaltende, lustige und brillierende Tätigkeiten, Arbeiten, die Optimismus und Risikobereitschaft verlangen, all-round-Tätigkeiten, Edelmetalle, glänzende Stoffe, Effekte, besonders auch Lichteffekte	1 2 3 4 5	
210	Einzelheiten und Feinheiten sind für Erfolg entscheidend, Arbeit in kleinen Schritten, Fein- und Ordnungsarbeiten, Präzisionsarbeiten, Innendienst, Büroarbeit, besinnliche und ernste Arbeitshaltung mit Vorliebe zum Abwägen erforderlich	1 2 3 4 5	
211	dynamisches und schwungvolles, unternehmungslustiges Vorgehen nötig, Arbeiten, die Schwung und Dynamik, Unternehmungsgeist und Expansion verlangen, unkonventionelle Tätigkeiten, Abwechslung in der Arbeit	1 2 3 4 5	

212	Bestimmtheit und Festigkeit des Standpunkts wird verlangt, Tätigkeiten, die eine stetige und gleichmäßige, evtl. auch gleichförmige Arbeitsweise erfordern, bewahrende, sammelnde Tätigkeiten, erdiges Material, graphisches Gewerbe; Situationen, die Selbstbehauptung und Standfestigkeit erfordern	1 2 3 4 5	
225	braucht natürliche Impulsivität zur Bewältigung und zur Orientierung, braucht viel Spontaneität und Eindrucksbestimmtheit, muß augenblickshaft agieren und reagieren, Beziehungen sind durch Augenblickseinflüsse bestimmt, eine theoriefremde Ausrichtung erscheint nötig, emotionale Plötzlichkeit und Impulsivität erwartet der Partner, Führung und Förderung benötigen Einstellung auf plötzliche Impulse und Regungen Handeln	1 2 3 4 5	
226	Schematische Kontrollfunktionen, normierte und schablonenhafte Reaktionsweisen, Vernünftelei, schematische Einteilung, rationalistische Argumentation und Steuerung, Verhaftung in einengenden Normen und Regeln, kritikasterische Einstellung	1 2 3 4 5	
227	Darstellende Kontaktaufgaben, aggressive Umweltzuwendung, Reklamefunktionen, repräsentative Außenwirkung, Überzeugung anderer und Unterdrückung fremder Meinungen und Vorstellungen, Status, Prestige, öffentliche Anerkennung,	1 2 3 4 5	
228	Arbeit und Umstände verlangen Abgeschiedenheit, Alleinarbeit, Isolation, ichbezogene Betrachtungsweise, Verschweigen, Verstecken, Untertauchen, Verbergen, Geheimnisse und Interna sind zu wahren,	1 2 3 4 5	
229	dauerhafte soziale Bindungen sind unerwünscht, nur flüchtige und oberflächliche soziale Beziehungen erlaubt, schwärmerische und unstete Beziehungen und Äußerungsformen, ekstatische Begeisterungsformen werden angestrebt	1 2 3 4 5	
230	Aufgehen in der Arbeitsgemeinschaft/-gruppe wird verlangt, romantische Atmosphäre, Gefühlsduselei, subjektive und persönliche Gefühlsbeziehungen, Parteilichkeit, Arbeiten, bei denen Subjektivität nicht schadet bzw. Romantik gefordert ist, wo Ichbezogenheit und gefühlsmäßige Isolierung nicht schaden	1 2 3 4 5	
231	harte und spröde Gegenstände, große Widerstände, Tätigkeiten, die rücksichtsloses und aggressives Vorgehen verlangen, Zerstörungs-, Tötungsarbeiten	1 2 3 4 5	
232	es ist zu tun, was andere anordnen oder fordern, matschige und schleimige Materialien, Textilien, Arbeiten, die Nachgeben verlangen, wo Beeinflußbarkeit nicht schadet	1 2 3 4 5	
233	riskante Arbeiten und Entscheidungen, Arbeiten, die Tollkühnheit, Flüchtigkeit und Oberflächlichkeit erfordern, Selbstüberschätzung verlangen, denen Mangel an Selbstkritik nicht schadet	1 2 3 4 5	
234	Kleinigkeiten wesentlich, pedantische Arbeitsweise gefordert; Arbeiten, die pedantisches, ängstliches Zögern erfordern, Bearbeitung von Kleinigkeiten und Winzigkeiten	1 2 3 4 5	

235	wechselhafter bis sprunghafter Arbeitsverlauf, Arbeiten, die Unstetigkeit, Wechselhaftigkeit und Abenteuerlust erfordern, Arbeiten, die explosives, eruptives Vorgehen verlangen, Sprunghaftigkeit erfordern	1 2 3 4 5	
236	gleichförmiger bis monotoner Arbeitsablauf, Arbeiten ohne Umstellungen und ohne Wandel, Trotzhaltung ist unschädlich,	1 2 3 4 5	
241	Impulslosigkeit, Trockenheit, Dürre	1 2 3 4 5	
242	Unstetheit, ungeregelt, ungesteuert,	1 2 3 4 5	
243	Gehemmt, scheu, gestaute Extraversion	1 2 3 4 5	
244	Flucht nach "vorne", distanzlos, zudringlich, indiskret,	1 2 3 4 5	
245	Indolenz, äußerungsgehemmt, äußerungsträge	1 2 3 4 5	
246	Bindungslosigkeit, Bindungsangst, kalt,	1 2 3 4 5	
247	matt und gezwungen, zaghaft, mutlos,	1 2 3 4 5	
248	rigid, spröde, anpassungsgehemmt, dienstunwillig	1 2 3 4 5	
249	unsicheres, ängstliches Verhalten, Risikoscheu	1 2 3 4 5	
250	gehetzt und getrieben, ohne Besonnenheit, überhastet und übereilt, rastlos	1 2 3 4 5	
251	lahm, matt und müde, völlig schwunglos und kraftlos, und das bei ängstlichem Zurückweichen vor jeder Veränderung	1 2 3 4 5	
252	ohne eigenen Standpunkt, verführbar, haltlos	1 2 3 4 5	
253	primitives, hyperkinetisches, bizarres Verhalten	1 2 3 4 5	
254	weltfremde Regelhaftigkeit, träumerisch und weltfremd, verwirrt	1 2 3 4 5	
255	selbstbespiegelndes Verhalten, penetrant in den Vordergrund spielend, Selbstliebe	1 2 3 4 5	
256	situationsunangemessene Fluchtreaktionen, Versuch, sich durch Flucht und Ausweichen den Situationen immer wieder zu entziehen, Totstellreflexe	1 2 3 4 5	
257	ekstatische, rauschhafte Reaktionen, steigert sich voller Unruhe und übertriebener Lebhaftigkeit und Schwärmerei in heikle Situationen hinein	1 2 3 4 5	
258	Schwülstigkeit, gemachte Gefühle, "egozentrische Selbstbindung"	1 2 3 4 5	
259	Aggressionen, selbstzerstörerische, Zerstörungs- und Zerfleischungsreaktionen, Rücksichtslosigkeit, Streitsucht	1 2 3 4 5	
260	zwanghaft nachgiebig, Hilflosigkeit, Verführbarkeit, Abhängigkeit, Unfähigkeit	1 2 3 4 5	
261	manische Unruhe und zerfahrene Hektik	1 2 3 4 5	
262	Leere, Hoffnungslosigkeit, Depression, düster, trist, oede	1 2 3 4 5	
263	hyperkinetische Störreaktionen mit ausfahrenden Bewegungen, übersteigerte Überaktivität, eruptiv, explosiv, paranoide Unruhe	1 2 3 4 5	
264	akinetisches Verhalten, stuporös, adynamisches, Negativismus	1 2 3 4 5	

301	vitale, sinnenhafte und sinnliche Reaktionsweisen erforderlich, praktische und anschauungsnahe Aufgaben, naturgebundene Tätigkeiten, Tätigkeiten im Freien und mit viel Bewegung, Gruppenarbeit und naturorientierte Gruppentätigkeiten, vitale Beziehungen, Partner fordert sinnliche und lebensnahe – auch physische – Beziehungen, lebensnahe, alltagsbezogene und vitale Führungsweise	1 2 3 4 5	
302	theoretische und wissenschaftliche Arbeiten, abstrakte Inhalte, formale Inhalte, geistige Beschäftigungen und Anregungen, Überlegungen, Untersuchungen, gedankliche Analysen, Impulse der Neugier und des Wissensdurstes, Informationsdrang, unbekannte Wirkungsgrößen, Detektivarbeit	1 2 3 4 5	
303	öffentliche Aufgaben, Publikum, Werbefunktionen, Interesse am Geschehen in Staat und Gesellschaft, in Nachbarschaft und im Bekanntenkreis, Wirkung nach außen, Auftretenssicherheit	1 2 3 4 5	
304	gesellschaftliche Normen und Wertskalen sind zu beachten, moralische und ethische Vorschriften und Handlungsbestimmungen sind bedeutsam, Tendenzbetrieb, moralische Beschränkungen sind wirksam, Identifikation mit Gruppennormen, ungeschriebene Gesetze, Streben nach Innenorientierung unterstützen	1 2 3 4 5	
305	sprachliche, literarische, kulturelle Aufgaben, Übersetzungen, Korrespondenz, Texten, journalistische Aufgaben, Findungs- und Entdeckungsfunktionen, historische Arbeiten, Supportaufgaben, pädagogische Aufgaben, Aufgaben des Supports	1 2 3 4 5	
306	Aufgaben bieten großen individuellen Gestaltungsspielraum, Selbstverwirklichungsmöglichkeit, Erfordernis der Aufprägung des eigenen Stempels, psychologische Aufgaben, Aufgaben der humanen Entwicklungshilfe, therapeutische Aufgaben – vor allem psychotherapeutische -.	1 2 3 4 5	
307	Leitungs- und Lenkungsaufgaben, Führungsfunktionen, Mentortätigkeiten, Bewältigungsaufgaben, eigenes Schaffen, Bewältigung, bewältigende Technik, Macht, Führung, Konstruktion, Machen, Naturwissenschaften (harte), Regieren, Domination, Bauen, Aufbauen, Gestalten, Fertigung	1 2 3 4 5	
308	Dinge müssen gewartet, Menschen betreut werden, caritative Aufgaben, Soziales, Menschen, Gruppen, Kinder, Hilfsbedürftige, Pflege, Instandhaltung, Heilen, Bemuttern, Wartung, Dienen, Mitmachen, Unterstützen	1 2 3 4 5	
309	Qualität und/oder Ästhetik der Ergebnisse sind wesentlich, Qualität, Güte, Schönheit, Ästhetik, Musisches, Musik, Kunst, Künstlerisches, Kunsthandwerk, Mode, Werbung, Schmuck,	1 2 3 4 5	
310	organisatorische, formale und mathematische Aufgaben, Verwaltung, Organisation, Logistik, Ordnung, Zahlen, Gliederung, Systematik, Formales, Informatik, EDV, Mathematik	1 2 3 4 5	

311	hohe Veränderungs- und Innovationsraten der Aufgaben, Fernes, Neues, Fortschritt, Reise, Reisen, Verkehr, Zukünftiges, Forschung, Neuheiten, Progressives, Abwechslung, Handel, Handeln, Exotisches, Unbekanntes	1 2 3 4 5	
312	Vertrautes, Bekanntes als Aufgabeninhalte, Bau, Boden, Immobilien, Geld, Bankwesen, Rechnungswesen, Land- und Forstwirtschaft, Vertrautes, Bekanntes, Besitz, Tradition, Sicherheit, Gewohnheiten, Vergangenes, Nahes, Heutiges, Gegenwärtiges	1 2 3 4 5	
325	vitale, sinnenhafte und sinnenabhängige Reaktionsweisen erforderlich, primitive und einfache Aufgaben, naturverhaftete Tätigkeiten, Tätigkeiten im Freien und mit viel Abhängigkeit, genußbestimmte Gruppentätigkeiten, vitale ungeistige Beziehungen, Partner fordert sinnenbeherrschte Beziehungen, alltagsbezogene undifferenzierte Führungsweise	1 2 3 4 5	
326	Spekulative und utopische, evtl. esoterische Arbeiten, formalistische Inhalte, „geistig-idealistische" Beschäftigungen und Anregungen, spekulative Analysen, kindliche Neugier, Informationssucht, unbekannte fiktive Wirkungsgrößen, Detektivarbeit	1 2 3 4 5	
327	öffentliche Aufgaben, Publikum, Reklamefunktionen, Streben nach Publikumswirkung, Erregen der Aufmerksamkeit der anderen, Pose, Äußerlichkeiten, Theatralik, Bühnenarbeit	1 2 3 4 5	
328	gesellschaftliche Normen und Wertskalen sind unabdingbar, moralische und ethische Vorschriften und Handlungsbestimmungen sind fundamental und rigoros, ausgesprochener Tendenzbetrieb, moralische Beschränkungen sind unabänderlich, Identifikation mit Gruppennormen ist grundsätzliche Voraussetzung, orthodoxe und rigide ungeschriebene Gesetze,	1 2 3 4 5	
329	nützlichkeitsferne kulturromantische Aufgaben, schöngeistige Aufgaben, scheinliterarische Tätigkeiten, trivialer Journalismus, Vorstadtjournalismus, Reklametexterei, Schöngeistigkeit, Utopien, modische Zeitströmungen	1 2 3 4 5	
330	Subjektivität, Sachfremdheit in Inhalt und Vorgehen, selbstbetonte Funktionen, individualistische Lebensformen, Singletum, Selbstverwirklichung um jeden Preis, Subjektives, Ichhaftes, Romantik, Singletum, Absonderung durch Inhalte	1 2 3 4 5	
331	Technokratie, Macht, Kritik und Herrschaft als Inhalte, Diktieren, Kommandieren, Zerstörung, Vernichtung, Krieg, Überwältigen, Unterdrücken,	1 2 3 4 5	
332	Fürsorge, bemutternde Bevormundung als Inhalte, Fürsorge, Verhätscheln, Herrschen durch Schwäche; erlernte Hilflosigkeit stört nicht	1 2 3 4 5	
333	Reklame, Effekte, Äußerlichkeiten als Arbeitsinhalte, Flitter, Tand, Effekte, Äußerlichkeiten, Kitsch, Tamtam,	1 2 3 4 5	
334	strenge Normen, bürokratische Formalismen als Inhalte, Bürokratisches, Registratur, Schemata, Ordnungsvorschriften, Regelhaftigkeiten	1 2 3 4 5	

335	absoluter Fortschritt, Abenteuer, Rumreiserei als Inhalte, Exotik, Unbeständigkeit, Fortschrittssucht, Fernweh	1 2 3 4 5	
336	Gewohnheiten, absolute Sicherheit, alles, was m a n tut, Gestriges, Übliches, Horten, Müll, Abfall, Vergangenheit, Überholtes	1 2 3 4 5	
341	ängstliche Abwehr gegen Natur, Leben, Genuß, Sinnlichkeit, übertrieben asketisch	1 2 3 4 5	
342	alles Geistige, Gedankliche und Wissenschaftliche wird abgelehnt und unterdrückt.	1 2 3 4 5	
343	typische Aussteigermentalität, nimmt am bestehenden Geschehen und Leben nicht mehr teil	1 2 3 4 5	
344	Wertordnungen und Wertbegriffe werden unterdrückt und abgelehnt, evtl. tabuisiert	1 2 3 4 5	
345	Kultur und Kulturelles, Kunst und Literatur werden abgelehnt und unterdrückt, Sprachen vereinfacht und vergröbert	1 2 3 4 5	
346	Nivellierung und Gleichmacherei, Kollektivierung, "Soziale Gerechtigkeit"	1 2 3 4 5	
347	Führung und Machtausübung werden unterdrückt und verteufelt, ebenso ihre Instrumente und Waffen jeder Art,	1 2 3 4 5	
348	Soziales wird unterdrückt, Sozialem wird ausgewichen, Pflege- und Wartungsdienste behindert	1 2 3 4 5	
349	musischen und künstlerischen Tätigkeiten und Qualitäten werden unterdrückt, nur Quantitäten und Mengen gelten, "Bilderstürmerei"	1 2 3 4 5	
350	Chaos und Unordnung entstehen durch Unterdrückung von Systematik, Organisation und Formalem	1 2 3 4 5	
351	alles Neue und Fremde wird ängstlich abgelehnt, abgewehrt und unterdrückt Das gilt sowohl für fremde Personen, andere Gruppen, ferne Länder usw., als auch für technische und modische Neuerungen	1 2 3 4 5	
352	jegliche Tradition und alles Übliche, auch Sicherungsmöglichkeiten, Eigentum, Besitz usw. werden abgelehnt und unterdrückt.,	1 2 3 4 5	
353	"perverse" Genußtrends, parasitäre Lebensbedürfnisse, Rauschmittelbejahung	1 2 3 4 5	
354	zwanghafte paranoide Neugier, Neugier ist nicht zu unterdrücken und nicht zu beherrschen	1 2 3 4 5	
355	hysterische posenhafte Reaktionen, theatralischer Trends	1 2 3 4 5	
356	Gerechtigkeitsfanatismen und –wahnvorstellungen, kämpft fanatisch für Rechte, vor allem für eigene Rechte,	1 2 3 4 5	
357	kultureller Sendungswahn, Missionarin der Kultur, Antifunktionalismus	1 2 3 4 5	
358	Abhängigkeit von Bindungen an höhere, übermenschliche Gewalten	1 2 3 4 5	
359	Zerstörungswahn und –zwänge	1 2 3 4 5	

360	Zwang zum Pflegen und Helfen, auch dort, wo keine Hilfe gebraucht wird, nichts zu pflegen, zu bewahren und zu erhalten ist, alles, auch Überholtes und Nutzloses wird erhalten	1 2 3 4 5	
361	künstlerische Wahnvorstellungen, muß bestimmen, was Kunst ist, Wunst und verschrobene Effekte	1 2 3 4 5	
362	verschrobene rigide Ordnungszwänge und -vorgaben, Chaosängste	1 2 3 4 5	
363	Veränderungssüchte, Abenteuerismus, Räuberei, es muß sich alles stets verändern, status quo wird nicht geduldet und ertragen	1 2 3 4 5	
364	Heimweh nach und Kleben an Örtlichkeiten, Gewohnheitszwänge,	1 2 3 4 5	

Psychologische Graphikanalyse (DGk_DAE)

Anweisung: Bitte beantworten Sie jede Frage sorgfältig und gewissenhaft zu den einzelnen Zeichnungen nach folgender Skala:

1- nein, nicht, minimal, eher im Gegenteil,

2 - wenig, kaum, selten

3 - zeitweise, manchmal, mittel, (weiß nicht),

4 - häufig, markant, deutlich

5 - besonders ausgeprägt, sehr stark, immer, überaus,

indem Sie den für Sie zutreffenden Wert in Spalte A durchstreichen (/) oder bei Bearbeitung am Computer den zutreffenden Wert in Spalte I eintragen. Zwischenwerte (1,5; 2,5; usw.) sind erlaubt.

Name:

Nr.	A	Items	I
.001	1 2 3 4 5	**Kleine/große Intensität, Natürlichkeit, #magere/volle Schrift, #Nüchternheit ./. Unmittelbarkeit, druckschwache/druckstarke Züge, #Sachlichkeit./.Emotionalität:** Die Druckstärke läßt sich an dem Grad der Federspreizung bis zur Bildung von Spurrinnen und an Strichverbreiterungen sowie – insbesondere durch Tasten - aus den Erhebungen auf der Rückseite bestimmen. Bewegungsreichtum und Impulsstärke der Züge, verbunden mit Druck, Farbigkeit und Lebendigkeit des Duktus deuten auf große Intensität. Unmittelbarkeit, Emotionalität, Voll, flächig, vital, Organisches, Anschauliches, Sinnliches, Körperliches, praktisches Handhaben, Lebendiges, Natur, Natürliches, Garten, Pflanzliches. -; kennzeichnend für die Völle ist die von den Linien umschlossene Fläche	

.002	1 2 3 4 5	**Unregelmäßige/regelmäßige Züge, #überschräge/steile Schrift und Senkrechte, # Lockerheit./.Disziplin, #einfache ./. differenzierte Züge, #Einfachheit ./. Rationalität:** je differenzierter die Graphik ist, desto mehr Steuerungselemente enthält sie, desto mehr löst sie sich auch von der Vorlage. wechselnde bzw. gleichmäßige Größe, Form und Lage der Buchstaben, Diszipliniertheit, linear, abstrakte, formale, rationale Inhalte, Gedanken, Theorien, Wissenschaftliches, Philosophisches, Ideen, Abstraktes, Geistiges. Steilheit beschreibt den Winkel zwischen Grundstrichen bzw. Vertikalen und Zeilenbasis (unter 50° =1, 50-70°=2, 70-90°=3, 90-100°= 4, >100°= 5; bei sehr starker Linksneigung mehr in Richtung +ir bzw. -ir gehend).	
.003	1 2 3 4 5	**gehemmte/betonte Rechtsläufigkeit, # breiter ./. schmaler Rechtsrand, # Unauffälligkeit./.Extraversion, übersteile/schräge Züge, #Unbeteiligtsein./. Zuwendung, Geselligkeit:** hier ist für die Lage die Definition nach 014 zugrundezulegen, aber der reziproke Wert anzusetzen. strebt dem rechten Rande zu, Endzüge sind wenig gebremst, wobei meistens rechtsschräge und girlandenhafte Züge vorherrschen. Extraversion, Geselligkeit, gefüllte Felder, Gesellschaft, Öffentlichkeit, Welt und Umwelt, Öffnung und Kontakt, Kommunikation. Der Mittelwert liegt bei 7 - 10% der Papierbreite bzw. Feldbreite für den Rechtsrand,	
.004	1 2 3 4 5	**zerlöstes/kompaktes Schriftbild, # kleine ./. große Wortabstände, # Ungezwungenheit ./.Distanzierung, Zurückhaltung, #offene ./. geschlossene Rundformen, #Unbefangenheit ./. Intraversion, Innenwendung:** hierbei geht es in Schriften vor allem um die a und o, aber auch um den Mittelbandanteil von q und g, der mehr oder minder nach oben geschlossen ausgeführt sein kann, was im Grenzfalle bis zur Einrollung geht. In Graphiken sind Rundformen zu prüfen, inwieweit sie wirklich geschlossen oder auch eingerollt sind, der Block wirkt dicht und in sich geschlossen, hebt sich geschlossen und kompakt vom Papierfeld ab. Innenwendung, Intraversion, geschlossene Figuren, Distanzbildung, große Abstände, Ethik, Ethos, Werte, Wertsysteme, Ideen- und Wertsysteme, Moralisches, Überirdisches, Religion, normal ist der Wortabstand, der dem Abstand zweier Grundstriche im Mittelband bzw. der realitätsgerechte Abstand entspricht.	

.005	1 2 3 4 5	**trӓges/sprühendes Bewegungsbild, # kleine ./. große Oberzeichenhöhe, #Sachlichkeit ./. Begeisterungsfähigkeit, #magere ./. volle Oberzonen, #Bedächtigkeit ./. Agilität, Lebhaftigkeit:** während im Extremfalle der mageren Oberschleifen und Oberzonen praktisch Aufstrich und Abstrich in eins zusammenfließen, schließen volle Oberschleifen und Oberzonen eine größere Fläche zwischen Auf- und Abstrich ein, luftige, feine und zugleich bewegte, leichte, spritzige Züge weisen in Richtung übermittlerer, während die trägen Formen mit wenig Bewegung, eher schweren und derben, dabei kraftlosen Strichen auf untermittlere Werte hinweisen. Agilität, leichte, zarte Linien, sprühend, luftig, Kultur, Kulturelles, Sprache, Geschichte, Bücher, Filme, Theater, beschreibt auch den Abstand der Oberzeichen von der oberen Begrenzungslinie des Mittelbandes sowie die Abstände oberer Details vom Kerninhalt.	
.006	1 2 3 4 5	**blasse ./. farbige Züge,# Wärme, Winkel- ./. Girlandenduktus, #Sachlichkeit ./. Gefühlstiefe, kalte ./. warme Züge, Wärme, #nüchtern ./. gemütvoll:** hier handelt es sich um einen Eindruckswert. Während die kalte Ausführung sich durch dünne, aber feste Striche, winklige Linienführung und schmale Schleifen auszeichnet, findet man in der warmen Farbigkeit, breite Striche und gerundete Formen, sie wirkt bei eher breitem und farbigen Strich warm, weich und zugleich füllig, und das besonders im Mittelband. Tiefe, volle runde, ausgerundete Formen, farbig, warm, Menschlichkeit, Selbstverwirklichung, Individuation, Selbständigkeit, Partnerschaft, Gemeinschaft, Psychologisches. Bezeichnet auch die Verbindung der Grundstriche und senkrechten Linien in u- Form (auch bei m, n usw.). 1 und 2 stehen für winklige Formen, wie sie in der Sütterlinschrift Vorschrift waren, 4 und 5 für girlandige, nach oben offene Verbindungslinien	

.007	1 2 3 4 5	**unelastische ./. elastische Züge, # kleine ./. große Langlängen, #Zaghaftigkeit ./. Durchsetzung, Bestimmtheit #zarte ./. federnde Strichführung, #Passivität ./. Aktivität**: dünne, wenig gespannte und gestraffte Linien zeichnen die zarte Ausführung aus, gespannte, zügige Abläufe mit markanten Umkehrstellen verlaufende Linienführungen werden als federnd bezeichnet neben Bewegtheit und Druckstärke finden sich scharfe Umkehrstellen - im Extremfalle Winkel - mit einem zügigen Auf und Ab der Bewegungen, aktiv, gradlinig, straffe Linienführung, federnd, elastisch, Politisches, Machtgebendes, Führung, Lenkung, Konstruktives, Werkzeuge, Machen, Technisches. Die mittlere Langlängengröße beträgt 7 bis 9 mm und ist in der Schrift am besten am „f" zu messen, beträgt in Graphiken für Senkrechte etwa zwei Drittel der Feldhöhe;.	
.008	1 2 3 4 5	**stockend ./. schwingend, # harter ./. weicher Strich, #Unbeeinflußbarkeit ./. Anpassungsfähigkeit, Empfänglichkeit, #eckige ./. runde Formen, #versteift ./. gelöst**: überdurchschnittliche Werte zeigen sich besonders dort, wo Änderungen der Vorlage in Richtung auf mehr Rundheit vorgenommen werden, die Strichführung zeigt fließende Übergänge, fehlende Absetzungen und Stockungen, lockere Hin- und Her-Bewegungen ohne übermäßige Ausschläge. Im Extremfalle verfließen die Übergänge von Buchstaben zu Buchstaben, von Detail zu Detail. Hingabe, gebogene, weiche Linienführung, schwingend, plastisch, Soziales, Pflege, Hege, Wartung, Dienen, Helfen, Mütterliches, Anpassung, Service, ein weicher Strich zeigt sich in mehr bogigen, unscharfen, evtl. verwaschenen Formen mit wenig Druck und Versteifung, der harte als Gegenstück zum weichen zeigt bei wenig Kraft und Druck eine spröde Struktur mit wenig Rundung.	

.009	1 2 3 4 5	**gezwungene ./. ungezwungene Bewegungsführung, # zurück- ./. vorgesetzte Oberzeichen, #Ruhe ./. Optimismus, Sicherheit, #kleines ./. großes Mittelband, #Unbeteiligtsein ./. Frische:** umfaßt in der Schrift vor allem die Kleinbuchstaben, wie m, n, e, o, i, u usw., die im Mittel im Grundstrich gemessen 2,5mm hoch sind, in Graphiken die Ausdehnung in der Mittelzone, im Falle einer gezwungenen Bewegungsführung kommt es zu Verengungen, Abbrüchen am Ende, zu Störungen des Flusses der Bewegung, während derartige Symptome bei einer ungezwungenen Bewegungsführung fehlen, die insgesamt schwingend und elastisch ist. Optimismus, Frische, helle, luftige, voreilende Züge, ausschwingend, ansteigende Formen, Musisches, Ästhetisches, Qualität, Künstlerisches. Erfaßt auch die Lage der Oberzeichen und oberen Zutaten bezogen auf die Verlängerung des zugehörigen Grundstriches bzw. „Senkrechten" nach oben. Der Mittelwert 3 entspricht der Lage in Grundstrichrichtung.	
.010	1 2 3 4 5	**großzügige ./. genaue Formen, #steigende ./. fallende Zeilen und Horizontalen, #Lockerheit ./. Besonnenheit, #großzügige ./. einzelheitliche Schrift- und Zeichnungsausführung, #Unbedenklichkeit ./. Tiefsinnigkeit:** beschreibt sowohl die Größe bzw. Kleinheit des Schriftbandes und der Raumnutzung als auch die Ausführungspräzision der Buchstaben und Teile, im Falle großzügiger Formenbildung nimmt es der Urheber mit der Gestaltung der Buchstabenformen und Gegenstandsformen nicht so genau, die Unterscheidung der Details und Einzelbuchstaben gelingt nicht immer, anders bei einer genauen Ausführung, bei der jedes Detail gleich genau und präzise ausgeformt wird; tiefsinnig wirken getönte, kleine Formen, sorgfältige Ausführungsweise, ernste Stimmungen und Situationen, Ordnungsmittel, Systematik, Formales, Mathematisches, Organisatorisches, EDV. Der Mittelwert wird durch die horizontale Zeilenführung (vom Anfangs- zum Endpunkt gemessen) gebildet. Bei fallenden Zeilen liegt das Zeilenende tiefer als der Zeilenanfang	

.011	1 2 3 4 5	**gehemmte ./. betonte Zentrifugalität,# Enge ./. Weite, #Beschaulichkeit ./. Schwung, kleine ./. große Oberlängen bzw. Oberteile, #Abwarten ./. Unternehmungslust:** bezieht sich auf die Ausdehnung der Oberzone, wiederum gemessen in der Anstellwinkelrichtung. Normal sind bei Schriften 2,5 mm, die betonte Zentrifugalität äußert sich in einer Verstärkung vom Körper des Urhebers fortweisender Züge, durch Längenausdehnung nach oben und Druckverstärkung solcher Züge. rechtsläufig, rechtslastig, schwungvoll, dynamisch, Ferne, Zukunft, Unternehmungen, Fortschritt, Veränderungen, Neues, Verkehr, Verkehrswesen, Innovationen, Reisen. Weite beschreibt den Abstand der Buchstaben, der normalerweise der Grundstrichhöhe entspricht, ebenso wie den Horizontalabstand der Details in Graphiken; Schwerpunkte nach rechts bzw. rechts oben verlagert.	
.012	1 2 3 4 5	**gehemmte ./. betonte Zentripetalität, #kleine ./. große Unterlängen, #Schweifen ./. Stetigkeit, #schweifende ./. bestimmte, feste Züge, #Umstellungsfähigkeit ./. Beharrlichkeit, Festigkeit,:** feste, bestimmte Formengebung und Strichführung, gleichmäßige, schwankungsarme Ausführung, die mit einer gewissen Schwere verbunden ist. Schweifend wird die Ausführung, wenn Schwankungen verbunden mit Eile und einer gewissen Leichtigkeit hervortreten, wobei meistens die Zentripetalzüge vermindert sind, die betonte Zentripetalität äußert sich einer Verstärkung zum Körper des Urhebers hinweisenden Zügen, durch Längenausdehnung nach unten und Druckverstärkung solcher Züge. Beharrlichkeit, zentripetale Züge und Schwerpunktbildung, Gleichmäßigkeit, Sicherheit, Vertrautes, Bekanntes, Tradition, Besitz, Nähe, Heim, Gemütlichkeit, Geld, Grund und Boden. Betonung der unter die Zeile reichenden Buchstabenteile durch Länge und Druck; Normallänge 2-3 mm in der Schrift sowie geringe oder betonte untere Schwerpunktlage	
.013	1 2 3 4 5	**Vorbildungsniveau:** 1- Sonderschule ohne Abschluß, 1,5- Hauptschule ohne Abschluß, Sonderschule mit Abschluß; 2- Hauptschulabschluß; 2,5- guter Hauptschulabschluß, mäßiger Realschulabschluß; 3- guter Realschulabschluß; 3,5-Fachoberschulabschluß, mäßige Fachhochschulreife gymnasialer Herkunft 4-Fachabitur, gute FH-Reife gymnasialer Herkunft; 4,5- ausreichende allgemeine Hochschulreife; 5- gutes und breites Abitur(Human., Realgymnasium, Oberrealschule) wenn noch nicht abgeschlossen auf den Abschluß erhöhen	

.014	1 2 3 4 5	**schulmäßige ./. skeletthafte Buchstabenformen, #kleine ./. große Horizontalabstände, #schulmäßige ./. eigengestaltete Großbuchstaben und Anfangszüge, #Naivität, Schulmäßigkeit ./. Eigenart:** je weiter sich die verwendeten Formen der Majuskeln und Ausführungsweisen von der Schulvorlage unterscheiden, und zwar in Richtung auf eine Vereinfachung oder Stilisierung, desto größer ist der Anteil der Eigengestaltung, die vorlagemäßigen Formen werden in eigener Weise, eher skeletthaft, extrem vereinfacht verändert, vor allem die Majuskeln, Symbole usw. skeletthafte, vereinfachte Darstellung, Herausarbeitung des Wesentlichen, Der optische Oben-Unten Abstandseindruck muß insbesondere bei Graphiken dazu herangezogen werden werden.	
.015	1 2 3 4 5	**Feinmotorik,** geschickte und gezielte Detailausführung, geschickte Einknüpfungen von Details	
.016	1 2 3 4 5	**labile./.straffe Zeilenführung, Straffheit in der Horizontalen, # kleiner/ großer Rechtsdruck # druckschwache-fehlende ./. druckstarke-betonte Endstriche, # Willensschwäche ./. Willensstärke:** im ersten Falle fehlen Endstriche bzw. enden die letzten Buchstaben druckschwach leicht über der Zeile, im zweiten Falle sind sie druckstark, ausgedehnt oder zumindest druckstark bis auf die Zeile heruntergeführt, ebenso die senkrechten Abschlußlinien in den Graphiken, die Zeilen bilden vom Anfang bis zum Ende eine gerade Linie, die Grundstrichbasis wechselt nicht, schwankt extrem bei labiler Zeilenführung, Rechtsdruck, Bestimmtheit, Eindeutigkeit, zeigt sich speziell im auf nach rechts führende Linien verlagerten Druck - bei großem Rechtsdruck, im Fehlen des Drucks bei kleinem.	
.017	1 2 3 4 5	**Ausbildungsniveau:** 1- Ungelernte; 1,5- Angelernte; 2- Gelernte; 2,5- Fachgelernte, Fachschulabsolventen; 3- Meister, Techniker, Betriebswirte IHK, 3,5- Assistenten von höheren Fachschulen und betriebseigene, 4- FH-Abschluß, Berufsakademieabgänger; 4,5- Universitätsexamen, Diplom und Magister 5- Promotion, Habilitation, wenn noch Schulzeit, dann eine Stufe höher ansetzen, wenn in der Ausbildung eine halbe Stufe höher setzen,	

.018	1 2 3 4 5	**erstarrte./.plastische Formen, #Formenstarre./. Formenlabilität, rechtswendig ./. linkswendig:** eher runde und gerundete Formen mit weichem Strich, wobei die Bewegung gegen den Uhrzeiger läuft, bei Rechtswendigkeit sind die Formen eher hart und bröckelig. die Formen sind im Falle der Erstarrung nicht nur alle gleich, sondern zusätzlich steif und mit sprödem Strich verbunden, wogegen plastische Formen sich durch eine gewisse Weichheit der Linienführung und Anpassung an die jeweilige Stellung bezogen auf die vorangehenden und folgenden Züge und Formen auszeichnen, plastische, linkswendige Darstellung, Einfallsreichtum. Bei eher weichen Linienführungen passen sich die Formen im Falle der Labilität beim Übergang zu anderen Formen variierend an. Einmal gewählte Formen werden dabei nicht starr beibehalten, es finden in der Darstellung Formenwechsel statt.	
.019	1 2 3 4 5	**Fertigkeit,** Schreib- und Zeichenroutine, Flüssigkeit, Gekonntheit der Ausführung, graphische Fertigkeiten,	
.020	1 2 3 4 5	**fehlende ./. häufige Bindungswechsel, Übergangsflexibilität, #feste ./. wechselnde Schriftlage, #Richtungswechsel, #gleichmäßige ./. ungleichmäßige Strichführung:** zeigt sich besonders im Verlaufe des Schriftstücks bzw. der Graphik, wenn man diesen Verlauf nachvollzieht und dabei dann größere Unterschiede zwischen einzelnen Passagen feststellt, hat man es mit einer ungleichmäßigen Strichführung zu tun, die verschiedenen Bindungsformen wechseln in nicht schulmäßiger und üblicher Weise, die Übergänge zwischen den Linien werden immer wieder in veränderter Form vollzogen, leichte, ungerichtete, gestrichelte Linien, fluktuierend, Horizontweite, Eindrucks- und Teilevielfalt. Wechsel des Anstellwinkels der Grundstriche und „Senkrechten“ zur Zeile bzw. Basis .	
.021	1 2 3 4 5	**Lebens- und Berufsniveau:** 1- Hilfsarbeiter, 1,5- Facharbeiter, Gehilfe, Geselle; 2- Sachbearbeiter, Vorarbeiter 2,5- Büroleiter, Gruppenführer, Planer 3- Ressortleiter, Abteilungsassistent; 3,5- Abteilungsleiterebene 4- Abteilungsdirektorenebene, 4,5- Hauptabteilungsleiter-, Bereichsleiterebene 5- Geschäftsführerebene, wenn noch in Schule oder Ausbildung auf gleiche Stufe wie dort ansetzen, wenn abgeschlossene Ausbildung eine halbe Stufe höher setzen.	

.022	1 2 3 4 5	**unverknüpfte./.verknüpfte Teile, Verknüpfungsgewandtheit, #ungewandte ./. gewandte Teileverknüpfungen, #Unverbundenheit ./. hoher Verbundenheitsgrad, #Isolation der Teile ./. Überverbundenheit (eingebundene Details, wie Oberzeichen)**: Einbindung der Oberzeichen kann in Form von Vorverbundenheit oder Nachverbundenheit graphisch, aber auch nur in der Linienführung erscheinen, wobei dann die Oberzeichen und Linien in oberen Bildteilen flüssig und gewandt mit den Vor- bzw. Nachdetails verknüpft sind. Die Details sind miteinander verknüpft bis verbunden. Der Mittelwert (3) liegt in der Schrift bei ca. 3 verbundenen Buchstaben. (Nicht wesentlich ist hierbei die Frage der Gewandtheit der Verknüpfung.), sinngemäße Zeichenverknüpfungen, Perspektivenvielfalt, Kombinationen, Verbundenheit zeigt sich in der Geschicklichkeit, Glätte und Einfachheit der Übergänge, besonders auch in der Einbindungsweise von Oberzeichen und Kleindetails.	
.023	1 2 3 4 5	**Formgestaltung,** Harmonie, Prägung und Ausbildung der Formen und Gestalten, Gestaltung	
.024	1 2 3 4 5	**wechselnde./.konstante Oberzeichenlage, #wechselnde ./. konstante Oberzeichenhöhe #Höhenschwankungen ./. Höhenkonstanz, unscharfe ./. präzise Ausführung, Konzentriertheit**: es geht um die exakte Ausführung der Formen und Details, dabei auch begrenzt um die Lesbarkeit und Verständlichkeit, die Oberzeichen werden stets im gleichen Horizontalabstand von der Grundstrichverlängerung gesetzt, exakte, präzise Ausführung, Genauigkeit, Einzelheiten, Sorgfalt, der Abstand vom Grundstrichende zum Oberzeichen ändert sich bei konstanter Oberzeichenhöhe im Gesamtbild kaum oder gar nicht.	
.025	1 2 3 4 5	**schmierige Teigigkeit,#Unlebendigkeit./.Impulsivität, #unscharfe Ausführung, #Starre./.Überschwenglichkeit**: ungenaue und unpräzise Gestaltung der Buchstaben, Zeichen und Formen. entsteht durch Schräglage des erzeugenden Geräts und zeigt ausgefranste Strichränder, klecksige, unsaubere Schleifen. Überschwenglichkeit, Bekritzelte Zeichenflächen, Genuß, Genießen, Kreatürliches, "pervertiertes" Sinnliches, Primitives, Grobes, Derbes in inhaltlicher Hinsicht.	

.026	1 2 3 4 5	**schematisch, #Verregelung, #Schulmäßige Ausführung, #Abhängigkeit ./. Schematismus, schablonenhafte Gliederung, #Uneindeutigkeit ./. Verregelung:** Die Gliederung ist schematisch, ohne Abwechslung, ohne Lebendigkeit, rein schulmäßig, ohne Bezug zum Inhalt, zeigt sich in enger Anlehnung an Formen und Einteilungen der Schulvorlage, eher mechanische, wenig lebendige Ausführung, wirkt schematisch, ohne Eigenständigkeit, mehr wie nach einer Schablone angefertigt und ganz besonders regelmäßig ohne dabei straff zu sein, formalistisch, symmetrisch wiederholte Zeichen, schematisch, steil, Spekulatives, Neugier, Intellektualistisches, Weltfremdes, Esoterisches	
.027	1 2 3 4 5	**Zeilenverhäkelungen,#Scheu./.Aufgeblasenheit, übermäßige Bereicherungen, #Unbestimmtheit./.Posierend:** Bereicherungen, die den Schreib- und Zeichenfluß nur aufhalten, zwar Aufmerksamkeit erregen, aber unfunktionell sind, besonders bei Großbuchstaben, Bereicherungen, die die eigentliche Graphik übertönen und verdecken, Oberlängen überdecken die Unterlängen oder gar das Mittelband der darüber liegenden Zeile, fällt aus dem Rahmen, fällt auf und sticht gegenüber anderen hervor, wobei insbesondere Verschnörkelungen und gekünstelte Formenbesonderheiten zu erkennen sind. Posen, Randüberschreitungen (vor allem rechts), umfallend, auffällig, Prestige, Status, Statussymbole, Geltungsnutzen, öffentliche Beachtung, Orden, Auszeichnungen	
.028	1 2 3 4 5	**isolierte Buchstaben, Wortkörper und Details,# Unfreiheit #linksläufige Einrollungen, #Distanzlosigkeit ./. Isolation, #überbreite Ränder (links und rechts), #Unbestimmtheit ./. Befangenheit:** dabei werden Text und Graphik zu einer schmalen Spalte, Rundbuchstaben und sonstige offenen Formen sind überdeckend geschlossen, teilweise mehrfach eingedreht, Durchschleifungen bei Arkaden und Girlanden., Buchstaben, aber auch Silben, Wörter und Gegenstände stehen unverbunden und vereinzelt da, Schrift und Inhalte wirken auf dem Blatt wie verloren. Befangenheit, gegitterte Flächen, Einrollungen, isolierend, unmotivierte Leerstellen, betont Ideologisches; orthodoxe moralische, ethische und religiöse Inhalte; fundamentalikstischer Art	

.029	1 2 3 4 5	**unstet bei eher leichten und luftigen Zügen, #übergroße Oberschleifenvölle, #Trägheit ./. Leichtblütigkeit, hochfliegende Oberzeichen, #Erregtheit, Ekstase:** die Oberzeichen werden sehr hoch über den Buchstaben gesetzt, oft erheblich über die Oberlängen hinausgetragen. Oberzonen werden in leichter, flüchtiger Form erweitert, bei 4 und 5 Aufbauschung, bei 1 bis 3 erhöhte Völle der Oberschleifen und oberen Details. es herrscht dazu große Unregelmäßigkeit und Wechselhaftigkeit der Ausführung vor. Erregung, flüchtige, unstete Strich- und Ausführung, Schöngeistigkeit, Antifunktionalismus, Zweck- und Nutzbarkeitsfernes, Afunktionalität,	
.030	1 2 3 4 5	**gestützte Bindungsformen, #Sentimentalität, gestützte Girlanden, #Unberührtheit ./. Gefühlchen, farbige Schreibflüssigkeiten bei farbigen Zügen, #Unbeeindruckbarkeit ./. Romantik:** hier sind insbesondere rote, grüne und ähnliche Farben und Farbnuancen der Stifte bzw. Tinte gemeint, umfaßt ein großes Mittelband bzw. Mittelfeld mit Girlandenbindung, bei der sich Grundstrich und Aufstrich decken und evtl. Durchschleifungen auftreten; meistens bei farbigem Strich., wirkt gemacht, pathetisch und von erdrückender Wärme, künstliche Züge mit gestützten Formen (Auf- und Abstriche im Mittelband decken sich) und Farbigkeit (oft auch Arkaden) sind zu erkennen. Romantik, enge, gestützte ausgerundete Formen mit Abgrenzungen, Vereinzelung, Singletum, Ich, Ego , Abgrenzung,	
.031	1 2 3 4 5	**aggressive, spitze Züge, #Schärfe, #eckige, spitz-auslaufende Züge mit scharfen Umkehrstellen, #Irritierbarkeit ./. Schärfe, #eckige Schleifen, #Zögern ./. Herrschsucht:** sie finden sich vor allem bei Unterschleifen und Senkrechten in lebhaften Darstellungen, wobei die Ecke am unteren Ende wesentlicher als die an der linken Umkehrstelle ist, finden sich häufig auch am t und am f, zeigen scharfe Häkchen, weisen besonders an Wort- und Strichenden und t-Querstrichen scharfe Spitzen auf., eine straffe und versteifte Strichführung geht einher mit Spitzen und kräftigen Übergriffen in andere Formen, aggressiv, dissoziative Zeichenverwendung, scharf, spitz, abrupt, eckig-derb, Herrschaft, Manipulierbares, Zerstörung, Zerstörtes, Trümmer, Unterdrückung, Aggressionen, Waffen, Ruinen	

.032	1 2 3 4 5	**matte-verfließende Züge,# Beeinflußbarkeit, #schlaffer Faden, #Harschheit./. Haltlosigkeit, drucklose, ausweichende Endzüge, #Rigidität ./.Beeinflußbarkeit:** in weicher Ausführung auftretende drucklose über der Zeile bzw. Horizontalen bleibende Endstriche; Endstriche „schwingen" leicht, aber über der Zeile in unverbindlichem Bogen aus, fadiger Verlauf ohne Tonus und Spannung, weicher, gerundeter Doppelbogen, als weicher Winkel im Ansatz erkennbar, weiche Formen und Linien, plastisch und ungeformt bei geringem Druck und wenig Intensität, eher matt und rund wirkend, weiche, nachgiebige Züge, haltschwach, schlaffe Linienführung, Leidendes, übermäßiger Fürsorge Bedürfendes, sozialistische Inhalte, fürsorgende Nivellierung, feministische Inhalte	
.033	1 2 3 4 5	**hektische Züge, #Leichtfertigkeit, #übergroßes Mittelband, # Mutlosigkeit ./. Bedenkenlosigkeit, #hastige, flüchtige Züge, #Störbarkeit ./. Naivität:** sehr schnell und eilig wirkende Graphiken, in denen die Oberzeichen und Oberzonen fehlen, Details und Buchstaben ausgelassen werden usw., ein in Größe und Breite übersteigertes Mittelband, übermächtige Mittelzone. Der Verlauf wirkt ruhelos und unregelmäßig, dabei übereilt, die Ausführung ist meistens ungenau und eher druckschwach, unruhiger, wechselhafter und unsteter Eindruck. Naivität, asymmetrisch wiederholte Zeichen, oberflächlich, flüchtig, aufgebauscht, Effekte, Kitsch, Äußerlichkeiten, modische Effekte	
.034	1 2 3 4 5	**pedantische-kleinliche Züge, #Verdrossenheit, #Druckformen und Druckbuchstaben, #Flüchtigkeit ./. Pessimismus, steil mit verkümmerter Mittelzone, #Unvorsichtigkeit ./. Übervorsicht:** steile mit meistens kleinem und zugleich druckschwachen und matten Mittelbändern und -zonen, wobei Kleinigkeiten meistens gut ausgeführt sind, pedantisch ausgeführte Graphiken mit sorgfältig ausgestalteten Kleinigkeiten, die sich im Falle der Schrift an die Druckschrift anlehnen, es herrschen enge, zusammengepreßte Formen (Grundstriche), äußerste Exaktheit der Ausführung, die eher leblos wirkt, mißmutig, übervorsichtig, getönte Flächen ohne Sinngebung u. Zeichenverwertung, abfallende Linien, deprimiert, Schemata, Regeln, Schablonen, Normen, Bürokratisches	

.035	1 2 3 4 5	**heftige und unregelmäßige Züge, #Übereifer, ausfahrende Rechtszüge, #Schwunglosigkeit ./. Ungestüm, #Unlebendigkeit ./. Hast:** dynamische, expansive Züge, die wenig gesteuert wirken, überall Grenzen überschreiten, Gegenstands- und Wortabstände nicht genügend ausbilden, nach rechts und rechts-oben gerichtete Ausfahrungen und Verlängerungen, die unregelmäßig auftreten und teilweise druckverstärkt sind, die Linien erscheinen übermäßig ausgedehnt, insbesondere in zentrifugaler Richtung, sie sprengen die Grenzen und sind dabei unregelmäßig und meistens druckstark, wobei sich häufige nach rechts bzw. oben-rechts gerichtete Ausfahrungen finden, und das in unregelmäßiger Ausführung. Geschäftigkeit, hastig, unverarbeitet einbezogene Zeichen, explosiv, heftig, hitzig, ausfahrend, Ungestüm, Abenteuer, Abwechslung, Utopisches, Fiction, betont Exotisches	
.036	1 2 3 4 5	**Abwehrzüge nach unten rechts, #Phlegma, #gehöhlte kraftvolle Langlängen, #Haltlosigkeit ./. Eigensinn, #unelastisch-versteifte Züge, #Uneindeutigkeit ./. Sturheit:** eher starre, schwere und verkrampfte Linien mit erhöhtem Zentripetaldruck, primär am „f" und an „Senkrechten" sichtbar im langen, linkswendigen Abstrich als gehöhlt, evtl. druckverstärkt, wogegen die gewölbte Form rechtswendig und meistens druckschwach ist. Die Strichführung wirkt versteift, ja verkrampft, es treten vermehrt Abwehrzüge (nach unten rechts gerichtet) und Stoppzüge auf. Trotz, Schwerfälligkeit, Eigensinn, Nachfahren von Zeichen und Rändern, verstärkte Rechtsuntenzüge, verfestigt, Gewohnheiten, Vergangenheit, Festgelegtes, Renditeabhängigkeiten,	
.041	1 2 3 4 5	**unlebendige, unbewegte Züge, #verkümmerte, farblose Züge, #nüchterne, blasse Züge:** dünner Strich verbunden mit fehlender Bewegung und fehlendem Ausgriff sowie erhöhter Magerkeit, ohne Bewegung und Impulse mit starren Formen, dabei ohne Druck und Intensität zeigt weder Farbe noch Leben, wirkt unlebendig und tot. Asketisches, Unsinnliches, Anorganisches	

.042	1 2 3 4 5	**zerfahren, #chaotische, ungegliederteZüge, #überschräge, umfallende Züge:** vor allem die Langlängen und Oberlängen und Senkrechten fallen nach rechts um, ohne Gliederung, Einteilung und Ordnung, meistens überschräg oder mit unregelmäßigen Abständen, Rändern usw., es fehlen Ordnung und Gliederung im Ganzen wie in den Teilen, und das speziell durch Ausfahrungen und Unregelmäßigkeiten. Chaotisches, Unvernünftiges, Irrationales	
.043	1 2 3 4 5	**Sandbänke, übertriebener Rechtsrand, abbrechende, nicht auf die Grundlinie kommende Endstriche:** hierbei handelt es sich um abbrechende, **druckschwache** Formen, Randbreiten, die bis zu 30 - 50 % des Raum- und Papierformats einnehmen, gehören hierzu. bei der Betrachtung des auf den Kopf gestellten Blattes finden sich über mehrere Bilder oder Zeilen hindurchgehende sich verbindende Abstände, die wie weiße Sandbänke die Graphik durchziehen, Verstecktes, Scheues, Weltabkehr, Weltflucht	
.044	1 2 3 4 5	**randlose Ausführung, #abstandslose Züge, #adynamische weite und breite Züge:** ohne Dynamik, wobei die Grundstriche weit auseinandergezogen sind, auch die Großbuchstaben und Senkrechtenabstände durch ihre Breite auffallen, Wortabstände und Gegenstandsabstände kaum erkennbar oder ganz fehlend, es fehlen generell Links-, Rechts- und evtl. auch Oben- und Untenränder, Distanzloses, Abstandsloseses, Aufdringliches, Areligiöses, Glaubensfeindliches, Unethisches	
.045	1 2 3 4 5	**Kleben auf der Zeile, #plumpe, schwerfällige, derbe Ausführung, #verkümmerte Oberschleifen bei klebenden Oberzeichen:** magere, meistens auch kurze Oberlängen bzw. Oberzonen, während die Oberzeichen bzw. Verzierungen direkt auf den zugehörigen Buchstaben bzw. Detail zu kleben scheinen, ungeschickte, unbeholfene Formen und Verbindungen, meistens schulmäßig und wie mit dem Besenstiel bei eher langsamer Bewegungsführung. Die Inhalte und Buchstaben kleben auf der Zeile, die vorhanden ist oder durch ein Linienblatt ersetzt wurde, die Oberzeichen kleben auf den Buchstaben, der Ablauf wirkt zähflüssig. Graphik klebt am Untenrand, ohne fest und wuchtig zu sein, Funktionalität, Ungeistiges, Kulturabwehrendes, Bilderstürmerei	

.046	1 2 3 4 5	**kalte Züge, #verkümmert in Mittelzone bzw. Mittelband, #magere Winkelzüge:** meistens kleine Mittelbänder bzw. -zonen, kaum Schleifen in Ober- und Unterzone, verengte Schleifen und Rundformen im Mittelband, und das alles bei Winkelbindung, eher winziges, schmales, enges Mittelband, das oft mit übertriebener Längenunterschiedlichkeit und Farblosigkeit verbunden ist, ohne verbindende Mittelzone ausgeführt. spricht nicht an, es wirkt gemacht und maschinell, mechanisiert wirkend, Ichzweifel, Ichflucht, Bindungslosigkeit	
.047	1 2 3 4 5	**Stoppzüge in versteifter Linienführung, #drucklose-passive Züge, #gezwungene, verkrampfte, kleine, enge und zarte Züge:** versteifte, pedantische und kraftlos eingeengte Ausführung, es fehlt der Druck, es fehlen aber auch Bewegung und Dynamik, es fehlen weite und ausgedehnte Züge bei gleichzeitiger Spannungslosigkeit, geringe Aktivität findet sich bei gleichzeitiger kraftarmer Versteifung bzw. Verkrampfung mit gestoppten, teilweise druckverstärkten Endzügen bzw. Endstrichen, denen die Rechtstendenz fehlt, Unterwerfung, Unterordnung, Knechtschaft	
.048	1 2 3 4 5	**überstreckte Haar- und Anstriche, #bröckelnder, starrer Strich, #spröder Strich bei eher winkliger Ausführung:** bei 4 bis 8facher Vergrößerung sieht der spröde Strich aus wie zerbröckelnde, eingetrocknete Farbe, läßt sich schon bei geringer Vergrößerung erkennen, weist starke Einschnürungen und Kerben auf, besteht im Extremfalle nur aus Strichstücken, übertrieben gestrichelte Linien es fehlt am Ausschwingen, am Bewegungsfluß, und das bei gleichzeitiger Streckung der An- und Haarstriche, und das meistens bei kleiner Ausführung, Rücksichtsloses, Protestierendes, Unweibliches	
.049	1 2 3 4 5	**unsichere Strichführung, #Grundstrichfadings, #gekerbter Strich** (hierzu ist eine 8fache Vergrößerung mindestens erforderlich): es sind deutlich Kerben auf der dem Urheber abgekehrten Seite des Striches zu erkennen, es zeigen sich verkürzte Grundstriche (Senkrechte), die oberhalb der Zeile enden, finden sich auch vielfach im Wort, vor allem beim i, nicht nur an Endstrichen, nicht nach unten durchgezogene Senkrechte, die Striche sind nicht glatt durchgezogen, sondern zeigen den Verlauf unterbrechende Zitterzüge, Abruptheiten usw., meistens in wenig dynamischer Ausführung, Unästhetisches, Qualitätslosigkeit, Massen,	

.050	1 2 3 4 5	**oberflächliche, hingewischte Züge, #schlampige und kraftlose Ausführung, #ungesteuerte und ungegliederte Ausführung:** getrieben wirkende Züge, ohne Abstände, Wörter und Details gehen ineinander über, Formen und Formteile wirken überhastet, hingehauen, nachlässig und sorglos, Schrift und Graphik sind drucklos und ohne Versteifung, die flüchtig wirkende Graphik bleibt ohne Tiefe und Präzision, sie plätschert dahin, Systemlosigkeitg, Unordnung, Chaos, formlos	
.051	1 2 3 4 5	**lahme, adynamische Ausführung, #verkümmerte Zentrifugalität, #verkümmerte Oberlängen- und Oberzonen:** die Oberlängenausdehnung sinkt unter 0,5fachem der Mittelband- bzw. Mittelzonenhöhe, die vom Körper wegführenden Züge sind gestoppt, so daß die lineare Ausdehnung nach oben bzw. rechts-oben bis gegen Null geht, es fehlt jeder Bewegungsausgriff, die Graphik erscheint ohne Drive, lahme Statik, Bewegungslosigkeit, eingeigelt, vorgestrig	
.052	1 2 3 4 5	**umkippende Züge, #verkümmerte Untenzüge, #zentripetal verkümmert:** auf den Körper zuführende Züge werden nicht ausgeführt, zentripetale Züge sind gestoppt, nicht ausgezogen, so daß die Unterlängen nahezu verschwinden, nicht zu verwechseln mit fehlenden Unterschleifen, fehlende senkrechte Stützlinien, Zentripetalzüge fehlen bei umkippender (nach rechts) Schrift und Graphik, Unbekanntes, Ungewohntes, Unsicheres, Umfallendes	
.053	1 2 3 4 5	**groteske, hyperkinetische Züge, #bizarre, schmierige Völle, #störende Verklecksungen:** verkleckste, also mit Schreib- und Zeichenflüssigkeit zugelaufene Schleifen, sonstige Verklecksungen und Verschmierungen auf dem Papier, verschmierte volle Schrift und Graphik mit eigenartigen Formen, primitivem Duktus und impulsiv-zügellos. Von plötzlichen Eruptionen durchsetzt, die nicht zum Gestaltungscharakter passen, der groteske unangemessene Formen aufweist und einen hyperkinetischen und unnatürlichen Eindruck hervorruft, Suchtmittel, Genußmittel, Orgien,	

.054	1 2 3 4 5	**ätherische-adynamische Züge, #übersteil-zergliedert, #zerfallende Züge:** es werden die verbindenden Haarstriche nicht ausgeführt, es bleiben lediglich die Grundstriche übrig, bei Übersteilheit (über 110°) auftretender Bewegungsmangel mit zerreißenden und übersteigerten Abständen; wirkt irreal, aus der Welt seiend, sich in fremden Sphären verlierend, und das bei nur formaler Gliederung und fehlendem Verlaufstrend, Übersinnliches, „Hochgeistiges" Esoterisches	
.055	1 2 3 4 5	**gekünstelte, bizarre Formen, #randlos bei besonderer Dichte, #Verschnörkelungen:** übersteigerte Bereicherungen und Ausschmückungen, insbesondere der Großbuchstaben und Anfangszüge, nicht nur fehlende Ränder und Abstände, sondern dazu auffällige Formen, Völle und ein dichter Schrift- oder Graphikblock; wirkt unecht und gemacht und zugleich dabei die Gestaltung auffällig und gekünstelt übertrieben, leeres Design, Aufbauschungen, Orden, Paraden usw.	
.056	1 2 3 4 5	**verloren-eingeengt mit übergroßen Abständen, #groteske Leerräume, #nach links gequetschte Blöcke und Unterschriften:** meisten bei kleinem Linksrand und großem, übergroßem Rechtsrand, wobei die Unterschrift dann u.U. sogar den Linksrand überschreitet, inadäquate, sinnlose Überabstände zerreißen das Bild, Risse zwischen und in den Wörtern und Darstellungen, Sandbänke erheblichen Ausmaßes; beschränkt sich auf einen winzigen Raum, es fehlt jede Ausdehnung, und das bei erhöhtem Versteifungsgrad und Neigung zur Mikrographie, das Blatt wirkt eher leer, Fundamentalistisches, religiöse und jenseitige Wahninhalte, Moralische Zeigefinger	
.057	1 2 3 4 5	**sprunghafter Verlauf in zarter Ausführung, #bizarre Oberschleifen, #zarte und besonders unregelmäßige Züge:** zarte, blasse Striche verbunden mit großer Unregelmäßigkeit und fehlender Versteifung, es handelt sich hierbei um eine übersteigerte Oberschleifen- und Oberzonenvölle verbunden mit Unbeholfenheit der Ausführung, Abknickungen usw., hierbei verbinden sich dünne und druckschwache Linien mit Störungen der Hin- und Herbewegungen, Maschinenstürmerei, Kulte, Riten	

.058	1 2 3 4 5	**große gestützte Arkadenformen, #enge, übergroße und gestützte Girlandenverbindungen, #unbewegte, makroskopische, flackernde Züge**: bei unregelmäßiger Farbigkeit und fehlender Bewegung in Darstellung und Schrift übergroße Mittelbänder und –zonen, abrupt wechselnde Druckbetonungen, gestützte Girlandenformen bei Mittelbändern über 5mm Höhe und <3mm Breite, gestützte girlandige Verbindungen zwischen Senkrechten, Höhe>Breite. Hier treten Arkaden, bei denen Grund- und Haarstrich sich decken auf, die zudem erhebliche Höhenausdehnung aufweisen, Zentralgestirn, Zentralich, übersteigerte Zentrierung	
.059	1 2 3 4 5	**abrupter Verlauf, #scharfe, spitze, Untenzüge, #spitze, druckstarke, dreieckige Schleifen**: in der Unterzone, wobei nicht nur die Spitze unten, sondern auch die Spitze der linken Umkehrstelle markant sein muß und die Ausführung durchaus zügig und bewegt ist, Schärfen und Spitzen sowie Ecken in druckstarker Form treten in zentripetalen Zügen auf. es verbinden sich spitze und scharfe, merkwürdig abrupte und eckige Richtungswechsel mit verschroben wirkenden winkligen Formen bei fehlender Elastizität, Terror, Tyrannei, waffenstarrend, Folter, Tortur	
.060	1 2 3 4 5	**verwaschene und aufgeweichte Formen, #schlaffe und grob-fadige Züge, #konturlose, haltlose und umfallende Züge**: in Verbindung mit Überschrägheit, dabei sowohl am Ende als auch immer wieder im Wort und innerhalb der Graphik umfallende Senkrechte, spannungslose, tonuslose Linienführung mit Fadenformen, ohne Gestaltung, derb und grob, aber ohne Kraft, meistens eher unbeholfen. zeigt verwaschene und aufgeweichte Formen bei dahinschleichender und -schlängelnder Bewegungsführung, Krankes, Schwaches, Unfähiges, Behindertes, Mitleid heischendes	
.061	1 2 3 4 5	**flüchtig-getriebene Züge, #hektische Makrographie, #religiöse Kurven in hastiger und flüchtiger Schrift**: linkswendiges Ausschwingen der flüchtigen und hastig hingeworfenen Endstriche bis zur Linksläufigkeit hin, übertriebenes Mittelband (Mittelzone) verbunden mit Übereile und durch Hast und Hektik zerstörten Formen bei oft weit ausschwingenden Bögen und wenig Kraft, überhastet und hektisch mit druckarmer Übersteigerung bei einer Tendenz nach rechts-oben ohne Kraft, Unbrauchares, verschrobene und merkwürdige Qualitäten und Qualitätsmerkmale	

.062	1 2 3 4 5	**Durchhängende, mickrig-hängende Züge, #stark abfallende, hängende Zeilen:** die Zeilenlinie sinkt auffällig, die Zeile scheint am Anfangszug zu hängen, bevor es abwärts geht, kleine verkümmerte und bewegungsarme Ausführungen mit unter die Zeile fallenden Details und Buchstaben, spannungslos gegen Ende absinkende Zeilen und Linien. bleibt ohne Wirkung auf den Betrachter, sie hängt durch, die Basis der Teile, Wörter und Zeilen sinkt dabei ab und erscheint wie geköpft und leblos-matt, Ordnungsmächte, Büttel, Düsternis, Dunkelheit, Finsternis	
.063	1 2 3 4 5	**heftig und hitzig, #druckstarke Ausfahrungen in stark unregelmäßiger Ausführung, #hyperkinetisch-explosive Züge:** übermäßig bewegt, unruhig und wechselhaft mit plötzlichen Druckschwankungen, vermehrter Anteil an ausfahrenden und den Ablauf störenden Linien nach rechts oben, die mit heftigem Druck verbunden sind in etxrem unregelmäßiger und getriebener Darstellung, wirkt überdynamisch, zeigt druckbetonte Ausfahrungen (nach rechts), und das bei Steuerlosigkeit und Formlosigkeit, Änderungssüchte, verschrobene Exotik, willkürliche Primitivismen, „wilde Abenteuer", „wilde Science Fiction"	
.064	1 2 3 4 5	**stuporös, #hypokinetisch-starr, #große, feste, dreieckige Unterschleifen in versteifter Darstellung:** bei eher starrer, unelastischer, verkrampfter und steiler bis übersteiler Graphik große, starre dreieckige Unterschleifen, ausgesprochene Schwere und Schwerfälligkeit bei Bewegungsmangel, fehlender Strichplastizität und -elastizität. Die Graphik wirkt wie eine Abwehrmauer, meistens nicht frei von scharfen Zügen (negativistische Formen). es fehlt jede Bewegung und Elastizität, wirkt stur, unlebendig und passiv-abwehrend, Katzenheimwehformen, Anales, Gestriges, absolut Sicheres, Hortung, Sammelwut	

Schriftanalyseprotokoll (DHk)

Anweisung: Bitte beantworten Sie jede Frage sorgfältig und gewissenhaft nach folgender Skala:

1- nein, nicht, minimal, eher im Gegenteil,

2 - wenig, kaum, selten

3 - zeitweise, manchmal, mittel, (weiß nicht),

4 - häufig, markant, deutlich

5 - besonders ausgeprägt, sehr stark, immer, überaus,

indem Sie den für Sie zutreffenden Wert in Spalte A durchstreichen (/) oder bei Bearbeitung am Computer den zutreffenden Wert in Spalte I eintragen. Zwischenwerte (1,5; 2,5; usw.) sind erlaubt.

Name:

Nr.	A	Items	I
101	1 2 3 4 5	**Kleine/große Intensität:** Bewegungsreichtum und Impulsstärke der Schriftzüge, verbunden mit Druck, Farbigkeit und Lebendigkeit des Duktus deuten auf große Intensität.	
102	1 2 3 4 5	**Unregelmäßige/regelmäßige Schrift:** wechselnde bzw. gleichmäßige Größe, Form und Lage der Buchstaben	
103	1 2 3 4 5	**gehemmte/betonte Rechtsläufigkeit:** die Schrift strebt dem rechten Rande zu, Endzüge sind wenig gebremst, wobei meistens rechtsschräge und girlandenhafte Züge vorherrschen.	
104	1 2 3 4 5	**zerlöstes/kompaktes Schriftbild:** der Schriftblock wirkt dicht und in sich geschlossen, hebt sich geschlossen und kompakt vom Papierfeld ab.	
105	1 2 3 4 5	**träges/sprühendes Bewegungsbild:** das Schriftbild zeigt luftige, feine und zugleich bewegte, leichte, spritzige Züge, während die trägen Formen wenig Bewegung, eher schwere und derbe, dabei kraftlose Striche aufweisen	
106	1 2 3 4 5	**blasse/farbige Schrift:** das Schriftbild wirkt bei eher breitem und farbigen Strich warm, weich und zugleich füllig, und das besonders im Mittelband.	
107	1 2 3 4 5	**unelastische/elastische Schrift:** neben Bewegtheit und Druckstärke finden sich scharfe Umkehrstellen - im Extremfalle Winkel - mit einem zügigen Auf und Ab der Bewegungen.	

108	1 2 3 4 5	**stockende/schwingende:** die Strichführung zeigt fließende Übergänge, fehlende Absetzungen und Stockungen, lockere Hin- und Her-Bewegungen ohne übermäßige Ausschläge. Im Extremfalle verfließen die Übergänge von Buchstaben zu Buchstaben.	
109	1 2 3 4 5	**gezwungene/ungezwungene Bewegungsführung:** im Falle einer gezwungenen Bewegungsführung kommt es zu Verengungen, Abbrüchen am Ende, zu Störungen des Flusses der Bewegung, während derartige Symptome bei einer ungezwungenen Bewegungsführung fehlen, die insgesamt schwingend und elastisch ist.	
110	1 2 3 4 5	**großzügige/genaue Formen:** im Falle großzügiger Formenbildung nimmt es der Schreiber mit der Gestaltung der Buchstabenformen nicht so genau, die Unterscheidung der Einzelbuchstaben gelingt nicht immer, anders bei einer genauen Schrift, bei der jeder Buchstabe gleich genau und präzise ausgeformt wird.	
111	1 2 3 4 5	**gehemmte/betonte Zentrifugalität:** die betonte Zentrifugalität äußert sich in einer Verstärkung vom Körper des Schreibenden fortweisender Züge, durch Längenausdehnung nach oben und Druckverstärkung solcher Züge.	
112	1 2 3 4 5	**gehemmte/betonte Zentripetalität:** die betonte Zentripetalität äußert sich einer Verstärkung zum Körper des Schreibenden hinweisenden Zügen, durch Längenausdehnung nach unten und Druckverstärkung solcher Züge.	
113	1 2 3 4 5	**Vorbildungsniveau:** 1- Sonderschule ohne Abschluß, 1,5- Hauptschule ohne Abschluß, Sonderschule mit Abschluß; 2- Hauptschulabschluß; 2,5- guter Hauptschulabschluß, mäßiger Realschulabschluß; 3- guter Realschulabschluß; 3,5- Fachoberschulabschluß, mäßige Fachhochschulreife gymnasialer Herkunft 4- Fachabitur, gute FH-Reife gymnasialer Herkunft; 4,5- ausreichende allgemeine Hochschulreife; 5- gutes und breites Abitur(Human., Realgymnasium, Oberrealschule), wenn noch nicht abgeschlossen auf den Abschluß erhöhen	
114	1 2 3 4 5	**schulmäßige/skeletthafte Buchstabenformen:** die vorlagemäßigen Formen werden in eigener Weise, eher skeletthaft, extrem vereinfacht verändert, vor allem die Majuskeln	
115	1 2 3 4 5	**Feinmotorik,** geschickte Detilausführung und -einbettung	
116	1 2 3 4 5	**labile/straffe Zeilenführung:** die Zeilen bilden vom Anfang bis zum Ende eine gerade Linie, die Grundstrichbasis wechselt nicht, schwankt extrem bei labiler Zeilenführung.	
117	1 2 3 4 5	**Ausbildungsniveau:** 1- Ungelernte; 1,5- Angelernte; 2- Gelernte; 2,5- Fachgelernte, Fachschulabsolventen; 3- Meister, Techniker, Betriebswirte IHK, 3,5- Assistenten von höheren Fachschulen und betriebseigene, 4- FH-Abschluß, Berufsakademieabgänger; 4,5- Universitätsexamen, Diplom und Magister 5- Promotion, Habilitation, wenn noch Schulzeit, dann eine Stufe höher ansetzen, wenn in der Ausbildung eine halbe Stufe höher setzen,	

118	1 2 3 4 5	**erstarrte/plastische Formen:** die Buchstabenformen sind im Falle der Erstarrung nicht nur alle gleich, sondern zusätzlich steif und mit sprödem Strich verbunden, wogegen plastische Formen sich durch eine gewisse Weichheit der Linienführung und Anpassung an die jeweilige Stellung bezogen auf die vorangehenden und folgenden Buchstaben auszeichnen.	
119	1 2 3 4 5	**Fertigkeit,** Schreibroutine, Flüssigkeit, Gekonntheit der Ausführung	
120	1 2 3 4 5	**fehlende/häufige Bindungswechsel:** die verschiedenen Bindungsformen wechseln in nicht schulmäßiger Weise, die Übergänge zwischen den Buchstaben werden immer wieder in veränderter Form vollzogen.	
121	1 2 3 4 5	**Lebens- und Berufsniveau:** 1- Hilfsarbeiter, 1,5- Facharbeiter, Gehilfe, Geselle; 2- Sachbearbeiter, Vorarbeiter 2,5- Büroleiter, Gruppenführer, Planer 3- Ressortleiter, Abteilungsassistent; 3,5- Abteilungsleiterebene 4- Abteilungsdirektorenebene, 4,5- Hauptabteilungsleiter-, Bereichsleiterebene 5- Geschäftsführerebene, wenn noch in Schule oder Ausbildung auf gleiche Stufe wie dort ansetzen, wenn abgeschlossene Ausbildung eine halbe Stufe höher setzen.	
122	1 2 3 4 5	**unverknüpfte/verknüpfte Schriftteile:** auch bei längeren Wörtern werden die Buchstaben zusammengeschrieben, wobei aber nicht nur die auf dem Papier sichtbaren Linien zu beachten sind. Der Mittelwert (3) liegt bei ca. 3 verbundenen Buchstaben. (Nicht wesentlich ist hierbei die Frage der Gewandtheit der Verknüpfung.)	
123	1 2 3 4 5	**Formgestaltung,** harmonische Prägung und Ausbildung der Formen und Gestalten	
124	1 2 3 4 5	**wechselnde/konstante Oberzeichenlage:** die Oberzeichen werden stets im gleichen Horizontalabstand von der Grundstrichverlängerung gesetzt.	
125	1 2 3 4 5	**eruptive Schriftzüge:** heftige und kräftige Ausbrüche durchbrechen den Schreibfluß, plötzliche druckstarke und ausfahrende Züge stören das Schriftbild immer wieder.	
126	1 2 3 4 5	**schematische Schrift:** die Schrift wirkt schematisch, ohne Eigenständigkeit, mehr wie nach einer Schablone angefertigt und ganz besonders regelmäßig ohne dabei straff zu sein.	
127	1 2 3 4 5	**auffällige Schrift:** die Schrift fällt aus dem Rahmen, sie fällt auf und sticht gegenüber anderen Schriften hervor, wobei insbesondere Verschnörkelungen und gekünstelte Formenbesonderheiten zu erkennen sind.	
128	1 2 3 4 5	**isolierte Buchstaben und Wortkörper:** Buchstaben, aber auch Silben und Wörter stehen unverbunden und vereinzelt da, die Schrift wirkt auf dem Blatt wie verloren.	
129	1 2 3 4 5	**unstete Schrift bei eher leichter und luftiger Schrift:** es herrscht dazu große Unregelmäßigkeit und Wechselhaftigkeit der Ausführung vor.	

130	1 2 3 4 5	**gestützte Bindungsformen:** die Schrift wirkt gemacht, pathetisch und von erdrückender Wärme, künstliche Züge mit gestützten Formen (Auf- und Abstriche im Mittelband decken sich) und Farbigkeit (oft auch Arkaden) sind zu erkennen.	
131	1 2 3 4 5	**aggressive, spitze Schriftzüge:** eine straffe und versteifte Strichführung geht einher mit Spitzen und kräftigen Übergriffen in andere Formen.	
132	1 2 3 4 5	**matte-verfließende Schriftzüge:** weiche Formen und Linien, plastisch und ungeformt bei geringem Druck und wenig Intensität, eher matt und rund wirkend.	
133	1 2 3 4 5	**hektische Schrift:** der Schriftverlauf wirkt ruhelos und unregelmäßig, dabei übereilt, die Ausführung ist meistens ungenau und eher druckschwach, unruhiger, wechselhafter und unsteter Eindruck	
134	1 2 3 4 5	**pedantische-kleinliche: Züge** es herrschen enge, zusammengepreßte Formen (Grundstriche), äußerste Exaktheit der Ausführung, die eher leblos wirkt.	
135	1 2 3 4 5	**heftige und unregelmäßige Schrift:** die Schrift erscheint übermäßig ausgedehnt, insbesondere in zentrifugaler Richtung, sie sprengt die Grenzen und ist dabei unregelmäßig und meistens druckstark, wobei sich häufige nach rechts bzw. oben-rechts gerichtete Ausfahrungen finden, und das in unregelmäßiger Schrift.	
136	1 2 3 4 5	**Abwehrzüge nach unten rechts:** die Strichführung wirkt versteift, ja verkrampft, es treten vermehrt Abwehrzüge (nach unten rechts gerichtet) und Stoppzüge auf.	
141	1 2 3 4 5	**unlebendige, unbewegte Schrift:** die Schrift zeigt weder Farbe noch Leben, sie wirkt unlebendig und tot.	
142	1 2 3 4 5	**zerfahrene Schrift:** der Schrift fehlen Ordnung und Gliederung im Ganzen wie in den Teilen, und das speziell durch Ausfahrungen und Unregelmäßigkeiten.	
143	1 2 3 4 5	**Sandbänke:** bei der Betrachtung des auf den Kopf gestellten Schriftblattes finden sich über mehrere Zeilen hindurchgehende sich verbindende Wortabstände, die wie weiße Sandbänke die Schrift durchziehen.	
144	1 2 3 4 5	**randlose Schrift:** es fehlen Links-, Rechts- und evtl. auch Oben- und Unten-ränder.	
145	1 2 3 4 5	**Buchstaben kleben auf der Zeile:** die Buchstaben kleben auf der Zeile, die vorhanden ist oder durch ein Linienblatt ersetzt wurde, die Oberzeichen kleben auf den Buchstaben, der Ablauf wirkt zähflüssig.	
146	1 2 3 4 5	**kalte Schrift** das Schriftbild spricht nicht an, es wirkt gemacht und maschinell.	
147	1 2 3 4 5	**Stoppzüge in versteifter Schrift:** geringe Aktivität findet sich bei gleichzeitiger Versteifung bzw. Verkrampfung mit gestoppten, teilweise druckverstärkten Endzügen bzw. Endstrichen, denen die Rechtstendenz fehlt.	
148	1 2 3 4 5	**überstreckte Haarstriche:** es fehlt am Ausschwingen, am Bewegungsfluß, und das bei gleichzeitiger Streckung der Haarstriche, und das meistens bei kleiner Mittelbandgröße	

149	1 2 3 4 5	**unsichere Strichführung:** die Striche sind nicht glatt durchgezogen, sondern zeigen den Verlauf unterbrechende Zitterzüge, Abruptheiten usw., meistens in wenig dynamischer Schrift	
150	1 2 3 4 5	**oberflächliche, hingewischte Züge:** die flüchtig wirkende Schrift bleibt ohne Tiefe und Präzision, sie plätschert dahin.	
151	1 2 3 4 5	**lahme, adynamische Schrift:** es fehlt jeder Bewegungsausgriff, die Schrift erscheint ohne Drive.	
152	1 2 3 4 5	**umkippende Schrift:** Zentripetalzüge fehlen bei umkippender (nach rechts) Schrift	
153	1 2 3 4 5	**groteske, hyperkinetische Schriftzüge:** die Schrift ist von plötzlichen Eruptionen durchsetzt, die nicht zum Gestaltungscharakter passen, der groteske unangemessene Formen aufweist und einen hyperkinetischen und unnatürlichen Eindruck hervorruft.	
154	1 2 3 4 5	**ätherische-adynamische Schrift:** die Schrift wirkt irreal, aus der Welt seiend, sich in fremden Sphären verlierend, und das bei nur formaler Gliederung und fehlendem Verlaufstrend.	
155	1 2 3 4 5	**gekünstelte, bizarre Schriftformen:** die Schrift wirkt unecht und gemacht und zugleich die Gestaltung auffällig und gekünstelt übertrieben.	
156	1 2 3 4 5	**verloren-eingeengte Schrift mit übergroßen Abständen:** die Schrift beschränkt sich auf einen winzigen Raum, ihr fehlt jede Ausdehnung, und das bei erhöhtem Versteifungsgrad und Neigung zur Mikrographie, das Blatt wirkt eher leer.	
157	1 2 3 4 5	**sprunghafter Schreibverlauf in zarter Schrift:** hierbei verbinden sich dünne und druckschwache Linien mit Störungen der Hin- und Herbewegungen.	
158	1 2 3 4 5	**große gestützte Arkaden:** Hier treten Arkaden, bei denen Grund- und Haarstrich sich decken auf, die >3,5mm (im Grundstrich gemessen) sind.	
159	1 2 3 4 5	**abrupter Schreibverlauf:** es verbinden sich spitze und scharfe, merkwürdig abrupte und eckige Richtungswechsel mit verschroben wirkenden winkligen Formen bei fehlender Elastizität.	
160	1 2 3 4 5	**verwaschene und aufgeweichte Formen:** die Schrift zeigt verwaschene und aufgeweichte Formen bei dahinschleichender und -schlängelnder Bewegungsführung.	
161	1 2 3 4 5	**flüchtig-getriebene Schrift:** die Schrift ist übereilig, überhastet und hektisch mit druckarmer Übersteigerung einer Tendenz nach rechts-oben ohne Kraft.	
162	1 2 3 4 5	**Durchhängende Schrift:** die Schrift bleibt ohne Wirkung auf den Betrachter, sie hängt durch, die Basis der Wörter und Zeilen sinkt dabei ab und die Schrift erscheint wie geköpft und leblos-matt.	
163	1 2 3 4 5	**heftige und hitzige Schrift:** die Schrift wirkt überdynamisch, zeigt druckbetonte Ausfahrungen (nach rechts), und das bei Steuerlosigkeit und Formlosigkeit.	

164	1 2 3 4 5	**stuporöse Schrift:** es fehlt jede Bewegung und Elastizität, die Schrift wirkt stur, unlebendig und passiv-abwehrend.	
201	1 2 3 4 5	**magere/volle Schrift:** kennzeichnend ist die von den Linien umschlossene Fläche - insbesondere der Schleifen und Rundbuchstaben -; ist sie groß, ist die Schrift voll, im umgekehrten Fall mager.	
202	1 2 3 4 5	**überschräge/steile Schrift:** beschreibt den Winkel zwischen Grundstrichen und Zeilenbasis (unter 50° =1, 50-70°=2, 70-90°=3, 90-100°= 4, >100°= 5; bei sehr starker Linksneigung mehr in Richtung +ir bzw. -ir gehend).	
203	1 2 3 4 5	**breiter/schmaler Rechtsrand:** der Mittelwert liegt bei 7 - 10% der Papierbreite als nicht beschriebener Rechtsrand	
204	1 2 3 4 5	**kleine/große Wortabstände:** normal ist der Wortabstand, der dem Abstand zweier Grundstriche im Mittelband entspricht.	
205	1 2 3 4 5	**kleine/große Oberzeichenhöhe:** beschreibt den Abstand der Oberzeichen von der oberen Begrenzungslinie des Mittelbandes.	
206	1 2 3 4 5	**Winkel-/Girlandenduktus:** bezeichnet die Verbindung der Grundstriche in u-Form (auch bei m, n usw.). 1 und 2 stehen für winklige Formen, wie sie in der Sütterlinschrift Vorschrift waren.	
207	1 2 3 4 5	**kleine/große Langlängen:** die mittlere Langlängengröße beträgt 7 bis 9 mm und ist am besten am "f" zu messen.	
208	1 2 3 4 5	**harter/weicher Strich:** ein weicher Strich zeigt sich in mehr bogigen, unscharfen, evtl. verwaschenen Formen mit wenig Druck und Versteifung, der harte als Gegenstück zum weichen zeigt bei wenig Kraft und Druck eine spröde Struktur mit wenig Rundung.	
209	1 2 3 4 5	**zurück-/vorgesetzte Oberzeichen:** erfaßt die Lage der Oberzeichen bezogen auf die Verlängerung des zugehörigen Grundstriches nach oben. Der Mittelwert 3 entspricht der Lage in Grundstrichrichtung.	
210	1 2 3 4 5	**steigende/fallende Zeilen:** der Mittelwert wird durch die horizontale Zeilenführung(vom Anfangs- zum Endpunkt gemessen) gebildet. Bei fallenden Zeilen liegt das Zeilenende tiefer als der Zeilenanfang.	
211	1 2 3 4 5	**enge/weite Schrift:** beschreibt den Abstand der Buchstaben, der normalerweise der Grundstrichhöhe entspricht.	
212	1 2 3 4 5	**kleine/große Unterlängen:** Betonung der unter die Zeile reichenden Buchstabenteile durch Länge und Druck; Normallänge 2-3 mm.	
214	1 2 3 4 5	**kleine/große Zeilenabstände:** normal ist ein Abstand von 2mm zwischen Oberlängenende einer Zeile und Unterlängenende der darüber liegenden Zeile. Der optische Abstandseindruck muß zusätzlich berücksichtigt werden.	

216	1 2 3 4 5	**kleiner/großer Rechtsdruck:** zeigt sich speziell im auf nach rechts führende Linien verlagerten Druck - bei großem Rechtsdruck, im Fehlen des Drucks bei kleinem.	
218	1 2 3 4 5	**Formenstarre/Formenlabilität:** bei eher weichen Linienführungen passen sich die Formen im Falle der Labilität beim Übergang zu anderen Buchstaben variierend an. Einmal gewählte Formen werden nicht starr beibehalten.	
220	1 2 3 4 5	**starre/wechselnde Schriftlage:** Wechsel des Anstellwinkels der Grundstriche zur Zeile.	
222	1 2 3 4 5	**ungewandte/gewandte Buchstabenverknüpfungen:** zeigt sich in der Geschicklichkeit, Glätte und Einfachheit der Übergänge zwischen Buchstaben und Buchstabenteilen, besonders auch in der Einbindungsweise von Oberzeichen.	
224	1 2 3 4 5	**wechselnde/konstante Oberzeichenhöhe:** Der Abstand vom Grundstrichende zum Oberzeichen ändert sich bei konstanter Oberzeichenhöhe im Schreibverlauf kaum oder nicht.	
225	1 2 3 4 5	**schmierige Teigigkeit:** entsteht durch Schräglage des Schreibgeräts und zeigt ausgefranste Strichränder, klecksige, unsaubere Schleifen.	
226	1 2 3 4 5	**Schulmäßige Ausführung:** zeigt sich in enger Anlehnung an Formen und Einteilungen der Schulvorlage, eher mechanische, wenig lebendige Ausführung	
227	1 2 3 4 5	**Zeilenverhäkelungen:** Oberlängen überdecken die Unterlängen oder gar das Mittelband der darüber liegenden Zeile.	
228	1 2 3 4 5	**linksläufige Einrollungen:** Rundbuchstaben und sonstige offene Formen sind überdeckend geschlossen, teilweise mehrfach eingedreht, Durchschleifungen bei Arkaden und Girlanden.	
229	1 2 3 4 5	**übergroße Oberschleifenvölle:** bei 4 und 5 Aufbauschung, bei 1 bis 3 erhöhte Völle der Oberschleifen.	
0	1 2 3 4 5	**gestützte Girlanden:** umfaßt ein großes Mittelband mit Girlandenbindung, bei der sich Grundstrich und Aufstrich decken und evtl. Durchschleifungen auftreten; meistens bei farbigem Strich.	
231	1 2 3 4 5	**eckige, spitz-auslaufende Züge mit scharfen Umkehrstellen:** zeigen scharfe Häkchen, weisen besonders an Wortenden und t-Querstrichen scharfe Spitzen auf.	
232	1 2 3 4 5	**schlaffer Faden:** fadiger Verlauf ohne Tonus und Spannung, weicher, gerundeter Doppelbogen, als weicher Winkel im Ansatz erkennbar.	
233	1 2 3 4 5	**übergroßes Mittelband:** ein in Größe und Breite übersteigertes Mittelband.	
234	1 2 3 4 5	**Druckbuchstaben:** pedantisch ausgeführte Schrift mit sorgfältig ausgestalteten Kleinigkeiten, die sich an die Druckschrift anlehnt.	
235	1 2 3 4 5	**ausfahrende Rechtszüge:** nach rechts und rechts-oben gerichtete Ausfahrungen und Verlängerungen, die unregelmäßig auftreten und teilweise druckverstärkt sind.	

236	1 2 3 4 5	**gehöhlte kraftvolle Langlängen:** primär am "f" sichtbar im langen, linkswendigen Abstrich als gehöhlt, evtl. druckverstärkt, wogegen die gewölbte Form rechtswendig und meistens druckschwach ist.	
241	1 2 3 4 5	**verkümmerte, farblose Schrift:** Schrift ohne Bewegung und Impulse mit starren Formen, dabei ohne Druck und Intensität	
242	1 2 3 4 5	**chaotische, ungegliederte Schrift:** Schrift ohne Gliederung, Einteilung und Ordnung, meistens überschräg oder mit unregelmäßigen Abständen, Rändern usw.	
243	1 2 3 4 5	**übertriebener Rechtsrand:** Randbreiten, die bis zu 30 - 50 % des Papierformats einnehmen, gehören hierzu.	
244	1 2 3 4 5	**abstandslose Schrift:** Wortabstände kaum erkennbar oder ganz fehlend	
245	1 2 3 4 5	**plumpe, schwerfällige, derbe Schrift:** ungeschickte, unbeholfene Buchstabenformen und -verbindungen, meistens schulmäßig und wie mit dem Besenstiel bei eher langsamer Bewegungsführung.	
246	1 2 3 4 5	**verkümmertes, Mittelband:** eher winziges, schmales, enges Mittelband, das oft mit übertriebener Längenunterschiedlichkeit und Farblosigkeit verbunden ist.	
247	1 2 3 4 5	**drucklose-passive Schrift:** es fehlt der Schreibdruck, es fehlt aber auch Bewegung und Dynamik, es fehlen weite und ausgedehnte Züge bei gleichzeitiger Spannungslosigkeit	
248	1 2 3 4 5	**bröckelnder, starrer Strich:** läßt sich schon bei geringer Vergrößerung erkennen, weist starke Einschnürungen und Kerben auf, besteht im Extremfalle nur aus Strichstücken.	
249	1 2 3 4 5	**Grundstrichfadings:** zeigen sich in verkürztem Grundstrich, der oberhalb der Zeile endet, finden sich vielfach im Wort, vor allem beim i, nicht nur an Endstrichen	
250	1 2 3 4 5	**schlampige und kraftlose Ausführung:** Formen und Formteile wirken überhastet, hingehauen, nachlässig und sorglos, die Schrift ist drucklos und ohne Versteifung	
251	1 2 3 4 5	**verkümmerte Zentrifugalität:** die vom Körper wegführenden Züge sind gestoppt, so daß die lineare Ausdehnung nach oben bzw. rechts-oben bis gegen Null geht.	
252	1 2 3 4 5	**verkümmerte Untenzüge:** zentripetale Züge sind gestoppt, nicht ausgezogen, so daß die Unterlängen nahezu verschwinden, nicht zu verwechseln mit fehlenden Unterschleifen	
253	1 2 3 4 5	**bizarre, schmierige Völle:** verschmierte volle Schrift mit eigenartigen Formen, primitivem Duktus und impulsiv-zügellos.	
254	1 2 3 4 5	**übersteil-zergliedert:** bei Übersteilheit (über 110°) auftretender Bewegungsmangel mit zerreißenden und übersteigerten Abständen.	
255	1 2 3 4 5	**randlos bei besonderer Dichte:** nicht nur fehlende Ränder und Abstände, sondern dazu auffällige Formen, Völle und ein dichter Schriftblock.	
256	1 2 3 4 5	**groteske Leerräume:** inadäquate, sinnlose Überabstände zerreißen das Bild, Riffe zwischen und in den Wörtern, Sandbänke erheblichen Ausmaßes.	

257	1 2 3 4 5	**bizarre Oberschleifen:** es handelt sich hierbei um eine übersteigerte Oberschleifenvölle verbunden mit Unbeholfenheit der Ausführung, Abknickungen usw. - auch in der übrigen Schrift -.	
258	1 2 3 4 5	**enge, übergroße und gestützte Girlanden:** gestützte Girlandenformen bei Mittelbändern über 5mm Höhe und <3mm Breite.	
259	1 2 3 4 5	**scharfe, spitze, Untenzüge:** Schärfen und Spitzen sowie Ecken in druckstarker Form treten in zentripetalen Zügen auf.	
260	1 2 3 4 5	**schlaffe und grob-fadige Schriftzüge:** spannungslose, tonuslose Schrift mit Fadenformen, ohne Gestaltung, derb und grob, aber ohne Kraft, meistens eher unbeholfen.	
261	1 2 3 4 5	**hektische Makrographie:** übertriebenes Mittelband verbunden mit Übereile, durch Hast und Hektik zerstörten Formen bei oft weit ausschwingenden Bögen und wenig Kraft.	
262	1 2 3 4 5	**mickrige-hängende Schriftzüge:** kleine verkümmerte und bewegungsarme Schriften mit unter die Zeile fallenden Buchstaben, spannungslos gegen Ende absinkende Zeilen.	
263	1 2 3 4 5	**druckstarke Ausfahrungen in stark unregelmäßiger Schrift:** vermehrter Anteil an ausfahrenden und den Ablauf störenden Linien nach rechts oben, die mit heftigem Druck verbunden sind in etxrem unregelmäßiger und getriebener Schrift.	
264	1 2 3 4 5	**hypokinetisch-starr:** ausgesprochene Schwere und Schwerfälligkeit bei Bewegungsmangel, fehlender Strichplastizität und -elastizität. Die Schrift wirkt wie eine Abwehrmauer, meistens nicht frei von scharfen Zügen (negativistische Formen).	
301	1 2 3 4 5	**druckschwache/druckstarke Schrift:** Die Druckstärke läßt sich an dem Grad der Federspreizung bis zur Bildung von Spurrinnen und an Strichverbreiterungen sowie - insbesondere durch Tasten - aus den Erhebungen auf der Rückseite bestimmen.	
302	1 2 3 4 5	**einfache/differenzierte Schrift:** je differenzierter die Schrift ist, desto mehr Steuerungselemente enthält sie, desto mehr löst sie sich auch von der Vorlage.	
303	1 2 3 4 5	**übersteile/schräge Schrift:** hier ist die Definition nach 214 zugrundezulegen, aber der reziproke Wert anzusetzen.	
304	1 2 3 4 5	**offene/geschlossene Rundformen:** hierbei geht es vor allem um die a und o, aber auch um den Mittelbandanteil von q und g, der mehr oder minder nach oben geschlossen ausgeführt sein kann, was im Grenzfalle bis zur Einrollung geht.	
305	1 2 3 4 5	**magere/volle Oberschleifen:** während im Extremfalle der mageren Oberschleifen praktisch Aufstrich und Abstrich in eins zusammenfließen, schließen volle Oberschleifen eine größere Fläche zwischen Auf- und Abstrich ein, etwa beim l, beim h usw.	

306	1 2 3 4 5	**kalte/warme Schrift:** hier handelt es sich um einen Eindruckswert. Während die kalte Schrift sich durch dünne, aber feste Striche, winklige Linienführung und schmale Schleifen auszeichnet, findet man in der warmen Schrift Farbigkeit, breite Striche und gerundete Formen.	
307	1 2 3 4 5	**zarte/federnde Strichführung:** dünne, wenig gespannte und gestraffte Linien zeichnen die zarte Schriftführung aus, gespannte, zügige Abläufe mit markanten Umkehrstellen verlaufende Linienführungen werden als federnd bezeichnet.	
308	1 2 3 4 5	**eckige/runde Formen:** zeigt sich besonders dort, wo Änderungen der Vorlage vorgenommen werden	
309	1 2 3 4 5	**kleines/großes Mittelband:** umfaßt die Kleinbuchstaben, wie m, n, e, o, i, u usw., die im Mittel im Grundstrich gemessen 2,5mm hoch sind.	
310	1 2 3 4 5	**großzügige/einzelheitliche Schriftausführung:** beschreibt sowohl die Größe bzw. Kleinheit des Schriftbandes und der Raumnutzung als auch die Ausführungspräzision der Buchstaben.	
311.	1 2 3 4 5	**kleine/große Oberlängen:** bezieht sich auf die Ausdehnung der Oberzone, wiederum gemessen in der Anstellwinkelrichtung. Normal sind 2,5 mm.	
312.	1 2 3 4 5	**schweifende/bestimmte, feste Schrift:** feste, bestimmte Formengebung und Strichführung, gleichmäßige, schwankungsarme Ausführung, die mit einer gewissen Schwere verbunden ist. Schweifend wird die Schrift, wenn Schwankungen verbunden mit Eile und einer gewissen Leichtigkeit hervortreten, wobei meistens die Zentripetalzüge vermindert sind,	
314	1 2 3 4 5	**schulmäßige/eigengestaltete Großbuchstaben:** je weiter sich die verwendeten Formen der Majuskeln von der Schulvorlage unterscheiden, und zwar in Richtung auf eine Vereinfachung oder Stilisierung, desto größer ist der Anteil der Eigengestaltung	
316	1 2 3 4 5	**druckschwache-fehlende/druckstarke-betonte Endstriche:** im ersten Falle fehlen Endstriche bzw. enden die letzten Buchstaben druckschwach leicht über der Zeile, im zweiten Falle sind sie druckstark, ausgedehnt oder zumindest druckstark bis auf die Zeile heruntergeführt.	
318	1 2 3 4 5	**rechtswendig/linkswendig:** eher runde und gerundete Formen mit weichem Strich, wobei die Bewegung gegen den Uhrzeiger läuft, sind linkswendig, bei Rechtswendigkeit sind die Formen eher hart und bröckelig.	
320	1 2 3 4 5	**gleichmäßige/ungleichmäßige Strichführung:** zeigt sich besonders im Verlaufe des Schriftstücks, wenn man diesen Verlauf nachvollzieht und dabei dann größere Unterschiede zwischen einzelnen Passagen feststellt, hat man es mit einer ungleichmäßigen Strichführung zu tun.	

322	1 2 3 4 5	**isolierte/eingebundene Oberzeichen:** Einbindung der Oberzeichen kann in Form von Vorverbundenheit oder Nachverbundenheit graphisch, aber auch nur in der Linienführung erscheinen, wobei dann die Oberzeichen flüssig und gewandt mit den Vor- bzw. Nachbuchstaben verknüpft sind.	
324	1 2 3 4 5	**unscharfe/präzise Ausführung:** es geht um die exakte Ausführung der Buchstaben und Buchstabenteile, dabei auch begrenzt um die Lesbarkeit	
325	1 2 3 4 5	**unscharfe Ausführung:** ungenaue und unpräzise Gestaltung der Buchstaben, Zeichen und Formen.	
326	1 2 3 4 5	**schablonenhafte Gliederung:** Die Gliederung ist schematisch, ohne Abwechslung, ohne Lebendigkeit, rein schulmäßig, ohne Bezug zum Inhalt	
327	1 2 3 4 5	**übermäßige Bereicherungen:** Bereicherungen, die den Schreibfluß nur aufhalten, zwar Aufmerksamkeit erregen, aber unfunktionell sind, besonders bei Großbuchstaben.	
328	1 2 3 4 5	**überbreite Ränder (links und rechts):** dadurch wird der Text zu einer schmalen Spalte	
329	1 2 3 4 5	**hochfliegende Oberzeichen:** die Oberzeichen werden sehr hoch über den Buchstaben gesetzt, oft erheblich über die Oberlängen hinausgetragen	
330	1 2 3 4 5	**farbige Schreibflüssigkeiten bei farbiger Schrift:** hier sind insbesondere rote, grüne und ähnliche Farben und Farbnuancen der Stifte bzw. Tinte gemeint.	
331	1 2 3 4 5	**eckige Schleifen:** sie finden sich vor allem bei Unterschleifen, wobei die Ecke am unteren Ende wesentlicher als die an der linken Umkehrstelle ist, finden sich häufig auch am t und am f, setzen eine agile und bewegte Schrift voraus.	
332	1 2 3 4 5	**drucklose, ausweichende Endzüge:** in weicher Schrift auftretende drucklose über der Zeile bleibende Endstriche; Endstriche "schwingen" leicht, aber über der Zeile in unverbindlichem Bogen aus .	
333	1 2 3 4 5	**hastige, flüchtige Schrift:** sehr schnell und eilig wirkende Schriften, in denen die Oberzeichen fehlen, Buchstaben ausgelassen werden usw.	
334	1 2 3 4 5	**steil mit verkümmertem Mittelband:** steile Schrift mit meistens kleinem und zugleich druckschwachen und matten Mittelband, wobei Kleinigkeiten meistens gut ausgeführt sind.	
335	1 2 3 4 5	**ungestüme Schrift:** dynamische, expansive Züge, die wenig gesteuert wirken, überall Grenzen überschreiten, Wortabstände nicht genügend ausbilden.	
336	1 2 3 4 5	**unelastisch-versteifte Züge:** eher starre, schwere und verkrampfte Schrift mit erhöhtem Zentripetaldruck.	
341	1 2 3 4 5	**nüchterne, blasse Schrift:** dünner Strich verbunden mit fehlender Bewegung und fehlendem Ausgriff sowie erhöhter Magerkeit.	
342	1 2 3 4 5	**überschräge, umfallende Buchstaben:** vor allem der Langlängen und Oberlängen.	

343	1 2 3 4 5	**abbrechende, nicht auf die Grundlinie kommende Endstriche:** hierbei handelt es sich um abbrechende, **druckschwache** Formen	
344	1 2 3 4 5	**adynamische weite und breite Schrift:** eine Schrift ohne Dynamik, bei der die Grundstriche weit auseinandergezogen sind, auch die Großbuchstaben durch ihre Breite auffallen.	
345	1 2 3 4 5	**verkümmerte Oberschleifen bei klebenden Oberzeichen:** magere, meistens auch kurze Oberlängen, während die Oberzeichen direkt auf den zugehörigen Buchstaben zu kleben scheinen.	
346	1 2 3 4 5	**magere Winkelschrift:** meistens kleines Mittelband, kaum Schleifen in Ober- und Unterzone, verengte Schleifen und Rundformen im Mittelband, und das alles bei Winkelbindung.	
347	1 2 3 4 5	**gezwungene, verkrampfte, kleine, enge und zarte Schrift:** vgl. 419, 223 und 430	
348	1 2 3 4 5	**spröder Strich bei eher winkliger Schrift:** bei 4 bis 8facher Vergrößerung sieht der spröde Strich aus wie zerbröckelnde, eingetrocknete Farbe.	
349	1 2 3 4 5	**gekerbter Strich** (hierzu ist eine 8fache Vergrößerung mindestens erforderlich): es sind deutlich Kerben auf der dem Schreiber abgekehrten Seite des Striches zu erkennen.	
350	1 2 3 4 5	**ungesteuerte und ungegliederte Ausführung:** getrieben wirkende Schrift, ohne Abstände, Wörter gehen ineinander über.	
351	1 2 3 4 5	**verkümmerte Oberlängen:** die Oberlängenausdehnung sinkt unter 0,5fachem der Mittelbandhöhe	
352	1 2 3 4 5	**zentripetal verkümmert:** auf den Körper zuführende Züge werden nicht ausgeführt.	
353	1 2 3 4 5	**störende Verklecksungen:** verkleckste, also mit Schreibflüssigkeit zugelaufene Schleifen, sonstige Verklecksungen und Verschmierungen auf dem Papier.	
354	1 2 3 4 5	**Zerfallende Schrift:** es werden die Haarstriche nicht ausgeführt, es bleiben lediglich die Grundstriche übrig.	
355	1 2 3 4 5	**verschnörkelte Schrift:** übersteigerte Bereicherungen und Ausschmückungen, insbesondere der Großbuchstaben.	
356	1 2 3 4 5	**nach links gequetschte Schriftblöcke und Unterschriften:** meisten bei kleinem Linksrand und großem, übergroßem Rechtsrand, wobei die Unterschrift dann u.U. sogar den Linksrand überschreitet.	
357	1 2 3 4 5	**zarte und besonders unregelmäßige Schrift:** zarte, blasse Striche verbunden mit großer Unregelmäßigkeit und fehlender Versteifung,	
358	1 2 3 4 5	**unbewegte, makroskopische, flackernde Schrift:** bei unregelmäßiger Farbigkeit und fehlender Bewegung in der Schrift übergroßes Mittelband	

359	1 2 3 4 5	**spitze, druckstarke, dreieckige Schleifen:** in der Unterzone, wobei nicht nur die Spitze unten, sondern auch die Spitze der linken Umkehrstelle markant sein muß und die Schrift durchaus zügig und bewegt ist.	
360	1 2 3 4 5	**konturlose, haltlose und umfallende Schrift:** Steigerung von 326 in Verbindung mit Überschrägheit, dabei sowohl am Ende als auch immer wieder im Wort umfallend	
361	1 2 3 4 5	**religiöse Kurven in hastiger und flüchtiger Schrift:** linkswendiges Ausschwingen der flüchtigen und hastig hingeworfenen Endstriche bis zur Linksläufigkeit hin.	
362	1 2 3 4 5	**stark abfallende, hängende Zeilen:** die Zeilenlinie sinkt auffällig, die Zeile scheint nur noch am Anfangsbuchstaben zu hängen.	
363	1 2 3 4 5	**hyperkinetisch-explosive Schrift:** eine übermäßig bewegte, unruhige und wechselhafte Schrift mit plötzlichen Druckschwankungen	
364	1 2 3 4 5	**große, feste, dreieckige Unterschleifen in versteifter Schrift:** bei eher starrer, unelastischer, verkrampfter und steiler bis übersteiler Schrift große, starre dreieckige Unterschleifen.	

Literaturverzeichnis

Aiken, L.R.	Assessment of Intellectual Functioning, Newton, Massechusetts, 1987
Allport:,G.W.	Persönlichkeit, Stuttgart 1949
Anschütz, H.	Kybernetik, 4. Aufl. Würzburg 1979
Arnold,W.	Person, Charakter, Persönlichkeit, Göttingen 1957
Arnold/ Eysenck/ Meili	Lexikon der Psychologie, Freiburg 1987
Ashby, W.R.	Einführung in die Kybernetik, 2. Aufl. Frankfurt 1985
Bartel,H.	Statistik I und II, 2. Aufl. Stuttgart-New-York
Becker, M.	Graphologie der Kinderschrift, Hamburg 1949
Berg,J. van den	Grundriß der Psychiatrie, 3. Aufl. Stuttgart
Bettelheim, B.	Die Geburt des Selbst, Frankfurt 1984
Brickenkamp (Hrsg.):	Handbuch der psychologischen und pädagogischen Tests; 1.Ergänzungsband, Göttingen 1983
Busemann, A.	Stil und Charakter, Meisenheim a. Glan 1948
Buser, R.	Ausdruckspsychologie, München 1973
Cattell, R.B.	Personality, 1950
Cattell, R.B.	Die empirische Erforschung der Persönlichkeit, 2. Aufl. Weinheim
Delay/ Pichot	Medizinische Psychologie, 2. Aufl. München 1970
Delhees,K.H.	Motivation und Verhalten, München 1975
Dirks, H.	Mensch und Umwelt im Licht der Psychologie, Goldmann Nr. 2627
Dirks, H.	Mensch und Mitmensch im Licht der Psychologie, Goldmann Nr. 2626
Dirks, H.	Der Mensch im Licht der Psychologie, Goldmann Nr. 2625; (ca. 1970)
Dirks, H.	Psychologische Faktoren der Berufsarbeit, Göttingen 1957
Dührssen, A.	Psychogene Erkrankungen bei Kindern und Jugendlichen, 2. Aufl. Göttingen
Eibl-Eibesfeld, I.	Der vorprogrammierte Mensch, 4. Aufl. München 1982

Eibl-Eibesfeld, I.	Der Mensch, das riskierte Wesen, 5. Aufl. München 1993
Enking, O.	Mensch und Schrift, Bremen 1924
Eysenck:, H.J.	The structure of human personality, 1953
Fink/Pichottka	Ausdruckspsychologie nach Professor Lersch, München 1950
Flechtner, H.J.	Grundbegriffe der Kybernetik, dtv, München 1984
Guilford	Persönlichkeit, 2./3. Aufl. Weinheim 1965
Heiß, R.	Die Deutung der Handschrift, 1968
Heiß, R.	Die Lehre vom Charakter, 1949
Hofstätter, P.R.	Psychologie (Fischer-Lexikon) Ausgabe Frankfurt 1975
Huth, A.	Persönlichkeitsdiagnose, München 1956
Jaspers, K.	Allgemeine Psychopathologie, 5. Aufl.
Junge, O.	Rationale Graphologie, Lüneburg 1950
Kirchhoff, R.	Ausdruckspsychologie in Handbuch der Psychologie, Bd 5, 1965
Klages, L.	Handschrift und Charakter, 23. Aufl.
Klages, L.	Grundlegung der Wissenschaft vom Ausdruck, Bonn 1964
Klages, L.	Grundlagen der Charakterkunde, 10. Aufl., Bonn 1948
Klaus, G. (Hrsg.)	Wörterbuch der Kybernetik, 2 Bände, Frankfurt 1969
Knobloch, H.	Deine Schrift, Dein Charakter, Frankfurt 1953
Knobloch, H.	Die Lebensgestalt der Handschrift, 1950
Knopp, K.	Funktionentheorie I und II, Sammlung Göschen, Bd. 668 und 703
Knopp, K.	Elemente der Funktionentheorie, Sammlung Göschen Band 1109
Krech/Crutschfield	Grundlagen der Psychologie, 2 Bände 1970
Lersch, Ph.	Aufbau der Person, München 1961
Lersch, Ph.	Vom Wesen der Geschlechter, 2. Aufl.
Lückert, H.R.	Konfliktpsychologie, München-Basel 1972
Meili, R.	Lehrbuch der psychologischen Diagnostik, Bern 1965
Mendelssohn, A. und G.	Der Mensch in der Handschrift, Leipzig 1928
Mierke, K.	Psychologische Diagnostik/ in Narziss Kasper Ach: Lehrbuch der Psychologie, 3. Bd.,

Miller, A.	Am Anfang war Erziehung, Frankfurt 1980
Miller, A.	Das Drama des begabten Kindes, Frankfurt 1982
Mitscherlich, A.	Auf dem Wege zur vaterlosen Gesellschaft, Serie Piper 45
Muckenschnabel, W.R.	Was die Handschrift verrät, Wien, 1980
Müller/Enskat	Theorie und Praxis der Graphologie, Rudolstadt 1950
Müller/ Enskat:	Graphologische Diagnostik, 2. Aufl. Bern 1973
Penrose, R.	Computerdenken, Spektrum-Heidelberg, ohne Jahreszahl
Pervin, L.A.	Persönlichkeitstheorien, München-Basel 1993
Peters, U. H.	Wörterbuch der Psychiatrie und medizinischen Psychologie. München u.a. [4]1990.
Pfanne, H.	Lehrbuch der Graphologie, Berlin 1961
Pophal, R.	Zur Psychophysiologie der Spannungserscheinungen in der Handschrift, 1948
Pophal, R.	Die Handschrift als Gehirnschrift, Rudolstadt 1949
Prigogine u. Stengers	Dialog mit der Natur, München 1980
Remplein, H.	Psychologie der Persönlichkeit, 1967
Remplein, H.	Die seelische Entwicklung des Menschen im Kindes- und Jugendalter, 1969
Renner, M.	Der Wartegg-Zeichentest im Dienste der Erziehungsberatung, München 1953
Rohracher, H.	Einführung in die Psychologie, 5. Aufl.
Roth, E.	Persönlichkeitspsychologie, 6. Aufl., Stuttgart 1981
Rothacker, E.	Die Schichten der Persönlichkeit 1966
Ruch/Zimbardo	Lehrbuch der Psychologie, 2. Aufl. 1975
Schultz-Hencke, H.	Der gehemmte Mensch, Stuttgart 1947
Seufert, P.	Süchtigkeit und Handschrift, Leer 1977
Singer, E.	Die Handschrift sagt alles, München 1954
Spitz, R.	Die Entstehung der ersten Objektbeziehungen, Stuttgart 1957
Spranger, E.	Psychologie des Jugendalters, 20. Aufl. Heidelberg 1949
Sternberg, R.J.	"Erfolgsintelligenz" in Psychologie heute, März 1998 S.21ff als Buch bei Droemer, Kindler
Stettbacher	Wenn Leiden einen Sinn haben soll, 2. Aufl. Hamburg

Strehle, H.	Mienen, Gesten und Gebärden, München-Basel 1954
Vester, F.	Neuland des Denkens, München 1984
Wartegg, E.	Schichtdiagnostik, Göttingen 1953
Waszkewitz, B.	Die wissenschaftlichen (=rationalen) Grundforderungen der Ausdruckspsychologie an die Graphologie dargestellt an einer vergleichskritischen Analyse zweier graphologischer Systeme (Inaugural-Dissertation; Universität Kiel 1952), veröffentlicht in*
Waszkewitz, B.	Die Graphologie bei der Auslese von Kraftfahrern (Zeitschrift für Verkehrssicherheit Heft 7/58)
Waszkewitz, B.	Abriß der Ausdruckstheorie (Psychologische Rundschau, Heft X/59)
Waszkewitz, B.	Fundamente der Persönlichkeitspsychologie, München 1960
Waszkewitz, B.	Schriftexpertise unter Berücksichtigung verhaltenswissenschaftlicher Ergebnisse (Kriminalistik, Heft 3/76)
Waszkewitz, B.	Der Schreibtest in der Person-Diagnostik (Angewandte Graphologie und Charakterkunde, Heft 5-6/1977)
Waszkewitz, B.	Verhaltensstruktur-Psychologie als diagnostische Alternative (Angewandte Graphologie und Charakterkunde, Heft 5-6/78)
Waszkewitz, B.	Die Handschrift als Mittel der Verhaltensstruktur-Diagnostik (Angewandte Graphologie und Charakterkunde, Heft II/79)
Waszkewitz, B.	Der Mensch, das unbekannte Wesen, eine Einführung in die Psychologie und Verhaltenslehre, Peter Lang Verlag, Frankfurt am Main-Berlin-Bern-New York-Paris-Wien 1994
Waszkewitz, B.	Einführung in die Theorie der Persönlichkeit, Tectum Verlag Marburg 1977 (auf Mikrofiches mit Diskette)
*Waszkewitz, B.	Wissenschaftliche Graphologie im Lichte der Ausdruckspsychologie und der Verhaltensanalyse mit Arbeitsprogrammen auf Diskette, ibidem-Verlag Stuttgart 1998
Waszkewitz, B.	Systematische Schriftanalyse, ibidem-Verlag, Stuttgart 1999
Waszkewitz, B.	Mensch und Gesellschaft, ibidem-Verlag, Stuttgart 2000
Waszkewitz, B.	UP TO DATE 2002, ibidem-Verlag, Stuttgart 2002
Waszkewitz, B.	Psychodiagnostisches Verhaltens- und gestaltungsanalytisches Praktikum, ibidem-Verlag, Stuttgart 2003
Waszkewitz, B.	Psychologie der Persönlichkeit, Stuttgart 2003
Waszkewitz, B.	Lexikon der Persönlichkeitsmerkmale, Stuttgart 2003

Waszkewitz, B.	Kleine Persönlichkeitskunde, Stuttgart 2003
Waszkewitz, B.	Kybernetische Konstruktkonzeption
Wellek, A.	Die Polarität im Aufbau des Charakters, Bern 1966
Witting	Differentialrechnung, Sammlung Göschen, Bd. 87, 1949
Wittlich, B.	Wert und Grenzen der Graphologie, 1952
Wittlich, B.	Angewandte Graphologie, Berlin 1948
Wollnik, H.	Grundfragen der Graphologie, Leipzig 1933
Zimbardo, Ph.G.	Psychologie, 6 Aufl. Berlin... 1995

***ibidem*-Verlag**
Melchiorstr. 15
D-70439 Stuttgart

info@ibidem-verlag.de

www.ibidem-verlag.de
www.edition-noema.de
www.autorenbetreuung.de

***ibidem*-Verlag**
Melchiorstr. 15
D-70439 Stuttgart
info@ibidem-verlag.de
www.ibidem-verlag.de
www.edition-noema.de
www.autorenbetreuung.de